KÖNIGS FURT

Zum Buch

In Zeiten der Beliebigkeit wächst das Bedürfnis, dem Leben feste Formen zu geben; viele wollen das Leben und seine Wendepunkte wieder feiern, aber nicht im Rahmen veralteter Bräuche und Formen sondern anders. Aber wie?

Die Autorin bietet Hintergründe und Handlungsvorschläge, um des Lebens Festlichkeit und das Gespür für besondere Momente auch nach außen sichtbar werden zu lassen. Von der Geburt bis zum Tod, von Liebes- bis zu Arbeitsverhältnissen werden hier große und kleine Übergangsriten, Rituale, Feste und Feiern dargestellt.

Ein Buch mit vielen Tips und Anregungen zu eigenen Formen des »Lebens-Wandels«.

Zur Autorin

Kathrin Kiss, Dr. phil., geb. 1967, Dipl.-Psychologin, studierte Psychologie, Germanistik und Praktische Theologie in Berlin und München. Sie arbeitet als freie Dozentin in der Erwachsenenbildung und an verschiedenen Universitäten und lebt in München.

Kathrin Kiss

Zur Feier des Tages

Neue Feste und Rituale

Königsfurt

Die Deutsche Bibliothek – CIP-Einheitsaufnahme

Kiss, Kathrin:
Zur Feier des Tages : neue Feste und Rituale / Kathrin Kiss. –
Krummwisch : Königsfurt, 2001
ISBN 3-933939-86-0

Lizenzausgabe
Königsförde 2001

D-24796 Klein Königsförde / Krummwisch
www.koenigsfurt.com

Umschlaggestaltung: Zembsch' Werkstatt, München
Umschlagmotiv: Simon Watson / Tony Stone, München

Satz: Satzbüro Noch, Witten
Gesetzt aus der Sabon und der Optima

Druck und Bindearbeiten: Elsnerdruck, Berlin

Printed in Germany

ISBN 3-933939-86-0

Für meine Großmutter, die mich so vieles lehrte:
zu lachen und zu weinen, zu arbeiten und zu feiern,
zu leben Abschied zu nehmen.

Gliederung

Brücken.
Eine persönliche Einleitung

Rituale überall

Trommeln, zuerst von fern, dann langsam sich nähernd. Der große Klang einer Orgel. Ungewohnte Kleider, ungewohnte Gesichter, ungewohnte Handlungen, Feierlichkeit mit Kerzen, Bändern, Gewändern, Bedeutsamkeiten, die man sich erst erklären lassen muß – Rituale, überall.

Rituale haben mich schon immer fasziniert – ich erlebte prächtige Rituale in meiner Kinderzeit in Afrika und Europa, inner- und außerhalb der Kirchen. Je mehr ich erlebte – atemlos an Häuserwände gelehnt, staunend am Fenster, gefesselt im Kino –, desto öfter fragte ich mich gleichzeitig nach dem Geheimnis ihrer Faszination. Diese Faszination blieb jedoch nicht ungetrübt, verärgert entzog ich mich dem Zauber, wo mir der Inhalt oder die Absicht dubios erschien.

Angesichts der Contradenumzüge in Siena oder dem Aufmarsch der Stände in Tahoua, der Militärparaden in Paris und der seltsamen Rituale des europäischen Hochadels fragte ich mich immer wieder, was Menschen dazu drängt, ihr Leben zu feiern. Egal wo wir geboren sind, welche Erziehung wir genossen haben, ob wir arm oder reich sind: Was zieht uns in diese kleinen Reservate einer manchmal übertrieben wirkenden Festlichkeit? Was begeistert uns daran? Was stößt uns daran ab?

Auf der Basis dieser ambivalenten Faszination entstand zwischen 1995 und 1997 meine Dissertation. Mehrere Jahre beschäftigte ich mich intensiv mit Ritualistik aus der Sicht der Sozialwissenschaften, der Praktischen Theologie und aus der Sicht der Kunst und Literatur[1]. Zugleich erlebte ich deutlich den Kontrast zwischen akademischen Ritualen und den seltsamen Ritualen arbeitsloser Erwachsener und der oft stark verhaltensgestörten Jugendlichen, die ich unterrichtete:

Ich geriet in jenen »Wald aus Symbolen«, den Baudelaire schon vor hundert Jahren beschrieb[2] – in dem alles, was existiert, jede noch so banale Handlung auch eine besondere, kulturell und oft symbolisch gefärbte Bedeutung hat. Mit jedem Lebensbereich öffnet sich so ein komplexer Bereich mit unterschiedlichen (Symbol-)Sprachen, Verhaltenskodizes, Normen, Regeln, Wertigkeiten, Konnotationen – sprachfähig, zum großen Teil erst in intensiver Reflexion mitteilbar.

In dem vorliegenden Buch geht es nun um die rituelle Praxis aus psychologischer Sicht, nachdem es zwar einen reichen Fundus an religiöser und parareligiöser Literatur dazu gibt, auch für den Laien genußvoll zu lesende Texte jedoch weitgehend fehlen. Auch gibt es zwar großartige Literatur zu den Ritualen anderer Völker oder Zeiten, auch finden wir reichliche Literatur zum Veranstalten von Festen, fehlt bei den einen jedoch die Praxis oder Nähe zu unserer Kultur, verpflichten sich andere unangenehm dogmatisch einer bestimmten religiösen Lebensart oder fehlt bei anderen der fachliche Hintergrund, der nötig ist, um sich einem Fest nicht einfach hinzugeben, sondern es in kritischer Reflexion zu einem Stück des eigenen Lebens zu machen.

Das Ziel dieses Buches ist nun, den Brückenschlag zwischen wissenschaftlich fundierter Reflexion über die Wirkung von Ritualen zu den Lebenswenden, sogenannten »Schwellenritualen«, mit praktischen Tips und Visionen zu neuen Ritualen zu versuchen.

1 »Abschied und Neubeginn: die Funktion christlicher Schwellenrituale aus psychologischer Sicht«, 1999 bei Centaurus.

2 S. a. Baudelaire in: Landolfi & Luzi, 1950, 418.

Ich habe dabei zugunsten einer besseren Lesbarkeit auf viele Belege und Verweise – einen wissenschaftlichen Diskurs im weiteren Sinne – verzichtet[3]. Wen die theoretische Fundierung meines Ansatzes interessiert, verweise ich deshalb gern auf meine Dissertation und die Literatur im Anhang.

Zugunsten einer besseren Lesbarkeit schlachte ich auch eine heilige Kuh des Feminismus: Ich verzichte auf eine übergreifende Benützung männlicher und weiblicher Formen. Auch wenn ich als Frau kaum in den Verdacht des Chauvinismus geraten dürfte: Natürlich sind alle männlichen Formen weiblich gemeint, außer wo es deutlich aus dem Textzusammenhang hervorgeht.

3 Ansonsten sind Zitate und Verweise gemäß der gebräuchlichen Konvention mit Nachname, Erscheinungsjahr und gegebenenfalls Seite gekennzeichnet, Titel und Verlag findet man im Literaturverzeichnis.

Sternstunden oder: Wovon handelt eine gute Party?

> *Wovon handelt eine gute Party?*
> *Davon, den Alltag zu vergessen. Die besten Partys feiern die, die keinen Alltag haben. […] Junge mit Alten, mit Steinalten, mit Kindern, die noch in die Hose machen. Dann bewegt sich was. Dann tanzt das Leben.*
> GLORIA FÜRSTIN VON THURN UND TAXIS[4]

Viele beklagen heute einen Mangel an Festlichkeit, einen Mangel an außeralltäglichen Momenten in ihrem Leben. Die »hohen Zeiten«, die Sternstunden in unserem Leben sind rar geworden – die Sehnsucht danach bleibt.

Dennoch können auch wir auf eine große Zahl von Ritualen zu Lebenswenden zurückblicken – auch in unserer Kultur gehören Feiern um die Lebensschwellen zum allgemeinen Kulturgut. Dabei gibt es kaum Rituale, die nur in einer Kultur siedeln und nie diese verlassen. Menschen haben sich immer wieder inspirieren lassen von den Formen anderer Völker und Schichten – wenn eine Geste, ein Kleid, eine Lebensgewohnheit distinguiert, elegant, vornehm, schick, cool, in oder geil wird, wenn Meinungsträger sie benützen, im Fernsehen, in den Zeitungen, bei Festen darüber geredet wird, findet sie rasch Verbreitung über den ursprünglichen Zusammenhang hinaus.

Das war so und ist bis heute so: Wer möchte nicht gern heiraten wie …? Wer will dem geliebten Toten nicht mit »Like a candle in the wind« ein bißchen Glanz verleihen? Auch die Rituale, die wir in den Kirchen erleben, sind bekanntlich zugeschnitten aus heidnischem, ständischem, höfischem, jüdischem, griechischem, germanischem »Material« unterschiedlichster Epochen.

4 In: von Uslar, 1998, 16.

Gerade deshalb mag für den einen oder anderen naheliegen, freimütig an diesem Material herumzubasteln, wegzulassen, was nicht gefällt, dazuzunehmen, was man reizvoll oder attraktiv findet. Doch wirken solche Formen, entwurzelt, oft seltsam leblos. Sie sind nicht mehr als fade Simulation, Kitsch oder leicht zu enttarnendes Theater.

Dagegen, daß so ein Fest wie ein schlechtes Stück wirkt, helfen jedoch kaum eine ausgefeilte Inszenierung, kaum prächtige Gewänder, kaum verschwenderische Speisen – zumindest nicht in unserer Gesellschaft, in der wir Feste kaum noch ersehnen, weil es dort etwas zu essen gibt. Unsere Feste beginnen zu leben, wenn es uns gelingt, sie mit Sinn zu füllen. Das ist jedoch weitaus schwerer als die Wahl der rechten Speise.

Das Ziel dieses Buches ist nicht, Leser dazu zu animieren, christliche Rituale so umzumodeln, daß sie auch ein Atheist oder kirchenferner Christ ohne Zagen benützen kann. Für mich sind in gewisser Weise die alten Formen heilig, ich empfände es als Sakrileg, sie durch eine allzu freie Veränderung zu bagatellisieren.

Sicher können wir auf alte Formen für unsere Lebensfeste zurückgreifen. Wir müssen uns jedoch stets Zeit genug nehmen, sie unserem Leben anzupassen – unseren inneren Bedingungen, unserer Lebensgeschichte, unserer Lebens-Form.

Manche Lebensbereiche brauchen sicher auch neue Formen, um nicht unterzugehen im Lebens-Lauf, um auch nach außen Bedeutung zu gewinnen. Dazu braucht es jedoch den Mut zum Versuch und den Mut zur Utopie: dem Leben das Fest, die Feierlichkeit, das Gespür für die besonderen Momente auch nach außen wiederzugeben.

Visionen oder: Wovon handelt dieses Buch?

Es schien mir dabei ein Akt vernünftiger Selbstbeschränkung zu sein, mich in dem unübersichtlichen, vieldimensionalen Feld auch heute gebräuchlicher Rituale etwas zu beschränken. Dazu benützte ich im wesentlichen zwei Strategien:

1. Ich beschränkte das Thema: Im folgenden wird es vor allem um Rituale zu den Lebenswenden gehen und in der Diskussion der Anwendung stets um nichtreligiöse Rituale im westlichen Raum.
2. Ich erweiterte meine Perspektive durch Experteninterviews unterschiedlichster Disziplinen und Laieninterviews und nützte natürlich jede Gelegenheit, mit Laien und Experten auch informell (beim Einkaufen, auf mitternächtlichen Geburtstagsfesten ...) ins Gespräch zu kommen.

Als meine Leser stelle ich mir Interessierte vor, die ihr Hintergrundwissen über Rituale und ihre rituelle Kompetenz konkret erweitern wollen. Es ist gerade für jene gedacht, die sich zwar »irgendwie« nach Ritualen sehnen, die aber vielleicht den Bezug zur Kirche verloren haben und sich auch nicht an andere Institutionen gebunden haben.

In einem ersten Schritt geht es mir darum, Lesern den psychischen und sozialen Sinn von Ritualen zu den Lebenswenden zu entschlüsseln. In der psychologisch-soziologischen Perspektive gewinnt der Leser zuerst die Fähigkeit, Rituale kritisch zu reflektieren.

In einem zweiten Schritt geht es mir darum, Gestaltungsideen für alte und neue Rituale zu geben. Was können die »Initianden« zum Gelingen »ihres« Rituals beitragen? Ich werde zeigen, wie auch neue Lebensschwellen, für die es in unserer Kultur noch keine oder nur unzureichende Formen gibt, festlich begangen werden können: traurige, krisenhafte Situationen wie Scheidungen und Arbeitsplatzverlust, aber auch glückliche Momente wie Studienbeginn und das Zusammenziehen mit einem Partner, ambivalente Situationen wie Auszug der Kinder aus dem Elternhaus oder Berentung.

Das Buch zeigt Möglichkeiten, das Leben und seine Wendepunkte wieder zu feiern – alternativ, aber durchaus auch zusätzlich zu den vorhandenen christlichen Ritualen: Die Feier einer Geburt schließt die Feier einer Taufe ein paar Wochen oder ein halbes Jahr später nicht aus, die Feier des Schuleintritts schließt die Feier der Kommunion nicht aus, auch Trauerfeiern kann es eigentlich kaum genug geben.

Experimentierfreudigkeit soll angeregt werden, vorhandene Kompetenzen bewußtgemacht und ausgebaut werden, ergänzt durch kurze Interviews mit Experten, Laien und professionellen Praktikern.

Mein Wunsch ist, damit gleichzeitig einen Beitrag zur interkulturellen Kommunikation zu geben. Christen und Atheisten, Inländer und Ausländer, Traditionsverbundene und der Tradition ablehnend Gegenüberstehende finden wieder eine Möglichkeit, zusammen das Leben zu feiern, ohne sich vollständig in die Welt des anderen unterzuordnen oder die eigene Welt zu vergessen.

Dafür wünsche ich mir eine neue Kultur des Feierns und – im Zuge dessen – auch eine lebendige Diskussion.

Dr. Kathrin Kiss

Alte Hüte auf neuen Köpfen?
Warum wir Rituale brauchen

Brücken, Flügel: Rituale zu den Lebenswenden

Die Angst vorm Fliegen

Auf meinem Schreibtisch steht ein Bild: Bruno Ganz als Engel im Kinofilm *Der Himmel über Berlin*. Mit hängenden Flügeln steht er am Rand des Abgrunds, hinter sich im Dunst die Stadt. Wird er springen? Werden ihn die Flügel tragen? Und wenn – wohin?

Wohin trägt uns das Leben? Welche Abgründe hält es für uns bereit? Meistern wir die Schwellen, Brüche, Übergänge? Was geschieht, wenn wir scheitern? Wenn wir Jahrelang verharren in der Trauer um Verlorenes oder in der Eitelkeit, alles Wesentliche erreicht zu haben?

Wer initiiert uns in das Leben? Wer hilft uns bei den ersten Flugversuchen? Wer gibt uns den Mut, immer wieder neu zu beginnen? Uns immer wieder zu verändern und nach den Veränderungen Wurzeln zu schlagen? Und wer lehrt uns, auch die letzten Flüge mutig anzugehen? Die Eltern, die Partner oder die Freunde? Die Psychotherapeuten oder Priester? Die Dichter oder Denker, die Forscher, die Künstler? Wer, so fragen viele, lehrt uns leben? Wer auch, so fragt man sich gerade heute, lehrt uns sterben?

Brücken, Flügel: Wie oft verharren wir, wo wir gerne weiterschreiten würden. Wie oft tun sich Abgründe auf, wo wir Brücken glaubten. Blüten verwelken, Samen verderben, Abschiede dräuen, kaum daß wir uns in einem Lebensbereich heimisch gemacht haben. Die Zeit ist reif, oft ohne uns zu fragen. Entwicklungen lauern oder locken. Nicht, daß wir immer gerne fortschreiten würden

– manchmal hinken wir den Entwicklungen so stark hinterher, daß wir uns atemlos fragen, ob es denn überhaupt noch Sinn macht, mitzulaufen, mitzuhetzen in diesem seltsamen Spiel. Ängstlich verharren wir und warten, daß uns jemand ruft, daß jemand uns hilft, zumindest über den Anfang hinweg. Wären wir unsterblich – vielleicht könnten wir verharren. Da wir aber sterblich sind, schreiten wir, eilen wir, hasten wir, vielleicht zu schnell, vielleicht im rechten Augenblick, und so bewältigen wir das Leben, Stufe um Stufe, mal nach vorwärts schauend, mal zurück:

Stufen

Wie jede Blüte welkt und jede Jugend
Dem Alter weicht, blüht jede Lebensstufe,
Blüht jede Weisheit auch und jede Tugend
Zu ihrer Zeit und darf nicht ewig dauern.
Es muß das Herz bei jedem Lebensrufe
Bereit zum Abschied sein und Neubeginne,
Um sich in Tapferkeit und ohne Trauern
In andre, neue Bindungen zu geben.
Und jedem Anfang wohnt ein Zauber inne,
Der uns beschützt und der uns hilft zu leben.

Wir sollen heiter Raum um Raum durchschreiten,
An keinem wie an einer Heimat hängen,
Der Weltgeist will nicht fesseln uns und engen,
Er will uns Stuf' um Stufe heben, weiten.
Kaum sind wir heimisch einem Lebenskreise
Und traulich eingewohnt, so droht Erschlaffen,
Nur wer bereit zu Aufbruch ist und Reise,
Mag lähmender Gewöhnung sich entraffen.
Es wird vielleicht auch noch die Todesstunde
Uns neuen Räumen jung entgegensenden,

Des Lebens Ruf an uns wird niemals enden …
Wohlan denn, Herz, nimm Abschied und gesunde!

HERMANN HESSE[5]

Alle Kulturen wissen um die Gefahr, an Lebensgrenzen zu scheitern – ängstlich oder unentschlossen zu verharren, zu schnell zu schreiten, in den Abgrund zu taumeln, zu scheitern. Sie haben Techniken entwickelt, Lebensbrüche so zu gestalten, daß jene furchteinflößenden Abgründe dazwischen überwindbar sind: seltsame Symbole, prächtige Gewänder, Tänze, Formeln, Choreographien. Geheimsprachen, Regeln, Tabus, mündlich überliefert oder in uralten Büchern festgeschrieben.

Oft geht von ihnen ein seltsamer Zauber aus – Filme, in denen Rituale fremder Völker gezeigt werden, erfreuen sich wachsender Beliebtheit, Ethnomusik, Worldmusic und ethnische Events haben großen Zulauf. Ach, stöhnt da mancher bleicher Europäer neidisch: Hätten wir bloß auch …!

Dabei wird vergessen, daß der Großteil der Bevölkerung auch in anderen Kulturen oft den alten Ritualen entfremdet ist, sie nicht mehr oder nur unzureichend versteht und bei aller Sehnsucht nach den rituellen Wurzeln doch seltsam draußen bleibt – eine schmerzliche Erfahrung, die auch viele Christen hierzulande machen.

Tragen unsere alten Rituale noch? Gibt es da überhaupt noch eine Passage zu feiern, wenn etwa ein Paar schon jahrelang zusammenwohnte? Was wird gefeiert – was ist heute feiernswert?

Wenige glauben diesen Ritualen, für viele sind sie zu verstaubt. Sie fühlen sich nicht wohl in diesen alten Kleidern, manchem sind sie nur fremd, anderen politisch anrüchig, vielen nur mehr ein Zeichen einer alten Zeit, in der die Rituale Pflicht waren und dem, der sie nicht vollzog, Schande oder sogar völligen gesellschaftlichen

5 In: Hesse, 1970, 187 © Suhrkamp Verlag Frankfurt am Main I970.

Ausschluß brachten. Andere erinnern sich vielleicht der Zeit, da mittels solcher Rituale Macht ausgeübt wurde. Und ist es nicht bis heute so?

Sind viele dieser Techniken, Vorschriften, Rituale von damals möglicherweise unwiderruflich verlorengegangen, sind andere, überlebende Formen oft zu einem recht faden Schauspiel degeneriert, Trachtenfest im besten Fall, Honoratiorenklüngel vielleicht, zum eigenen Gewinn wiederbelebt. Andere haben sich bis heute überliefert, oft jedoch in einer Art, die für die Mehrzahl nicht recht glaubwürdig ist – als Ritual, das oft besser ins Museum oder in alte Filme zu passen scheint als in unsere Zeit, für sentimentale Momente, die Verwandtschaft oder als Show für den Freundeskreis neu aufgepeppt.

Doch auch wenn sich die meisten derjenigen, die überhaupt noch in der Kirche sind und dort ihre Wurzeln haben, kaum mehr damit identifizieren – zu den Lebenswenden, wenn »im Leben wieder etwas geschieht«, wird Kirche manchmal wieder interessant. Sie ist eine der Institutionen, die das Leben immer noch feiert in sicheren, bewährten Ritualen.

Doch gerade dann kommt es oft zu einschneidenden Enttäuschungen: Der Pfarrer sprach schlecht, die Taufe wirkte irgendwie schal, die Hochzeit aufgesetzt.

Man könnte neue Rituale erfinden, das aber fällt den meisten schwer. Auch die neuen Rituale, die die alten ersetzen sollen, wirken oft unpassend. Sie scheinen das Ereignis eher ins Lächerliche zu ziehen, anstatt es besonders zu würdigen oder ihm besondere Schönheit zu verleihen. Und dennoch: Die Sehnsucht danach bleibt, einschneidende Lebensereignisse feierlich zu begehen – auch wenn es uns, um es mit einem Schlagwort zu sagen, an der rituellen Kompetenz fehlt.

Viele wollen ihr Leben feiern, wissen aber nicht, wie. Sie wollen Lebensschwellen begehen, wagen es aber nicht aus Angst, lächerlich oder unecht zu wirken oder den Neid anderer auf sich zu ziehen, als Selbstdarsteller des eigenen Lebens gebrandmarkt zu werden, weil man sein Leben wichtig genug nahm, um es zu feiern.

Warum für einen Tag solch einen hohen Aufwand treiben? Ist es nicht eitel, sich derart zu feiern? Warum den Schmerz verstärken, indem man ein Ereignis feiert, das man doch am liebsten so schnell wie möglich vergessen möchte? Was, bitte, gibt es da zu feiern, wenn ein Mensch gestorben, eine Ehe zerbrochen, ein Traum verflogen ist? Dient es der »Trauerarbeit«? Wer aber stellt sich wirklich seinem Schmerz? Wer hat die Zeit, die Kraft, den Mut dazu?

Lebenswenden: Tod – Geburt. Bindungen – Ent-Bindungen. Abschiede – ein Neubeginn. Lieder. Texte. Gesänge. Klagen. Der Priester. Ein Sarg. Die Brautleute. Kerzen. Beichten. Heilige Handlungen. Demut und Stolz. Tränen. Lächeln. Trauer. Schmerz. Narben, Wunden, Heilung. Freude, Zärtlichkeit, Licht. Verschluckte Worte und ausgesprochene. Schöne Worte für Schönes und schöne Worte, die zu schön sind für den Schmerz. Eine dunkelrote Rose, pathetisch auf den Sarg eines alten Mannes geworfen. Ein völlig unfaßbarer, unerwarteter Schmerz am Sarg eines nahezu Unbekannten. Die Freude als Passant einer Hochzeit, die Rührung bei einer Ostertaufe. Zweifel, Sehnsüchte, Fragen:

Soll man das eigene Kind …? Soll man ihm jene Erfahrung der ängstlich und ein bißchen verschämt zusammengebastelten Beichte nicht lieber ersparen? Die eigene Kommunion, die Firmung – waren sie die Glaubenserfahrungen, die man sich vielleicht davon versprach? Dieses Kind mit weißem Kleid und Kerze – wie fade damals alles schien und gleichzeitig: Wie schön es war, wenn da der Onkel aus der nächsten Stadt kam – nur wegen einem, nur wegen dieses Tages! Eigentlich würde man gerne feiern, daß die Kinder größer und selbständiger werden. Nur wie?

Die eigene Hochzeit: Vielleicht ein bißchen zu bombastisch geraten. War man es selbst? Galt dieses Fest wirklich einem selbst? Wer traute sich da? Und auch die Angst davor: Was wird geschehen, wenn man mitten in der Zeremonie ein Nein im Kopf zu hören glaubt? Wird man sich trauen, nein zu sagen?

Wie fade auch die Beerdigung des doch so geliebten Menschen war! Da saß man apathisch in der ersten Reihe, hörte sich Reden an, versuchte zu begreifen – weigerte sich, verkroch sich, wollte fort, entzog sich innerlich.

Wo ist die Kraft der schönen Rituale geblieben? Wie können wir die alten Formen für uns wieder fruchtbar machen oder neue erfinden, die uns tragen? Wie können wir fliegen lernen? Und wie Brücken bauen von einem Lebensabschnitt in den nächsten?

Fragen, auf die es keine Patentrezepte geben kann und darf – keine Anleitungen zum Glücklich- oder Unglücklichsein, keine Stufenmodelle, auch Checklisten allein genügen nicht. Zu groß ist die Gefahr, in vereinfachten Strickmustern die schönen Formen zu mißbrauchen, das Ereignis selbst mit einer allzu hastig gewählten Form lächerlich zu machen – Rituale, das werden wir auch später noch sehen, brauchen ihre Zeit.

Auch wir Psychologen, auch Pfarrer und andere Zeremonienmeister können nur bedingt dabei helfen, und den Entwicklungsschritt »erledigen« können wir für jemand anderen sowieso nicht. Fliegen oder über diese Brücke schreiten muß jeder selbst.

Doch erst einmal – was ist denn überhaupt ein Ritual?

Rituale et al.: Wege durch den Begriffsdschungel

Vorsicht Ritual!

Der Begriff Ritual ist in den letzten Jahren als Schlagwort in Mode gekommen. Alles und jedes wird mit Ritual betitelt, geehrt, aufgewertet. Die Pekingente – ein Ritual? Der Kaffee am Morgen – eine rituelle Handlung? Das »rituelle« Geldgeschenk – voller ritueller Finten? Ist das alles wirklich ein Ritual? Was macht eine Mahlzeit zum Ritual? Was ein Fest? Was macht ein Geschenk, eine Sitte, eine Gewohnheit »rituell«?

Rituale, damit assoziieren viele immer noch Bilder aus gar nicht mehr so fernen Welten, von Menschen, die weder E-Mail noch Tageszeitung kennen. Rituale – andere Welten, andere Völker? Viele assoziieren tatsächlich Rituale mit exzentrischen Gesten in seltsamer Kleidung, seltsamer, oft unbekannter Sprache, seltsamen Gesängen, ein bißchen lächerlich eigentlich, ziemlich exzentrisch auch, beeindruckend ist es trotz allem.

Für viele ist ein Ritual auch etwas traditionelles, etwas, was schon lange in Gebrauch ist – es hat zu tun mit Gewändern, die man eigentlich vor 500 oder gar 1000 Jahren trug (der Schnitt der traditionellen Priesterkleidung ist noch deutlich älter), und mit Gesten, die vielleicht noch vor einigen hundert Jahren »wirklich« Sinn machten. Viele Rituale, die wir als solche auch erkennen , sind tatsächlich mehrere tausend oder zumindest mehrere hundert Jahre alt.

»Was Du ererbt von deinen Vätern, erwirb es, um es zu besitzen.« Greift dieser alte, Goethesche Rat noch? Was macht eine überkommene Handlung zum Ritual?

Ohne Zweifel gibt es auch Rituale, die neu sind oder gerade erst im Entstehen begriffen sind. Bestimmte »ritualwürdige« Ereignisse gab es früher vielleicht nicht, oder sie waren nicht »gesellschaftsfähig«, so daß keiner daran dachte, sie mit einer Feier zu würdigen. Bei solchen »Designerritualen« wie Scheidungsritualen wird wohl auf alte Formen zurückgegriffen, es werden aber auch immer neue Elemente dazuerfunden. Da wird von neuen und alten Filmen, alten Büchern, historischen Romanen »abgeschaut«, da wird mit Kerzen, Wasser, Tönen, Formen gespielt, Neues erfunden, Altes neu interpretiert. Alles nur Theater oder esoterisches Geklüngel? Was macht eine neue Form zum Ritual?

Teilweise geschieht dies gar nicht geplant, sondern auch ganz spontan – gerade bei neuen Ritualen werden Freiräume bewußt genutzt. Rituale müssen offenbar nicht immer geplant sein (hier gehen allerdings die Meinungen der Experten stark auseinander). Rituale können auch ungeplant »geschehen«. Da fällt einem Menschen plötzlich ein, was genau er nun tun kann – und wenn es gelingt, fühlt er sich gut dabei. Doch was macht eine treffende Handlung wirklich zum Ritual?

Da hat man in der ersten Wut der Trennung vielleicht Briefe verbrannt und ist hinterher ganz froh, den Mut zu einer solchen »hysterischen« Reaktion gehabt zu haben, weil es einem guttat. Man fürchtete zuerst, die Einweihungsfeier allzu bombastisch aufgezogen zu haben, erinnert sich dann aber noch Monate später wohlig an das schöne Fest. Wie froh war man, daß diesmal wirklich alle Freunde kommen konnten! War das ein Ritual? Was macht ein Fest zum Ritual?

Wütend warf man mit Tassen – um keine der alten Tassen ist es einem in der Erinnerung leid. Man irrte für die eine Lieblingsblume stundenlang von einem zum nächsten Geschäft – als man sie in das offene Grab warf, hatte man trotzdem das Gefühl, es habe sich gelohnt.

War das rituell? Was macht eine sinnlose Handlung zum Ritual?

Meist wird erst später klar, daß es dabei gar nicht so sehr »um die Sache ging«, sondern daß die Handlung einen höheren Sinn hatte. Und das ist ein wichtiges Merkmal jedes Rituals, darüber sind sich die Wissenschaftler unterschiedlichster Fakultäten einig.

Doch streitet man sich, bei aller Einigkeit in dieser zentralen Frage, was denn jener höhere Sinn meint. So kann dem einen ein Geldgeschenk ein Ritual mit höherem Sinn sein, hier wird nicht nur Geld, sondern auch Zuneigung und ein bestimmter Wertekanon »verschenkt«, der andere betont die rationelle Seite dieser Tat, es ist dann keineswegs ein Ritual. Einige ziehen die Grenze dann, wenn etwas nicht mehr unbedingt existentiell nötig ist, die anderen, wo etwas seinen unmittelbaren »Zweck« verliert – und das, wie gesagt, ist Ansichtssache.

Was macht nun eigentlich ein Ritual zum Ritual?

Versuch einer Definition

[...] meanwhile
there's a strange ritual [...]
we've got a strange ritual
we keep to ourselves [...]
DAVID BYRNE[6]

Eine Definition für Rituale, die ich sehr brauchbar finde, ist angelehnt an den Soziologen Hans-Georg Soeffner und findet sich auch beim Theologen Leonardo Boff ähnlich wieder. Dieser liefert in seinem wunderschönen Büchlein »Kleine Sakramentenlehre« eine dreistufige Merkmalsliste, die, auch wenn er sie begrifflich ausschließlich auf Sakramente bezieht, nicht allein auf Sakramente zielen muß. Sie läßt sich ebenso gut auch auf andere Situationen übertragen, in denen Dinge, Handlungen oder Situationen rituelle

6 In: Byrne, D., (1994), *david byrne*, Warner Music (in deutscher Übersetzung etwa: »Was für ein seltsames Ritual / hier haben wir / so ein seltsames Ritual / wir behalten es für uns.«).

Qualitäten zeigen – eine Voraussetzung zur Diskussion moderner Rituale.

Nach Leonardo Boff zeichnet sich ein Sakrament, allgemeiner ein Ritual, durch drei Merkmale aus:

1. Immanenz (»Da-Sein«)
   Es muß da sein – also spürbar, hörbar, sehbar
2. Transparenz (»Entschlüsselbarkeit«)
   Es muß klar sein – jedem Teilnehmer muß bewußt sein, was geschieht
3. Transzendenz (übergeordneter Sinn)
   Es muß über sich selbst hinausweisen – es muß mehr sein als seine Handlung

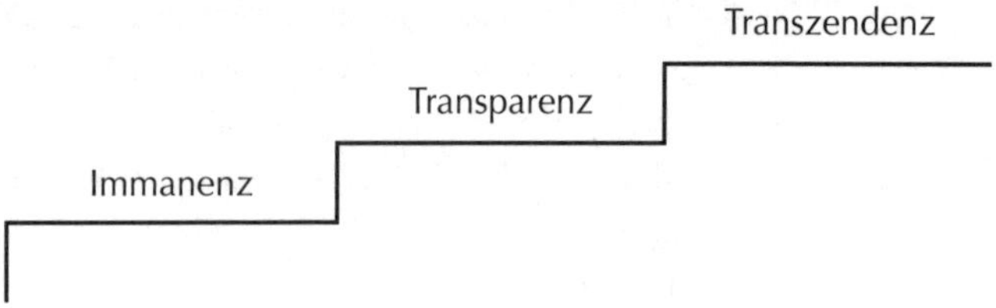

Für Leonardo Boff ist damit die Zahl der Sakramente nicht fest es gibt vielmehr unendlich viele mögliche Sakramente. So beschreibt er etwa »das Sakrament des Wasserbechers«, das darin besteht, daß jeder, der nach längerer Abwesenheit wieder in die Familie Boff kommt, aus einem speziellen Aluwasserbecher trinkt – erst dann ist er wirklich zu Hause angekommen. Das ergänzt sich zu dem, was der Jesuit Henri Boulad schreibt »Warum sollte Gott nur durch sieben Sakramente wirken?« (Boulad, 1997, 10).

Ich finde diese Definition gut nachvollziehbar. Beobachtet man aufmerksam, findet man immer wieder Situationen oder Gegenstände, die mehr sind als ihr Material und auch mehr als die Erinnerungen, die an diesen Gegenständen vielleicht hängen. Sie haben etwas Glänzendes oder Trauriges, was deutlich über ihre Immanenz hinausweist und den Gegenstand oder die Situation transzendiert.

Ich selbst erfahre so seit dem Tod meines Großvaters »das Sakrament der Strickjacke«. Es ist eine ganz unmodische braune Strickjacke, die er sehr oft trug, wenn er sich zu seinen wissenschaftlichen Spekulationen zurückzog. Noch als er lebte, wußte ich, daß ich diese Strickjacke erben wollte – sie ist seither meine Form, mich seiner zu erinnern, an die spezielle Art, wie er mich geliebt und was er mich gelehrt hat – ein Sakrament der Trauer und Geborgenheit.

Leonardo Boffs Aufzählung ist für mich damit immer noch die schlüssigste Definition nicht nur eines Sakraments, sondern auch eines Rituals. Gleichzeitig beinhaltet es die Lösung eines Problems: Scheinen dem einen Rituale als Balast, die das Leben komplizierter machen, als es ohnehin schon ist, sind Rituale, Feiern aus dieser Warte mehr Frage eines erweiterten Bewußtseins, der Sinngebung als einer besonderen wirtschaftlichen oder zeitlichen Kapazität. Weder Geld noch Zeit machen ein Ritual zum Ritual, sondern der Sinn, den es macht.

Ob ein Essen zu einem Ritual wird, das liegt nicht so sehr an der Frage der Zeit oder dem Geld, das man darauf verwendet, sondern an der bewußten Wahrnehmung und Achtung des Moments oder der Zeit, für die wir feiern. Es ist eine Frage der Offenheit und Wahrnehmung, nicht des finanziellen Luxus.

Gehen Sie doch einmal selbst auf Entdeckungsreise:

Welche Rituale üben Sie in Ihrem Alltag aus?
Welche rituellen Züge finden Sie vielleicht in Ihrer Freizeit oder Ihrem Arbeitsleben?
Welche Sakramente pflegen Sie?
Welche Handlungen sind Ihnen heilig, auch wenn ihr Grund eigentlich »irrational« ist?

Für besonders wichtig halte ich übrigens den zweiten Punkt, den Leonardo Boff listet, die Transparenz: Ein Ritual ist nur dann ein Ritual, wenn den Beteiligten klar ist, daß es ein Ritual ist, daß hier gespielt, entworfen wird, daß es jedoch nicht nur »ernste Immanenz« ist. Gerade dieser Punkt sorgt für allerhand Konfliktstoff, da gerade bei neuen, privaten oder doch sehr eng auf eine Gruppe oder Firma begrenzten Ritualen den Außenstehenden oft nicht klar ist, daß eine Handlung Teil eines Rituals oder einer den Beteiligten oft gar nicht bewußten Verhaltenskonvention ist.

In einer Familie etwa, in der ich als Kind öfter zu Gast war, ist es üblich, sich mit allerhand groben Frotzeleien zu begrüßen – es ist ihre Art, einen in ihren Kreis aufzunehmen. Das Ritual mißlingt jedoch bei allen, die nicht wissen, »was da gespielt wird«, und diese spezielle Art des Humors nicht teilen. Wenn ich heute Freunde in diese Familie mitbringe, warne ich sie deshalb vor – zu oft habe ich erlebt, daß andere über unsere Umgangsformen schockiert waren und das Initiationsritual dieser Familie mißlang.

Wenn Sie ein Ritual planen, achten Sie deshalb darauf:

Was wollen Sie mit einem bestimmten Ritual sagen?
Welche Gefühle, welche Reaktionen möchten Sie vielleicht hervorrufen?
Was könnte mißverstanden werden?
Stellen Sie sicher, daß auch die anderen Ihre »Message« verstehen!

Rituale sind demnach oft von begrenzter Gültigkeit, ihre Sprache wird nicht universal verstanden. Manche Rituale haben dabei durchaus internationale, vielleicht tatsächlich allen Menschen begreifliche Gültigkeit – das Grundmuster des Gastmahls zähle ich dazu –, andere sind in ihrer transzendenten Bedeutung vielleicht nur einem selber transparent etwa das Zudecken des Computers als ritueller Abschluß der Arbeit.

In Fällen, »wo etwas so nicht gemeint ist«, kann sich also ein Ritual verbergen und damit, wenn es nicht bekannt ist, für reichlich Mißverständnisse sorgen – Vorsicht Ritual!

Schwellenrituale, Passagerituale und Co.

Fachleute nennen Rituale zu den Lebenswenden Schwellenrituale. Dieser Ausdruck ist, bei näherem besehen, ausgesprochen treffend: Die Lebenswende ist in diesem Bild die Schwelle von einem Raum zum nächsten, einer Dimension zur nächsten, einer Seinsform zur nächsten.

Auch wird immer wieder der Begriff »Passageritual« verwendet. Er stammt originär wohl von Van Gennep. Dieser Mann, ein Ethnologe, hat zu Beginn des Jahrhunderts ein Buch nur über dieses Thema – Passagerituale veröffentlicht[7]. In den letzten Jahren sind Wissenschaftler wieder verstärkt auf das Werk gestoßen und haben es neu rezipiert. Tatsächlich hat er eine sehr grundlegende Arbeit über Rituale und ihre Strukturen geschrieben. Passagerituale, so beschrieb es Van Gennep, haben drei Stadien:

Einmal das Stadium »davor«, die, wie er es nennt, *präliminare Phase* vor der Grenze. Es ist die Phase, wo wir aufbrechen, aber noch ganz im Alten wurzeln. Etwas beginnt sich zu bewegen, aber es bewegt sich noch nicht fort. Man weiß nicht genau, was einen erwartet, ist unsicher und etwas orientierungslos – vielleicht betrauern wir auch jetzt, was wir verlieren, was nun – bald! – hinter uns liegt.

Dann folgt die *liminale Phase*, mitten im Zentrum des Ereignisses, an der Grenze zwischen alt und neu. Man hat das Alte

7 Van Gennep, A., (1908/1960), *The Rites Of Passage. A Classic Study Of Cultural Celebrations*, Chicago.

bereits hinter sich gelassen und abgeschlossen, aber das Neue ist noch nicht in Sicht. Man hat sich zwar ent-bunden, ist aber noch keine neuen Bindungen eingegangen. Oft wird so eine Phase in sehr gleichförmiger Kleidung symbolisiert – so kann jeder nach außen sehen, was man ist, und das ist, gesellschaftlich gesehen: nichts. Man ist sozusagen unsichtbar. So tragen Neugeborene in dieser Zeit oft noch keinen Namen, werden Menschen hinter dicken Schleiern oder Zelten verborgen, ist die Kleidung offiziell statt individuell. Ist diese Phase auch für Initianden unangenehm, scheint die »soziale Unsichtbarkeit« teilweise wohl auch verführerisch, so daß immer wieder beschrieben wird, wie Menschen sich darin verirren und nicht mehr herausfinden – wie es etwa Michael Ende in seiner *Unendlichen Geschichte* thematisiert. Hier gelingt es der Hauptperson, Bastian, zwar, sich vom alten, ungeliebten Leben zu verabschieden, er bleibt Jedoch so lange in der Zwischenphase, daß es schließlich fast sein Leben kostet und er nur unter großer Kraftanstrengung wieder »Land gewinnt«.

Ein echtes Schwellenritual beschließt deshalb mit dem Stadium »danach«, der *postliminalen Phase* nach der Grenze: Wir haben das Ereignis glücklich überstanden und fangen nun an, in das Neue hineinzuwachsen – den schwersten Teil jedoch haben wir hinter uns gebracht. Die Anspannung nimmt ab, wir sind gelöst. Wie fröhlich kann dann ein Leichenschmaus sein, wie gelöst die Gespräche beim Essen nach einer Trauung!

So schlagen Rituale als Zentrum einer Lebensschwelle Brücken über Abgründe, verleihen uns Flügel, geben uns den Mut, loszufliegen, helfen uns, sicher im Neuen zu landen.

Erinnern Sie sich doch einmal:

Wie haben Sie bisher wesentliche Lebensübergänge erlebt?
Welche haben Sie gefeiert?
Wo hätten Sie sich vielleicht ein Ritual gewünscht?
Wo könnte ein Ritual vielleicht einen Übergang erleichtern?
Wo haben Sie Rituale vermißt?
Und wo fanden Sie ein Ritual lästig oder überflüssig?

Doch erfüllen Rituale noch, was man sich vielleicht einst von ihnen versprach? Machen sie noch Sinn? Diese Frage möchte ich im nächsten Kapitel diskutieren.

Rituale auf dem Weg zu heute

Rituale gestern, Rituale heute: nur Muff unter den Talaren?

Religion und Ritual, besonders das, was sie bezeichnen, sind uralt. Sie sind nicht von unserer Geschichte zu trennen[8]. Mit den ersten Spuren der Menschheit finden wir auch seltsame Zeichen, die das Vorhandensein von Religion und Ritual zumindest nahelegen[9]: Feuerspuren, seltsame Zeichnungen, Bilder von Tänzen, Kulten, Vorschriften zum Umgang mit Totem und Lebendigen, eingeritzt auf Ton, in Stein geschlagen oder auf Felsen und Papier gemalt. Wir finden zu allen Zeiten Normen zum Umgang mit Geburt, Reifung, Paarbindung, Krankheit und Tod.

Unsere Kultur, unsere Religionen und die Rituale, die sie selbst gestiftet, in ihre Tradition einverleibt und damit mehr oder minder verändert erhalten haben, sind voller Symbolhandlungen vielfältigster Deutbarkeit: Es gibt nicht *das* Hochzeitsritual, nicht *die* Trauerfarbe, auch nicht innerhalb einer Kultur. Immer wieder haben sich Zeichen und ihre Deutungen im Lauf der Zeit verschoben. Die Begriffe sind vielfältig und damit mürbe geworden – es ist schwer, manchmal unmöglich, zwischen ähnlichen Begriffen wie Brauch, Tradition, Sitte, Zeremonie zu unterscheiden[10].

8 S. a. Luhmann, 1990, 110.

9 S. a. Jappe, 1993, 9.

10 Zur ausführlichen Diskussion verweise ich gerne wieder auf meine Dissertation »Abschied und Neubeginn«.

Ihr institutioneller, religiöser und gesellschaftlicher Stellenwert, die individuelle und lebensgeschichtliche Bedeutung eines Rituals, war und ist im Lauf der Geschichte extremen Schwankungen unterworfen. Die Hochzeit etwa, heute ein zentrales Ritual im Kanon der Lebensrituale, war früher von geringer Bedeutung, abgesehen von den »politischen Hochzeiten« der Herrschenden. Heute dagegen wird gerade dieses Ritual mit dem bekannten Aufwand gefeiert Paarbindung und Beziehungsfähigkeit erhalten damit einen großen Stellenwert.

Gleichzeitig stehen Rituale immer wieder im Kreuzfeuer der Kritik. Die Reformation mit dem damit verbundenen Bildersturm war sicher in vielen Teilen »antiritualistisch«, genauso die Aufklärung und daraus folgende Säkularisierung[11]. Rationalität und die sinnliche, analphabetische Erfahrung eines Rituals vertragen sich offenbar nicht gut. Doch sind Rituale wirklich irrational, nur weil sie eher das Herz als den Verstand ansprechen? Was, wenn wir vielleicht nur ihre Sprache nicht verstehen?

Sicher ist, daß die seit der Reformation fortschreitende Rationalisierung unserer Lebenswelt Handlungen wie »sinnlosen Ritualen« die Existenzgrundlage entzieht, daß ihre Sprache weniger gesprochen wird, ihre Bedeutung schwerer zu erfassen ist. Rituale – sinnlos? Offenbar nicht – das zeigt, was häufig als neuzeitlicher Todestag des Rituals gehandelt wird:

Das *Dritte Reich* mit seinem obskurantistischen Ritualmißbrauch. Dessen Wirkung wird zum Teil heute noch so gefürchtet, daß bestimmte Propagandafilme wie »Wunschkonzert« (v. Borsody, 1940) nur vor ausgewähltem Publikum nichtöffentlich gezeigt werden. Antiritualisten argumentieren, daß Rituale, da im Dritten Reich als Werkzeuge der Massenverhetzung mißbraucht, generell obskur geworden sind. Jegliche Form, die nicht unmittelbar rational zugänglich und erklärbar ist, gilt nun als potentiell

11 S. a. van Dülmen, 1989, 213.

gefährlich. Das Ritual stirbt damit keinen »natürlichen Tod«, weil es überflüssig geworden ist und nicht mehr wirkt, sondern es wird bewußt gemieden, eben weil es wirkt.

Meiner Meinung nach ist jedoch gerade dieser Mythos von der »magischen Macht« von Ritualen gefährlich. Eine solche Haltung verhindert gerade oft eine reflektierte Auseinandersetzung mit ihrer Wirkweise. Auch hier gilt leider die alte Regel: Wer eine Situation, z. B. die Situation Ritual, aus Angst vor dem Kontrollverlust meldet, erreicht nicht etwa eine Zunahme an Kompetenz, die die Kontrolle über die Situation erleichtert, im Gegenteil: Die Kompetenz wird nicht genügend ausgebaut, die Gefahr, »verführt« zu werden, steigt. Daß Rituale Machtinstrumente sein können, soll hier ja gar nicht bestritten werden zweifelsohne sind sie ein Machtinstrument, doch sterben Rituale nicht einfach, indem man sie totsagt.

Eine rituelle Abstinenz läßt sich auf Dauer offenbar kaum durchsetzen – dies läßt sich auch gut an dem zweiten neuzeitlichen Todesdatum von Ritualen, den *Studentenunruhen* der sechziger Jahre, demonstrieren – ein Datum, das zumindest von der Nachkriegsgeneration gerne als Stichtag genommen wird und auf das auch in der Literatur oft verwiesen wird. Bei näherer Betrachtung allerdings scheinen gerade die angeblich ritualfreien 68er Jahre zum historischen Mythos geronnen. Waren sie denn wirklich so frei von rituellen Formalismen? Die Argumentation ist dabei ja zur Genüge bekannt: Mit dem »Muff unter den Talaren«, so der Slogan, sollten auch Rituale als Werkzeug des Establishments abgeschafft werden. Die Ethnologin Mary Douglas konstatiert dazu 1974: »›Ritual‹ ist ein anstößiges Wort geworden, ein Ausdruck für leeren Konformismus; wir sind Zeugen einer allgemeinen Revolte gegen jede Art von Formalismus, ja gegen ›Form‹ überhaupt« (Douglas, 1974, 11[12]).

12 Auf sie bezieht sich auch Soeffner in dem Interview im vorliegenden Buch.

Bekanntlich wurden damals viele offizielle Rituale abgeschafft – die jetzt übrigens im Zuge einer nicht immer sympathischen offiziellen Ritualrestauration z. T. wieder eingesetzt werden, wie Abschlußfeiern an Universitäten. Man befreite sich von Kleiderzwängen und Formalismen einer Zeit, von der man sich bewußt distanzieren wollte. Doch starb mit den offiziellen Ritualen nicht das Ritual an sich. Brachen die alten Rituale weg, entstanden und etablierten sich dafür andere Rituale, wie Friedensmärsche, rituelle Straßenschlachten oder auch ritueller Sex (den Slogan »Wer zweimal mit derselben pennt, / gehört schon zum Establishment« verstehe ich in diesem Sinn als klare rituelle Anweisung). Auch diese Bewegung konnte offenbar auf »sprechende« Zeichenhandlungen nicht verzichten, die wesentliche Inhalte der Bewegung transparent machten und transzendierten. Die Worte allein reichten nicht – um Brücken zu schlagen, brauchte es mehr als Worte.

So ist nicht zu verwundern, daß gerade in diesen angeblich ritualfreien Jahren hochritualistische Performances und die ebenfalls oft rituell gestaltete Action Art aufkamen[13]. Die 68er lösten die Rituale der alten Generation im Zuge eines generellen Macht- und Paradigmenwechsels ab, schwächten aber nicht »das« Ritual an sich, auch wenn es von außen lange Zeit so ausgesehen haben mag.[14]

Die Diskussion um ein Aussterben von Ritualen ist dabei ungebrochen. So sehen manche die Lebensform Ritual dadurch bedroht, daß die Kirchen als Bewahrer und Übermittler ritueller Traditionen zunehmend verschwinden. Die Kirche hält in unserer Kultur längst nicht mehr das Monopol, andere Organisationen bieten inzwischen Alternativen, deren Nutzung auch gesellschaftlich nicht mehr unbedingt geächtet wird. Ein Personalchef kann heute durchaus auch als Nordeuropäer Buddhist sein, ohne Nachteile

13 S. a. Jappe, 1993.

14 S. a. Soeffner, 1992, 76 f.

befürchten zu müssen, und auch ehemals exotische Veranstaltungen wie Meditationskurse besucht sowieso jedermann. »[...] jeder und jede hat auf dem Markt der Werte und Weltanschauungen die Möglichkeit, sich das für ihn oder sie derzeit Gültige herauszusuchen und bei Bedarf auch zu wechseln« (EKD, 1993, 41), klagt in einer Veröffentlichung die EKD, die Evangelische Kirche Deutschland.

Dadurch aber wird es gleichzeitig nötig, die Entscheidung zu einem Ritual mit einem neuen Begründungsrahmen zu versehen, eben gerade »weil man es nicht mehr unbedingt und zwangsläufig so tut«. Christen verstoßen dabei, eben weil sie ein so hohes Bedürfnis nach Kasualien haben, zur Not auch gegen rituelle Vorschriften. Im Rahmen eines Interviews bekannte der Interviewte, daß ihm eine kirchliche Hochzeit derart wichtig gewesen war, daß er eine geschiedene Frau kirchenrechtswidrig kirchlich geheiratet hat. Ein ähnlich starkes rituelles Bedürfnis scheint auch da vorzuliegen, wenn manch ein kirchenferner Nichtkonfessioneller seine Kinder getauft[15] und sich selbst christlich beerdigt wünscht. Ein Symbol atheistischer Ambivalenz ist hier Martin Heidegger geworden, der, obwohl lebenslang um die Einsicht in den definitiven Tod werbend, für sich selbst ein christliches Begräbnis wünschte. Im Gegenzug läßt mancher konfessionell gebundene Christ seine Kinder ungetauft oder verzichtet lieber auf eine kirchliche Hochzeit.

Die Rituale verschwinden mit den Kirchen also nicht – auch scheint das Bedürfnis nach »Kasualien«, wie Rituale auch in der Theologie genannt werden, zu wachsen oder zumindest nicht zu verschwinden:

Das Ritual ist tot? Es lebe das Ritual!

15 S. a. EKD, 1993, 62

Aus alt mach neu?
Ein kritischer Blick auf alte und neue Rituale heute

Christliche Schwellenrituale werden als Meilensteine, an denen man sich im Fortschreiten des eigenen Lebens orientieren kann, auch heute noch nachgefragt. Die biografieleitenden Funktionen der christlichen Rituale werden jedoch mit der Individualisierung der Biografien schwächer – der Druck auf den einzelnen, »seine« Biographie zu konstruieren, höher. Christliche Rituale, die zumindest teilweise diese Gestaltungsarbeit abnehmen, sind hochwillkommen. Rituale erfüllen hier wichtige Funktionen, einerseits. Andererseits gerät jede ritualvermittelnde Instanz in Gefahr, sich als Werkzeug konservativ-regressiver Bestrebungen zu mißbrauchen. Den Schrei nach Sicherheit, nach Zuwendung, nach Liebe scheinbar zu erfüllen, wo die Situation dies tatsächlich nicht bieten kann.

Jeder ist froh um eine gute Hochzeit, um eine Beerdigung, die »glatt« verlief. Die Reflexion über das Lebensereignis selbst, seine Chancen und Risiken darf deshalb nicht ausgeblendet werden, sondern sollte, im Idealfall, sogar integraler Bestandteil des Rituals sein.

Nun wird mit einem Zuwachs an relevanten Lebensstationen der überkommene Kanon christlicher Schwellenrituale immer ergänzungsbedürftiger. Was tun?

Manche, wie der Theologe Felmy[16], schlagen in dieser Situation vor, alte Rituale im Dienste neuer Lebenssituationen neu zu interpretieren und mit neuen Inhalten zu besetzen. Tatsächlich sind gerade alte Formen oft so plastisch, daß sie gut auf neue Bedürfnisse angepaßt werden können[17].

16 S. a. Felmy in: EAT, 1996.
17 S. a. Grahner-Haider, 1991, 35.

Auch in den Vorbereitungsrunden zu diesem Buch überlegten der Verlag und ich immer wieder, wieweit die Theologie aus dem Thema herauszuhalten ist – und ob das wünschenswert sei. Tatsächlich scheint Religion wieder mehr Menschen zu betreffen andererseits gibt es auch in unseren Breiten kaum noch »die Religion« selbst innerhalb einer Konfession. Es gibt sehr unterschiedliche Arten, seine Religiosität zu leben. Die Frage, inwieweit Religion in ein Buch über Lebensrituale einzubinden sei, war so nicht umsonst der zentrale kritische Punkt, um den wir lange und ausdauernd feilschten – untereinander und wohl auch ineinander.

Wir entschlossen uns schließlich zu einem »auch« – christliche Rituale bestehen neben alternativen, sie bilden gleichzeitig die natürliche Improvisationsgrundlage für neue Rituale.

Unter dem Einbezug einer Gefahr: Gerade kreative Gestaltungs- und Interpretationsversuche schließen die Gefahr eines beliebigen Relativismus ein. Der »Selbstbedienungsladen Ritual« aber kann ein Ritual vermutlich tiefgreifender schädigen als ein ehrlich im altmodischen Kontext gebliebenes Ritual.

Alternativen tun sich auf – neue Rituale drängen sich ins Blickfeld. Wir brauchen die Kirchen nicht mehr – wir haben die Freiheit, zumindest theoretisch, zu wählen. Wird die Kirche als biographieleitende und -erfindende Institution immer mehr von anderen Institutionen abgelöst[18], drängen alternative Anbieter stärker ins Blickfeld nützen die Sehnsucht nach Ritualen – und nützen sie oft genug aus:

Fernsehen, gerade den Talkshows, und anderen Massenmedien und unserem Wirtschaftssystem kommt inzwischen wesentlich mehr gestaltende Kraft zu als etwa den Kirchen[19]. Ihre Rituale und damit transportierten Lebensentwürfe sind genauso verbreitet und weitestgehend unangefochten, wie es früher die Rituale der Kir-

18 S. a. Nowotny, 1989, 108.

19 S. a. Böhm in: Wohlrab-Sahr, 1995, 191.

chen gewesen sein mögen, z. B. mit den »Schwellenstationen« erstes Sparbuch, erstes Girokonto, Anwachsen des Dispokredits, Aktienkauf, Bausparvertrag, Eigentumserwerb etc. Auch die Medizin spielt hier eine nicht immer rühmliche Rolle, wie Szasz, ein spannender, reizvoller Querdenker, beschreibt: »[...] in dem Maße, in dem medizinische Werte an die Stelle religiöser Werte getreten sind, [haben] medizinische Rituale die religiösen Rituale abgelöst [...]« (Szasz, 1974, 47).

Neben den klassischen christlichen Schwellenritualen boomt der Markt an Psychotechniken, neue Rituale, neue Formen werben mit den alten Versprechen von Heil und Glückseligkeit. Doch ist fraglich, ob diese neuen Besen wirklich immer besser kehren. Die »Segnungen« des Kapitalismus haben inzwischen eine ähnlich obskurantistische Kraft entwickelt wie früher der Klerus. Ihre Hilfe in akuten Krisensituationen (»Kauf dir was!«) ist genauso brüchig wie das Ritual der Ablaßbriefchen. Sooft die Macht dieser modernen »Krisenmanager« und ihre enorme Attraktion gegeißelt wurde, sosehr sind ihre Rituale in unserer Gesellschaft beheimatet: »Bin ich erst im Kaufrausch / frag' ich gleich nach dem Umtausch, [...] kaufen tut gut« (Grönemeyer, 1983).

Ob alt, ob neu: Sind Rituale heute sinnlos?

Rituale scheinen tatsächlich, von außen betrachtet, keinen rechten Sinn zu machen: das Kleid für den einen großen Tag, die Blumen, die Kerzen, die Reden, der Spruch über dem kleinen Kind, die Paten. Alles nur Geld- und Zeitverschwendung? Wozu ein kleines Kind einem Ritual unterwerfen, das es noch nicht versteht? Wozu der Aufwand um einen Leichnam? Rational ist das schwer zu rechtfertigen.

Dennoch: Die Sehnsucht nach Ritualen bleibt.

Als dritte Todeszeit gilt unsere Zeit, die »reflexive Moderne« genannt. Das ist der Name, den Sozialwissenschaftler wie das Ehepaar Beck und Beck-Gernsheim oder Heiner Keupp unserer Zeit gegeben haben[20]. Was hier Ritualen den Todesstoß geben kann, ist in den Schlagwörtern von schwächer werdenden Ligaturen und Individualisierung der Lebensläufe umrissen. Ligaturen, aus dem manchmal anstrengenden Soziologen-Talk übersetzt: Bindungen werden flexibler. Konkret heißt das: Sequentielle Monogamie mit mehreren sich nacheinander ablösenden Partnern statt der Ehe bis zum Tod, berufliche Wechsel statt die eine Stelle auf Lebenszeit. Wir werden flexibler – zumindest in unseren Beziehungen. Bindungen werden auflösbarer, angreifbarer, werden stärker als früher »individuell«.

Rituale zu Lebenswenden, gerade die christlichen Sakramente mit ihrem Charakter als unauslöschliches Prägemal, haben es da schwer. Kann es angesichts der Scheidungen noch die Ehe für immer und ewig geben? Traditionell gelten Sakramente als unauslöschliches Merkmal: Einmal verheiratet, immer verheiratet – einmal getauft, immer getauft. Deshalb kann man zwar kirchenrechtlich aus der Kirche austreten, wird aber beim Wiedereintritt nicht wieder getauft – die Taufe hat auch über den Austritt hinweg Gültigkeit gehabt und muß deshalb nicht wiederholt werden.

20 S. a. Beck und Beck-Gernsheim, 1994.

Eigentlich ganz einfach – doch wird genau das in der katholischen Kirche heftig diskutiert. Immer mehr wird angezweifelt, ob jene Siebenzahl der Sakramente, die die katholische Amtskirche aufstellt, vollständig ist und wirklich unwiderruflichen Charakter hat bzw., wie die Kirche das nennt: ein unauslöschliches Prägemal ist. Muß, soll sich die Kirche irgendwann den menschlichen Fakten beugen, der Vielzahl der Scheidungen, Austritte, den Priestern, die oft aus familiären Gründen vom Dienst suspendiert werden? Wie irdisch, menschlich, unvollkommen dürfen Sakramente sein? Was, fragen inzwischen auch katholische Theologen, ist eigentlich der Kern eines Sakraments? Entscheide ich mich nur noch einmal für eine Kirchenmitgliedschaft? Kann es nicht sein, daß ich mehrfach meine Beziehungen zu einer religiösen Institution aufnehme, abbreche, vielleicht wechsle?

Wie man es auch sieht: Die Sehnsucht nach Ritualen bleibt.

Ein weiteres Merkmal unserer Zeit – und ohne Zweifel eine der größten Errungenschaften unserer Kultur! – macht es zusätzlich den alten Ritualen nicht leicht: die Individuallsierung der Lebensläufe. Relativ frei von sozialen Zwängen, von sozialer Kontrolle und Sanktionen können wir – zumindest in Nordeuropa, das muß man wirklich im Auge behalten – unseren Lebens-Lauf gestalten.

Dabei ist diese Individualisierung jedoch wie so vieles in unserer Zeit eine »riskante Chance«, ein zweischneidiges Schwert. Durch die Individualisierung wachsen für das Individuum sowohl neue Chancen durch eine vergrößerte Flexibilisierung, andererseits kommt es auch immer stärker auf die individuelle Befähigung im Umgang mit dieser Freiheit an, z. B. auf die Fähigkeit, eigenständig soziale Bindungen einzugehen. Gerade kollektive Rituale, bei denen es im »Design« im wesentlichen kaum eine Rolle spielt, welches Individuum heiratet, wer da getauft wird oder stirbt, geraten in diesem Prozess zunehmend unter einen »Legitimationsdruck«[21].

21 S. a. Marquard, 1995, 64.

Auch durch unsere zunehmend multiethnische, multireligiöse und multisoziale Gesellschaft geraten »eindeutige Formen« wie Rituale unter einen immer stärkeren Plausibilitätsdruck[22].

Individualisierung gräbt damit traditionellen Ritualen das Wasser ab. Doch auch neue übergreifende Formen haben es da schwer: »Die christliche Mythologie, aus der sich die meisten Rituale speisten, hat ihre Eindeutigkeit verloren. Die Gesellschaft hat sich in Gruppen, Randgruppen und Einzelwesen aufgespalten: schlechte Zeiten für das Ritual« (Stender, 1994, 34).

Dennoch: Die Sehnsucht nach Ritualen bleibt, auch wenn oft die Kompetenzen fehlen, neue Formen zu schaffen oder vorhandene traditionelle Formen anzuwenden und anzupassen. Gerade angesichts der unüberschaubaren Vielfalt an möglichen Orientierungen wächst das Bedürfnis, dem Leben feste Formen zu geben. Es wächst die Sehnsucht nach einer »guten Form«, die einerseits allgemeiner verständlich ist und andererseits individuell gewählt wird und individuell »paßt«. Die Unsicherheit über die Form hemmt jedoch, auch gibt es für viele moderne Lebensereignisse noch keine Formenvorbilder in unserer Kultur, etwa für den Studienabschluß, für Scheidung, Berentung, Arbeitslosigkeit.

Man heiratet kirchlich, wenn auch oft mit schalem Gefühl. Man läßt seine Kinder taufen, wenn auch oft verschämt, mit wenigen Gästen. Man begräbt seine Toten in einem christlichen Ritual, ist aber nicht recht dabei. Die Kinder werden konfirmiert oder auch weißgewandet in die Kommunion geschickt – doch sind die Familien oft sehr unsicher, wie sie diesen Tag gestalten sollen, damit er »Sinn« macht.

Die Kirche ist jedoch nicht die einzige Sakralisierungsinstitution – auch in unseren Gerichtssälen wird oft bewußt das Außeralltägliche zelebriert, eine benutzerfunktionale Qualität einer psychosozialen hintangestellt: Sorgfältige sakralisierende Inszenierungen

22 S. a. Soeffner in EAT, 1996.

findet man auch in den aufwendigen, ausgefeilten Shows bei Konzerten, bei Ämtern mit ihren Uniformen, dem »Geheimwissen« in Formularen und der geringen Transparenz ihrer Abläufe, bei Ärzten durch fast sakrale Praxiseinrichtung, ihrer besonderen Kleidung, der »sterilen Atmosphäre« und der exklusiven Sprache, die die interne Kommunikation gegenüber Uneingeweihten abschirmt.

Auch an den Universitäten wird wieder rituell gestaltet: Waren mit der Studentenrevolte in den 68ern alle Demonstration universitärer Macht und Eitelkeit tabu, führt man heute wieder – verschämt oder selbstbewußt Abschlußfeste ein. Therapeuten versuchen sich zunehmend an Ritualen, wenn sie merken, daß der Verstand allein eben doch vieles nicht »begreift«, Mediatoren nutzen Rituale im Zuge der Bemühung um eine sanfte Trennung, in Verkaufstrainings werden bombastische Inszenierungen um ein manchmal zweifelhaftes Produkt herum gestaltet. Rituale – der Markt für morgen?

Rituale zwischen Ge- und Mißbrauch: die Versuchung des unauslöschlichen Prägemals

> *Ist nicht der Mensch das Tier, das mit der Wahrheit nicht leben kann, aber auch nicht ohne sie? Ambivalenz begleitet schon seine einfachsten und frühesten Gesten.*
> PETER SLOTERDIJK[23]

Rituale haben eine sehr zwiespältige Position in dem Kultur- und Formenschatz einer Gruppe. Ihre Formen sind verführerisch – sie sind offen für unterschiedlichste Möglichkeiten des Ge- und Mißbrauchs. So können Rituale sehr problematischen Inhalten ihre Schönheit und ihre Sinnlichkeit leihen, sie können etwas vorspielen, verführen, blenden, uns austricksen. Immer noch siegt der Bauch oft über den Kopf, wenn da in beeindruckender Präsenz eine Gruppe Einigkeit demonstriert mit Flaggen und Parolen, sich Menschenmassen hingebungsvoll in einer Sache finden. Welche Parolen da skandiert werden, was die Flaggen bedeuten, was hinter den Worten der Redner steht, wohin man geführt wird – dies verschwimmt.

Zusätzlich dazu bietet unsere Zeit Vakui an Bindung, Zugehörigkeit, Übergreifendem, sanktionierter Orientierung, die uns besonders verführbar machen. Gerade angesichts dieser für viele bedrohlichen Situation der Offenheit, des Schwindens traditioneller Bindungen, der Schnellebigkeit, des Informationsüberflusses und eines Mangels an gut konturierter Information wächst natürlicherweise das Sicherungsbedürfnis in festen, standardisierten Formen wie Ritualen. Aus dieser Sehnsucht heraus ist es manchem ein problematisches Bedürfnis, in den Schutz eines unauslöschlichen

23 In: Sloterdijk, P., (1993), *Weltfremdheit*, Frankfurt am Main: Suhrkamp, 79.

Prägemals zu flüchten. Ein Pfarrer, der wagt, diese Illusion zu relativieren, ein Trauzeuge, der auch kritische Töne anschlägt, ein Pate, der auch Zweifeln Ausdruck gibt, ist mutig – er wagt, die Initianden, nicht zuletzt die Festgemeinde zu frustrieren.

Ich erinnere mich selbst daran, wie ich bei meinem Wiedereintritt in die evangelische Kirche einen Moment brüskiert war, als der Pfarrer auf meinen erleichterten Kommentar, die Glaubenskrise überstanden zu haben, mich deutlich darauf hinwies, wie vorläufig meine Entscheidung sei, wie oft ich an der Kirche zweifeln, mit ihr vielleicht auch hadern würde. Später haben mir seine unbequemen Sätze geholfen, manche Krise zu überstehen, gerade seine Relativierungen wirkten stabilisierend.

Doch auch kritische Initianden vermeiden solche Töne immer wieder aus Höflichkeit. Und gerade solche »political correctness« kann ein Grund sein, daß ein Ritual fade und falsch, lebensfremd und leblos wirkt, wo doch alles, was das Leben auch ausmacht – seine Kanten und Brüche, Widersprüche und Ängste –, ausgeblendet wird.

Ohne Relativierungen und Ambivalenzen kommen wir nicht aus: Doch ist unser Leben nicht mehr als eine Menge von Vorläufigkeiten? Was hat noch Gültigkeit? Können wir nicht einfach hineintauchen ins Feste? Uns hineinzwingen in die alten Formen? Wo sind die starken Verbindlichkeiten früherer Generationen geblieben?

Stabile, monumentale Verbindlichkeiten funktionieren nur in Kulturen mit starker Soziabilität, nicht aber in Kulturen mit großer Individualität. Individualität, die Möglichkeit, ich zu sagen und dieses Ich entwickeln zu können, das braucht Raum, auch wenn sich viele in diesen Lebens-Räumen verirren. Starre Formen sind da unglaubwürdig – im besten Fall angenehme, schöne Geschichten früherer Zeiten. Aber sie sind nicht relevant. Gerade wer der Versuchung des unauslöschlichen Prägemals erliegt, beraubt sie heute ihrer existentiellen Bedeutung. Rituale zu den Lebenswenden müssen sich auf die vorhandenen Lebenswirklichkeiten einstellen, wollen sie nicht an der Lebenswirklichkeit der Zeit vorbeigehen. Scheidungen, Brüche, Zweifel, Unwägbarkeiten gehören zu unserem Leben und zu jedem Lebensschritt. Unsere Beziehungen, Gedanken, Einstellungen und Gefühle sind verletzlich. Sie durch Lebensrituale zu schützen: Das ist eine große Herausforderung nicht nur an unsere rituelle Kompetenz. Die Fähigkeit, heute ein glaubwürdiges Ritual zu veranstalten, wird sich auch an der Fähigkeit entscheiden, vorhandene Ambivalenzen wahrzunehmen, mit ihnen produktiv umzugehen und sie in unser Leben zu integrieren.

Wer nicht Spielball im Jahrmarkt der Eitelkeiten werden will, kommt um diese Reflexion angewandter Rituale nicht herum.

Rituale: Zeichensprache. Einführung in ihre Grammatik

Alles Wirkliche ist nichts anderes als Zeichen.
LEONARDO BOFF[24]

Zum besseren Verständnis für Rituale lohnt sich ein kleiner Ausflug in ein gleichsam spannendes wie auch hochkomplexes Gebiet: die Zeichentheorie oder Semiotik.

Diese ist zum Verständnis auch der Körpersprache sehr hilfreich – und darüber wird immerhin der Hauptteil an Informationen, nach Watzlawick nahezu 90 % (!) vermittelt. Körperliche »Zeichen« existieren dabei nicht einfach universal, wir schreiben ihnen wie in einer Art Duden jeweils Bedeutungen zu. Wie in der Wortsprache gibt es sozusagen eine Grammatik der Gesten und Gesichtsausdrücke, der Handbewegungen, der Fußstellungen, der Körperdrehungen, der Sitzhaltungen, der Geschwindigkeit des Ganges etc.

Das Entziffern dieses Kodes geschieht dabei mit Hilfe von zwei »Wörterbüchern«: Grundlage ist unsere Angewohnheit, jedem noch so harmlosen Zeichen, Ding, Wort, unaufhörlich unsere Umwelt »lesend«, eine bestimmte Bedeutung anzukleben. Zeichentheoretiker nennen diesen Vorgang Denotation. Doch damit ist unser Zeichen noch nicht fertig – anschließend tauchen wir es noch in ein Bedeutungsbad, in dem es dann entweder als »positives« oder »negatives«, als »schönes« oder »schlimmes« Zeichen herauskommt – in der Sprache der Zeichentheoretiker: Konnotation. Erst Denotation und Konnotation hauchen unserem Zeichen also Leben ein, erst dann ist es »lesbar«.

So kann eine Handhaltung je nach Zeichensprache Ehrerbietung oder Gleichgültigkeit, Offenheit oder Blockade bedeuten. Ist

24 Boff, 1976, 10.

langsamer Gang etwa in vielen Kulturen Ausdruck von Würde und hoher Schicht, ist in unserer Kultur eine gewisse Bewegungsschnelligkeit eher Ausdruck von Dynamik und Erfolg und einer gewissen zukunftsorientierten Lebenseinstellung. Auch »nichtsprachliche Laute« wie Schmatzen erhalten, je nachdem in welcher »Sprache« sie gesprochen werden, z. B. die Bedeutung: »Schmatzer hat großen Appetit, ihm gefällt das Essen« oder eben auch »Schmatzer hat keine Ahnung von Benehmen oder will sich extra daneben benehmen«.

Dabei – um die Sache notwendigerweise zu verkomplizieren – sprechen nicht nur wir als lebendige Menschen dieses komplizierte Sprachgemisch aus Körper- und Wortsprache. Während wir sprechen oder »beredt schweigen«, spricht unsere Kleidung »für sich«, senden die von uns gewählten Schuhe, die Körperbedeckung, die Stoffe und Farben Signale aus, die je nach unserem Gegenüber richtig oder falsch verstanden werden, die er als Signal erkennt oder nicht.

Zu abstrakt? Und mit Ritualen hat es erst recht nichts zu tun? Denken Sie doch einmal daran, was geschieht, wenn Sie schwarz gekleidet ins Büro kommen:

In der Regel tatsächlich nichts – keiner spricht einen an – es kann ja sein, daß Sie immer Schwarz tragen, daß Schwarz gerade Mode ist, daß Sie gerade schlecht gelaunt sind oder einfach nichts anderes zum Anziehen fanden. Es ist kein eindeutiges Trauerzeichen mehr. Gehen Sie dagegen in der gleichen Kleidung durch einen Friedhof, kann es durchaus sein, daß Sie für das Mitglied einer Trauergesellschaft gehalten werden. Ihre schwarze Kleidung wird so – je nachdem ob Sie auf eine Vernissage oder in eine Kirche gehen – zwar in beiden Fällen als passend angesehen, aber je nach Situation unterschiedlich »gelesen«.

Nicht nur wir, sondern sogar die Situation »spricht« im Zusammenspiel mit den Signalen, die wir selbst aussenden. Und: Wir sprechen diese Sprachen simultan, zur gleichen Zeit, wir beherrschen die eine Sprache vielleicht gut, andere unvollständig, andere glauben wir zu verstehen, mißverstehen aber in Wirklichkeit die ganze Zeit. Dazu können wir auch getäuscht werden: Die Freude, die Trauer kann nur gespielt sein.

Menschen waren in dieser Hinsicht schon immer findig – selbst in der schlecht zu beeinflussenden Sprache der »Mikrozeichen«, die wir an sich kaum oder gar nicht steuern können, dazu zählen z. B. weite Pupillen (= Gefallen, Sympathie, Erregung), Muskeltonus oder Hautdurchblutung. Findige Zeichenpraktiker simulierten schon früh Gefallen mit dem pupillenerweiternden Wirkstoff Belladonna, täuschten verstärkte Gesichtsdurchblutung (ebenfalls ein Zeichen für Gefallen) mit Rouge vor, mit guten Anzügen hohen Status, Intellektualität mit der »John-Lennon-Brille«, Kreativität mit dem entsprechenden Outfit, Revoluzzergeist mit einem Benehmen vielleicht, das an sich zu den so offensiv zur Schau gestellten Idealen gar nicht direkt in Beziehung stand, dennoch aber »ausdrucksstarkes Zeichen« war.

Der Wunsch nach einem solchen »sprechenden Kontext« kann jedoch bis zur Selbstverleugnung gehen: Wie viele fühlen sich in ihrer Berufskleidung gar nicht wohl? Wer heiratet nicht vielleicht allein schon deshalb – immer noch! –, weil er meint, es sei ein wichtiges Zeichen dafür, ein »anständiger Mensch« oder einfach nur »erwachsen« zu sein?

So berichtet man von Egon Friedell[25], einem Impressionisten und großartigen Historiker in der Zeit des Wiener Impressionismus um Stefan George, er habe allein deshalb seine langjährige Haushälterin, mit der er auch ein Kind hatte, nicht geheiratet, weil eine solche auch nach außen wirksame Form nicht zum Bild des Revoluzzers paßte. Seine großen historischen Studien, die seinen Ruhm bis heute sichern, hat er wie seine Beziehung peinlich von der Öffentlichkeit abgeschirmt.

25 1878–1938.

Was das mit Ritualen zu tun hat? Extrem viel: Auch Rituale sind eine Sprache für sich. Ihr Kode wird nur begrenzt gesprochen, oft entstehen Mißverständnisse, gerade weil wir nicht nur mit dem Chaos an unterschiedlichen, simultanen Kodes der Wörter, Gesten, Kleidungsstücke und Situationen fertig werden müssen, sondern zusätzlich sich diese Kodes schneller wandeln als früher und immer stärker auch von anderen Kulturen inspiriert werden.

Selbst viele Familien gehören nicht mehr einer Kultur»welt« an[26]: Da bewegt sich die Tochter in der Jugendkultur, die Mutter im Selbstverwirklichungsmilieu, der Bruder im Milieu der Computerhacker, um abends wieder in den Kode zu fallen, der in der Familie gesprochen wird – oder sich ihm auch konfrontativ zu verweigern.

In solcher multikulturellen Gesellschaft das Leben zu feiern, ohne daß es permanent zu Mißverständnissen kommt, ist eine große Herausforderung an unsere rituelle Kompetenz. Oder, wie Kaufmann-Huber schreibt: »Allen Ritualen ist gemeinsam, daß sie nach ganz bestimmten Regeln ablaufen [...]. In einer sich schnell verändernden Gesellschaft können sie ihren Sinn verlieren und gehen, wenn sie nicht mit neuem Sinn gefüllt werden können, bald ganz verloren oder werden leere Handlungen, die niemandem etwas bedeuten« (Kaufmann-Huber, 1995, 10).

Mißverständnisse erwachsen dabei selten aus offener Unkenntnis des anderen Kodes. Es hilft leider nicht, es »allen recht zu machen« zu versuchen, indem man ein Ritual zu einer Art pseudointernationalem Kauderwelsch macht. Die meisten Mißverständnisse entstehen vielmehr daraus, daß die Grenzen zwischen Unverständnis und Verständnis nicht klar markiert sind.

26 S. a. Schulze, 1995.

Wenn Sie ein Ritual planen, überlegen Sie deshalb:

Was wollen Sie aussagen?
Was »sagt« die Kleidung, der Raum, der Schmuck, die Anzahl der Gäste?
Wo ist Raum für Mißverständnisse?
Welche »Spielregeln« sollten die Gäste kennen, um dem Ritual folgen zu können (z. B. bestimmte Tabuzonen)?
Was kann helfen, Mißverständnissen in zentralen Botschaften abzuhelfen (z. B. durch eine entsprechende Ankündigung)?

Viele Schwellenrituale existieren also weitgehend unentdeckt. Ihre rituellen Qualitäten erschließen sich erst, wenn man etwas aus unserer Welt und ihren uns oft vertrauten Selbstverständlichkeiten zurücktritt.

Rituale überall.
Ein Interview mit Hans-Georg Soeffner

Professor für Soziologie, Konstanz[27]

Herr Soeffner, welche Bedeutung haben denn Ihrer Meinung nach Rituale in unserer Gesellschaft heute?
Rituale haben für jede Gesellschaft einen Wert. In einigen Gesellschaften, insbesondere in den archaischen, sind Rituale für den Außenbeobachter sofort gut erkennbar: In ihrer Ordnungsfunktion, vor allem als Darstellung religiöser Ordnungen, oft eingebettet in einen größeren Zusammenhang übergreifender Riten. Den meisten Gesellschaften[28], die hochgradig ritualisiert sind, ist es dabei oft gar nicht bewußt, daß Rituale starke Ordnungsfaktoren sind – rituelles Handeln gilt diesen Gesellschaften als völlig adäquates, geordnetes Verhalten, ohne daß darüber reflektiert wird. Rituale werden immer erst dann auffällig, wenn das, was man bisher als ›natürlich gewachsene‹ Ordnung empfand, plötzlich fragwürdig wird.

Dann, auf einmal fragt man sich: Du liebe Zeit! Was machen wir hier eigentlich? Wofür steht das, was wir hier in immer gleicher Form ›vorführen‹? In solchen Fragen werden Rituale als Rituale erkannt und auch thematisiert. Nach einem weiteren Schritt glaubt man zu erkennen, daß Rituale ›leere Formen‹ sind. Die Folge ist: man macht sich lustig über rituelles Verhalten. Gesellschaften, die auf diese Weise antiritualistisch geworden sind, bilden in der Regel aber, ohne dies zu bemerken, selbst wieder neue Rituale aus. In den Kernbereichen der Sozialität können Menschen offenbar auf Ritu-

27 Professor Soeffner bezieht sich immer wieder auf Kollegen. Der besseren Lesbarkeit halber habe ich sie als Fußnoten verbannt und, so sie mir bekannt waren, mit entsprechenden Literaturhinweisen ergänzt.

28 Das hat Mary Douglas schon gezeigt: s. a. Douglas, 1974.

ale nicht verzichten, eben weil Rituale Ordnungsfaktoren gerade in jenen Bereichen darstellen, in denen es auf ›funktionierendes‹ Zusammenleben ankommt. Sie haben da eine ›verdeckte‹ religiöse Funktion[29], die Funktion von Ausgleichshandlungen: von Handlungen, durch die ein verlorengegangenes Gleichgewicht, z. B. das von Distanz und Nähe, wieder hergestellt oder die Verletzung eines ›Images‹ geheilt werden soll.

Wie schaut es denn aus mit Lebensschwellenritualen? Würden Sie auch solche unterschwelligen Rituale in unserer Gesellschaft sehen? Gerade bei Lebensschwellen gibt es ja im Moment einen Schrei nach Ritualen! Manche möchten deshalb etwa Initiationsrituale wieder einführen. Etwas scheint zu fehlen, aber gibt es nicht schon etwas?

Inzwischen gibt es überreichlich Ritualangebote. Gesellschaften wie die unsere haben dabei ein neues Motiv, Rituale wieder einzusetzen. Das Motiv ergibt sich daraus, daß alte Ordnungskategorien, anerkannte Klassifikationssysteme nicht mehr richtig funktionieren. Klassen, Schichten, Lebensstilgruppierungen, Milieu, Herkunft, Bildung – all diese traditionellen Kategorien überschneiden sich und sind – jede für sich – so wenig verpflichtend, daß die Frage entsteht: Welches ist die Ordnung, in der wir leben – und: wie schaffen wir, zumindest in unserem Nahbereich praktikable Ordnungen. Bei der Konstruktion solcher Ordnungen sind Rituale außerordentlich nützlich, weil sie die Überwindung von Unübersichtlichkeit suggerieren und tatsächlich auch schaffen. In vergangenen Zeiten lebte man, ohne darüber weiter nachzudenken, in rituellen Ordnungen: etwa mit 10 Jahren gehe ich zur Kommunion (oder mit 14 Jahren zur Konfirmation), dann folgen kirchliche Hochzeit, Kindstaufen, Beerdigung usw. Die Lebensstationen waren so fest eingegliedert in das System der

29 S. a. Goffman.

christlichen Feiertage und der dahinter stehenden Kosmologie, daß über die Ordnung des Lebens in der Regel nicht lange nachgedacht werden mußte. Bücher über ›Statuspassagen‹ zu schreiben, wäre keinem Menschen eingefallen – es sei denn, er wäre aus einer anderen Kultur gekommen und hätte sich über unser Ritualsystem gewundert. Wenn man genauer hinsieht, existiert in unseren Gesellschaften, diesseits der christlichen Ritualsysteme, immer noch eine Ritualisierung der Lebensschwellen – etwa wenn junge Mädchen anfangen, sich zu schminken, Absatzschuhe zu tragen, etc. Hier geht es offenkundig um eine rituelle Deklarierung eines neuen, andersartigen Status. Ähnliche implizierte Ritualisierungen durchziehen unsere gesamte Kultur, ganz gleich, um welche für uns wichtige Lebensbereiche es sich dabei im einzelnen handelt. Denken Sie an die ›verkappten‹ Initiationsriten: die erste Zigarette, den ersten Alkoholkonsum, die erste Intimbeziehung etc. Was aber nicht mehr als allgemeingültiges Gut existiert, sind gemeinsam anerkannte Schwellenrituale, von denen man, wie bei der Konfirmation oder Jugendweihe, sagen könnte, sie seien für jedermann innerhalb bestimmter Gemeinschaften verpflichtend. Rituale mit einem festen Platz in einem kollektiven Lebenslauf sind ausgestorben. Immerhin, nach wie vor gibt es mit der Schultüte bei der Einschulung, mit den Feiern zur Abschlußprüfung und schließlich bei der Beerdigung noch deutlich sichtbare kollektive Ritualbestände.

In anderen Bereichen muß ausgehandelt werden, welche Rituale gelten sollen, z. B. bei der Heirat: nach welcher Konfession, welches Kleid, Kutsche oder nicht … all dies war früher ebenfalls weitgehend geregelt. Heute ist es offen. Rituale sind überreich vorhanden, aber gerade dadurch ist auch die Ritualunsicherheit gewachsen. Besonders aufschlußreich ist das Verhalten ›antiritualistischer‹ Gruppen, z. B. bei Paaren, die nicht heiraten. Auch dort gibt es, wenn auch undurchschaut, durchaus Rituale – z. B. wird das Zusammenziehen beider Partner oft mit einer Wohnungseinweihung rituell gefeiert. Ganz ohne rituelle Bedeutsamkeitsakzente geschieht fast nichts Wichtiges im menschlichen Leben.

Sterberituale gibt es dann ja eigentlich auch, nur daß sie inzwischen stärker im medizinischen Bereich sind oder anders begründet werden …

Das ist richtig. Man muß beim Ritual sehen: Es ist eine symbolische Handlungsform, die immer einen religiösen Gehalt hat. Schon auf individueller Ebene läßt sich dies zeigen, z. B. bei der Angst um einen Imageverlust und bei dem Kampf um Imagebewährung. Mit Goffman kann man feststellen, daß für den modernen Menschen das Image etwas Heiliges ist – übrigens auch das Image einer Gruppe.

Was die heutige Medizin angeht und ihren Umgang mit Sterbenden: Auch ein Intensivmediziner kennt diesen Sachverhalt. Wenn Sie in die bei uns geradezu unglaublich technisierten und steril wirkenden Intensivstationen gehen und genau hinsehen, stellen Sie fest, daß zwar – von außen – immer wieder über die ›Entmenschung‹ der Intensivmedizin geredet wird. Dennoch haben alle, auch die hochtechnisierten Krankenhäuser, besondere Sterbezimmer und jede Station entwickelt ihre eigenen Rituale im Umgang mit Sterbenden und Tod. Man benachrichtigt die Angehörigen und sieht zu, daß diese rechtzeitig kommen, bevor der Patient stirbt. Es werden merkwürdige Vorkehrungen beim Pflegepersonal getroffen, man achtet darauf, daß der Sterbende nicht alleine ist; man verstärkt die Monitorüberwachung; es gibt bei den Krebskranken, die unter hohen Schmerzen leiden, eine geradezu ritualistische Form der Absetzung der schmerzstillenden Mittel – meist verlangt das der Sterbende selbst: all dies wird nicht geschäftsmäßig abgehandelt. Weil es in der Regel keine verbindlichen Regeln für diesen medizinischen Bereich gibt, geschieht vieles mit einer merkwürdigen Unsicherheit. Aber selbst in dieser Unsicherheit zeigt es sich, daß jedermann um das enorme Verletzungspotential weiß, das in einem ›falschen‹ Umgang mit Sterbenden liegt. Also kurz gesagt: Rituale sind heute neu und anders organisiert, und wir sind rituell unsicher geworden. Aber ohne Rituale kann keine Gesellschaft auskommen, auch unsere nicht.

Wie sehen Sie denn die Chancen für übergreifende Rituale, wenn es denn eine solche Sehnsucht gibt?

Es gibt ja noch so etwas wie übergreifende Rituale. Man erkennt sie nur nicht so leicht. Z. B. legt unsere Gesellschaft das Schwergewicht auf Prüfungen, auf ›berufliche‹ Abschlüsse: Das ›Ende der Jugend‹ – u. U. erst mit 30 Jahren – ist rituell mit dem Prüfungszeugnis gegeben. Von jetzt an ist aus der Ausbildungswelt eine Berufswelt geworden. Diese, auch symbolisch angezeigte Statuspassage existiert nach wie vor und reguliert unsere moderne Gesellschaft in hohem Maß. Auch die Stufung des Übergangs von der Kindheit zum Erwachsensein, ich wies darauf schon hin, vollzieht sich in kollektiven Schwellenritualen. Es gibt darüber hinaus auch Kollektivrituale des Übergangs von der Arbeitszeit zur Freizeit. Auch diese werden kaum als solche erkannt. Aber wenn Sie sehen, wie sich Menschen, um den Übergang von der Arbeit zur Freizeit zu signalisieren, neu einkleiden, erkennen Sie, wie stark Rituale noch immer unser Leben regeln. Anders steht es mit politisch verordneten nationalen Feiertagen, kollektiven Kundgebungen zu ehemals zentralen Anlässen etc. Hier verweisen die Abstinenz oder das partikularisierte Feier-verhalten darauf, daß wir in pluralistisch organisierten Gesellschaften leben. – Nur Weihnachten scheint zumindest in Deutschland – unverwüstlich zu sein.

Gibt es Übergangsrituale in unserer Gesellschaft, die Sie für gefährlich halten?

Rituale sind an sich neutral, sie können fast jede Tendenz annehmen: Rituale lassen sich dazu benutzen, ganze Volksstämme abzuschlachten. Das, wenn auch nicht als Ritual, sondern als Brutalität bezeichnete Phänomen der Massenvergewaltigung im jugoslawischen Bürgerkrieg ist zweifellos – neben der bodenlosen Aggressivität der Täter – ein Kollektivritual der Machtausübung und der Unterwerfung gewesen – und das heißt, daß Rituale nicht nur in einer befriedenden, sondern ebenso in einem zerstörenden Sinn benutzt werden können. Die Mörder im KZ haben in der Regel auch nicht ›zügellos‹ drauflosgeschlagen, sondern im Kleid der Mordbürokratie ritualisiert gemordet. Die Gefährdung durch Rituale besteht darin, daß sie, eben weil sie als ›geheiligte Ordnung‹ verstanden werden, den einzelnen von Verantwortung für seine Tat zu entlasten scheinen. Früher glaubte man, dem Gott, der so grausam, so furchtbar und so allmächtig war, nicht gegenübertreten zu können, ohne sich durch besondere magische Rituale zu schützen. Genauso schützen Rituale als unpersönliches Ordnungsschema den Kollektivtäter, sofern er sich als eingebettet in die rituelle Ordnung versteht, vor der persönlichen Übernahme der Verantwortung. Rituale sind in dieser Hinsicht ein etwas unheimliches Instrument der Gesellschaftsordnung – solange sie nicht analytisch als das erkannt werden, was sie sind. Sie können sehr positive Seiten haben, aber selbst die besten Rituale können sehr destruktiv eingesetzt werden: ein ›anständiger‹ Inquisitor hat schon immer ordentlich gebetet, bevor er zur mörderischen Tat schritt.

Ja, zweifelsohne. Vielen Dank für das Gespräch, Herr Soeffner.

Geschändete Formen.
Über den parareligiösen Mißbrauch von Ritualen

Diese Sehnsucht sucht sich manchmal seltsame Wege, um erfüllt zu werden. Auf der Spielwiese der Seelsorge und Heilkunde im weitesten Sinn, der religiösen und parareligiösen Events tummeln sich inzwischen eine Vielzahl von Anbietern, die um das Seelenheil und um die finanziellen Ressourcen von Kunden buhlen. Wo sich viele verlieren, helfen viele suchen.

Tatsächlich ist es schwierig, hier zwischen seriösen und unseriösen Anbietern zu entscheiden. Mit einem Definitionsgerangel um das Wort Religion wird es sicher nicht entschieden und mit der Kassenzulassung bestimmter Heilverfahren wohl auch nicht. Auch mit Moden oder mit einem klangvollen Namen nicht, nicht damit, daß irgendein Prominenter es schließlich auch überlebt ... und auch nicht damit, daß es viel oder wenig kostet oder wer sich mit welchen Titeln schmückt – um nur einige der üblichen Kriterien zu nennen.

Gute Entscheidungskriterien sind seit jeher
- Transparenz: Erklärt der Anbieter seine Arbeitsweise und die Grundlagen seiner Arbeit ausreichend?
- Machtkontrolle: Wird im Team gearbeitet, ist der Anbieter in einem Netzwerk oder einer Supervisionsgruppe?
- Reflexion: Ist das System offen für Kritik?

So wird der tapfere Flugversuch nicht zur Bruchlandung.

Sinn – Unsinn – Sinnlichkeit

Wege, Pfade: Niemandsland. Eine kleine Einführung zum Sinn von Ritualen

Die klassische Situation eines Rituals zu Lebensschwellen ist buchstäblich »katastrophal« – es siedelt an den Wendepunkten unseres Lebens, an dem es alles zu gewinnen, alles zu verlieren gibt. Dieser »psychologische Ort« von Ritualen spricht allein schon für ihre große Bedeutung – und ihre zumindest potentielle Wirkkraft – im Lebenslauf.

Paradoxerweise sind sie nicht nur an der Regulation, sondern sogar an der Entstehung dessen beteiligt, was sie steuern.

Resiste! Schwellenrituale bauen und ordnen Wirklichkeit

> *Wirklichkeit [ist] eine Konstruktion, an der wir beteiligt sind. Wirklichkeit gibt es nicht an sich, sondern ist durch Lebensmuster, Lebensformen, Wahrnehmungsformen und Sinnzusammenhänge gemacht.*
>
> Franz Xaver Baier [30]

Viele der Formen, nach denen wir Wirklichkeit wahrnehmen, werden sozial vorgefertigt, wir wachsen in ihnen auf, ohne sie besonders zu hinterfragen – die Einteilung der Zeit in Stunden, Tage und Wochen, die Einteilung unserer Wohnungen, die Stra-

30 Baier, 1996, 10.

ßenverkehrsordnung. Kulturelle Formen sind Selbstverständlichkeiten, sie werden oft erst durch den Kontakt zu anderen Kulturen oder im Studium anderer Zeiten ernsthaft nachgefragt.

Einige solcher »Sozialisationsbausteine« sind auch Rituale: Rituale schaffen Raster, sie markieren als Momente herausgehobener Feierlichkeit bestimmte Wirklichkeitsaspekte. Sie wirken wie Spots, die bestimmte Momente aus dem Leben eines Menschen oder einer Gruppe herausleuchten. Sie heben bestimmte Ereignisse aus dem Alltäglichen heraus und verleihen ihnen so Bedeutung. Und sie zähmen rahmend die Ereignisse, die über unseren Verstand gehen: den Tod eines geliebten Menschen wie die Vorstellung, sich nun – oft nach Jahren oder sogar Jahrzehnten des Suchens – an einen Menschen zu binden. Und diese Ereignisse halten sich nicht an unseren Terminplan, sie geschehen selten wirklich geplant: Der Zeitpunkt des Ereignisses bleibt ein Geheimnis.

Solche Ereignisse stellen gleichzeitig Höhe- wie auch Tiefpunkte in unserem Leben dar – alte Wirklichkeiten zerbrechen, eine neue muß oft erst gebaut, konstruiert, um das neue Leben herum gebaut werden. Wichtige Helfer sind dabei wieder Rituale – Anker, die uns helfen, unser Leben wiederzuerkennen, auch wenn sich alles geändert hat.

In der Flut an Informationen und Ereignissen können Rituale als Marker für Bedeutsamkeit helfen, Wichtiges von Unwichtigem nach innen und außen zu dokumentieren und zu unterscheiden. Rituale greifen Lebens-Muster auf und rahmen sie, verdeutlichen sie, spinnen sie weiter.

In unserer Kultur ist diese Funktion noch weitgehend von den christlichen Kirchen monopolisiert. Die Lebens-Formen, die sie nicht beachten, tun sich im öffentlichen Leben schwer, Wichtigkeit zu erlangen – Freundschaften etwa, Arbeitslosigkeit, der Beginn oder Abschluß therapeutischer Behandlungen.

Dank der Vielfalt gleichzeitig herrschender »kultureller Stile« sind wir den alten Konstruktionen heute zumindest prinzipiell nicht mehr hilflos ausgeliefert. Doch ohne den besonderen gesellschaftlichen Kontext lassen sich andere kulturelle Formen nur schwer fehlerfrei übersetzen – Rituale sind schließlich immer Teil des gesellschaftlichen Kontextes.

Aus diesem Blick heraus verdient es auch eine Überlegung, was mit Ritualen passiert, die importiert werden aus der Zeichensprache des Buddhismus übertragene Totenrituale etwa oder aus der traditionellen Agrargesellschaft in die Großstadt Übertragene Initiationsfeste, aus dem Mittelalter übertragene Berufsrituale.

Sehr lesenswert ist hier die Erzählung *Die Epidemie* der amerikanischen Autorin Hannah Green, in der sie zeigt, wie schwierig es für uns ist, den alten Reichtum der Formen und Zeichen zu nutzen: »Die Menschen, die diese Zeremonien früher durchführten, wußten viel mehr als wir heute. Sie waren ganz und gar vertraut mit allen Worten und den richtigen Formeln. [...] Wir tragen das [...] Gewicht unserer Unwissenheit, wir müssen die Worte abschreiben, die Gebete lernen, sind unsicher und ungeschickt. Haben wir etwas vergessen? Mußte man vorher oder nachher noch ein anderes Gebet sprechen oder an anderer Stelle in der Zeremonie? Auf diese Weise ist das jüdische Exil ein doppeltes, nicht nur, weil wir Jerusalem 37 A. D. verließen, sondern weil wir uns selbst irgendwo zurückgelassen haben, alle diese Worte, das ganze Wissen« (Green, 1993, 294 f.).

Bei dem Versuch, die eigenen Wurzeln zu entdecken, vermengt sich auf manchmal lächerliche, oft schmerzhafte Weise Hilflosigkeit und gleichzeitig der brennende Wunsch nach Stabilität.

Doch natürlich kann solch eine Zeichennutzung auch funktionieren – schließlich fangen wir nicht und nie bei Null an. Aber wir sollten doch immer wieder, neugierig und skeptisch, die alten Inszenierungspläne und Zeichenkodizes reflektierend sichten, bevor wir mit ihnen unsere Lebensbezüge rahmen – sonst erreichen wir keinen Authentizitätszuwachs, sondern werden banal, schlimmstenfalls zu Fälschern unserer eigenen Biographie.

Wenn wir selbst zu müde, zu uninteressiert oder auch nur zu unwissend sind, unsere Lebensmuster mitzugestalten, wird das vorgefertigte Mäntelchen zur Zwangsjacke, in der die eigene Weltsicht erstickt: »Wer sich in einer Wirklichkeit an sich oder der Schöpfung einrichtet, macht es sich nur bequem in Räumen, die andere eröffnet haben. Er ist nur zu faul, seinen eigenen Weltraum zu bauen«, schreibt Baier (ders., 1996, 10) kämpferisch.

Seien Sie kämpferisch, kämpfen Sie um Ihre Wirklichkeit, geben Sie sich selbst wieder eine Stimme. Oder, wie France Gall in einem französischen Chanson singt: »Resiste! Prouve que tu existe!« (in: Emi Music France, 1997)

Wer auf diese Weise Widerstand leistet gegen den überkommenen Kanon der alten Formen und neue Rituale konstruiert, erschafft damit auch ein Stück »seiner« Wirklichkeit, er macht sich sein Leben zu eigen. Dies ist wichtig, weil Rituale ja nicht nur eine Dokumentation nach innen, sondern auch eine Dokumentation nach außen sind.

Diese Außenwelt hat einen bekannten Namen: Normalität.

Hard facts: Rituale als Rahmen der Normalität

Auch Normalität »ist« nicht einfach, auch sie wird individuell und gesellschaftlich konstruiert – und Rituale helfen dabei. Sie greifen in diesen Prozeß steuernd ein. Im Rahmen der Konstruktion gesellschaftlicher Wirklichkeiten sorgen sie für »einen gemeinsamen Erfahrungs- und Handlungsraum, [...] indem Problemlösungen im Rekurs auf bekannte Problemlösungen [...] in den Bereich der Normalität eingegliedert werden« (Soeffner, 1989, 17), Was sie »beleuchten«, »darf sein«, findet Eingang in unsere Selbstverständlichkeiten, in den »gesellschaftlich korrekten« Raum.

Natürlich wird nur das Ereignis mit einem Ritual geehrt, das akzentuiert, hervorgehoben, wahrgenommen, »zementiert« werden soll, wo es sich um eine »willkommene«, gesellschaftlich konforme oder zumindest gesellschaftlich neutrale Realität handelt – das sieht man etwa in der rituellen Ehrung von »gesellschaftlich korrekten« stabilen Partner- und Familienbeziehungen, im rituellen Feiern des Aufwachsens und Sterbens.

Dadurch allerdings werden andere, potentielle Lebens-Räume in den Hintergrund gedrängt – was außerhalb vorgeformter Normalitätsvorstellungen liegt, hat es deutlich schwerer. Nebensächliche, bedrohliche oder ambivalent empfundene Realitätsaspekte werden, wo es möglich ist, ausgegrenzt. Wer feiert schon Arbeitslosigkeit? Wer eine Scheidung? Wer gedenkt einer Trennung oder dem Auszug der Kinder? Noch heute gibt es Regionen, in der Priester die Bestattung eines Selbstmörders verweigern. Die Todesursache muß vertuscht werden – ein christliches Begräbnis kommt sonst nicht in Betracht. Auch gibt es immer wieder Schwierigkeiten, wenn ein Kirchenmitglied ein christliches Begräbnis für einen Angehörigen will, der selbst nicht in der Kirche war. Auch wird nach wie vor die kirchliche Segnung Paaren verweigert, von denen einer geschieden ist – eine Wiederholung der kirchlichen Hochzeit ist in der katholischen Kirche nicht möglich.

So wird auch erklärbar, warum Homosexuellentrauungen eben nicht nur bei Betroffenen so heiß diskutiert werden: Nur der Mensch kann Homosexuellentrauungen akzeptieren, der die Wirklichkeit homosexuellen Lebens akzeptiert. Wer dagegen Homosexualität »unnormal«, »krank« oder gar »abartig« findet, wird sich dagegen schwertun oder sogar in regressiver Abwehr hart bekämpfen, daß dieses von ihm doch sonst so sorgsam verdrängte Realitätssegment »wirklich« wird.

Allgemeiner: Jemand, der eine bestimmte Lebensform, einen bestimmten Lebensschritt verneint, wird immer auch ein Ritual, das diese Lebensform würdigt, verneinen, eine rituelle Feier des Kirchenaustritts wäre deshalb wirklich revolutionär. Schließlich gibt es dogmatisch bekanntlich keinen Kirchenaustritt. Die Taufe ist wie jedes Sakrament per definitionem »unverlierbares Kennzeichen« (Kühn in: Drehsen et al, 1988, 1110) – auch wenn die Kirchen längst ein mehr oder minder ritualisiertes System des Wiedereintritts aufgebaut haben. Rituale können hier eine unproduktive, regressive Wirkung entfalten – aus Brücken werden Schlagbäume, Öffnungen werden mit Grenzen dichtgemacht, die dem Schwankenden deutliche Grenzen setzen, da doch nicht »sein kann, was nicht sein darf«.

Auch wenn viele Ereignisse längst Teil unserer Wirklichkeit sind – viele fallen nach wie vor »unter den Tisch«. Gerade die sperrigen und traurigen, die ein Ritual besonders brauchten, die wichtig zu beachten wären, um Unterstützung zu mobilisieren, anstatt sie zu verdrängen oder durch einen Psychologen »entsorgen« zu lassen, fristen nach wie vor ein Schattendasein.

Harte Zeiten – große Chancen für das Ritual.

Auf der Suche nach der verlorenen Zeit: über den persönlichen Sinn von Ritualen

Scherengeklapper und Seifenschaum?! Schwellenrituale als inszenierter Nichtalltag

Sein Leben leben: das ist beim Menschen sein Alltag. Auf Distanz geben zu seinem Leben: das ist beim Menschen das Fest.
Odo Marquard[31]

Wie gesellschaftlich gesicherte Rituale Normalitätsgaranten sind, sind sie doch gerade andererseits Zeichen des Außergewöhnlichen: Feste und Feiern unterbrechen den steten, gleichförmigen Lauf der Zeit. Sie sind Teil der Mechanik der Weltenwechsler, Zeichen des »Ich gehöre nicht mehr …« und des »Ich gehöre nun …«

Sie gliedern das Leben und die Zeit – wo sie sind, ist »Hoch-Zeit« oder »Tief-Punkt«. Zeit strukturiert Rituale und Rituale strukturieren unser Zeitgefühl. Sowohl in der großen Struktur, dem Leben, als auch im kleinen, im Jahr, im Ablauf der Woche. Ihre Rhythmik ist tief in unsere Kultur verwoben[32]. Rituale schaffen eine andere Zeitordnung außerhalb der des Alltags, Schwellenrituale inszenieren besonders die Sonderzeiten im Leben. Schwellenrituale bieten so eine Art »Moratorium des Alltags«, wie es der Philosoph Marquard formulierte[33], und erfüllen damit offenbar ein zentrales Bedürfnis vieler Menschen[34].

Feiern geben dem Leben dabei nicht nur die Schönheit zurück, sondern auch seine Tiefe und seinen Ernst. Feiern, das bedeutet

31 Marquard, 1994, 60.
32 S. a. Seibt, 1983, 158 f.
33 S. a. Marquard, 1994, 66 f.
34 S . a. Stender, 1994, 32 .

auch, dem Leben einen Teil seiner Würde, seines Ernstes zurückzugeben (s. a. das Interview mit Klaus Behner).

Wird auch der Aufwand zu solchen Festen oft bespöttelt und kritisiert, gewinnt er immer wieder leider Ausmaße, so daß die Feier des Lebens das Leben selbst bedroht, etwa indem sich ein Paar bei der Hochzeit finanziell übernimmt, ist der Glamour, die Feierlichkeit gerade etwas, was wir in Zeiten der physischen oder psychischen Auszehrung, in Zeiten des existentiellen Mangels dringend brauchen – darauf weisen immer wieder auch Berichte aus Konzentrationslagern hin: Gerade hier war die Blume, das Geschenk, die Transzendenz wesentlich, um Wirklichkeit überhaupt erträglich und damit überlebenswert zu machen[35]. Rituale sind eine Möglichkeit, den Wert des eigenen Lebens selbst in Zeiten des Mangels wieder erlebbar zu machen.

Der Nichtalltag sollte dabei sorgfältig inszeniert werden. Es braucht eine Reifezeit, Vorbereitung, die sich längst nicht in der Wahl der Speisen und des Rahmenprogramms erschöpft. Die Annäherung an das Ereignis wird vor allem in der Zeit davor geschehen, durch die Gespräche, durch die Zeiten, in denen man über Einladungskarten sitzt und spürt, wie das Ereignis unter den eigenen Händen wirklicher wird – sich nähert, das Herz krampfen macht oder wärmt.

Dieser Nichtalltag wird dabei durch besonders »sinnlose« Sachen betont – das Kleid, das nur zu »besonderen Anlässen« oder sogar nur diesen einen Tag getragen wird, der Blumenstrauß, die Geld- und Zeit«verschwendung«: Gerade durch die offensichtliche »Nutzlosigkeit« der rituellen Handlung (nichts wird hergestellt, keine ökonomischen Werte werden gewonnen) markieren Schwellenrituale die raren Momente des Nichtalltäglichen. Gerade diese Heraushebung führt auch dazu, daß das Ereignis allen wesentlichen Menschen in Erinnerung bleibt – man hat »es« den Leuten gezeigt.

35 S. a. Bettelheim, 1980.

Dieser Tag, diese Stunde gilt mehr. Menschen, die man teilweise nur zu solchen Sonderzeiten trifft, heben zusätzlich die Bedeutung hervor. Auch der Raum bestimmt die sakralisierende Wirkung der Inszenierung mit: Möglichst wenig soll an das »daily business« erinnern. Das Unvertraute der Situation wird so im Unalltäglichen des Raumes und in seiner innenarchitektonischen Ausstattung, der besonderen Akustik und dem besonderen Licht gespiegelt und aufgefangen.

Schwellenrituale, mit denen wir Sonderzeiten unseres Lebens ehren und ihnen bewußt einen prominenten Platz zuweisen, tragen so zum Glanz unseres Lebens und damit zu unserer Lebenskultur bei[36]. Es wird zum Fest, zum Ereignis voller Wert und Würde, es gewinnt auch nach außen an »Mehr-Wert«. Und es wird klar, daß das Leben keineswegs, wie Michael Ende es einmal formulierte, nur aus »Scherengeklapper und Seifenschaum«[37] besteht.

36 S. a. Grün, 1997, 33, 35.
37 S. a. Ende, 1973, 59.

LebensMuster. Ein Interview mit Franz Xaver Baier

Professor für Architektur an der Fachhochschule München

Ich denke, daß Rituale und Architektur sehr eng verflochten sind. Ich kann mir vorstellen, daß die Räume nicht ganz beliebig Sind, daß Räume sehr wichtig sind. Deshalb interessiert mich die Sicht eines Architekten. Viele sprechen doch von einer Profanisierung unseres Lebens. Wie sieht es da in der Architektur aus? Ist die Zeit nicht vorbei, wo man sagt, man baut wirklich festliche Bauten? Gibt es das noch – den festlichen Raum?
Ja, natürlich, das würde ich schon sagen. Nur die Festlichkeit, die wird heute durch andere Zeichen produziert. Ich denke, Festlichkeit wird nicht mehr nur durch Kerzen oder durch Samt oder durch so Stoffe hergestellt, sondern eher durch eine..., heute könnte man sagen, durch eine Art Virtualität, also durch eine höhere Schwingung vielleicht, die in dem Gebäude vorkommt.

Wirklichkeit hat ja verschiedene Ebenen. Es gibt z. B. so etwas wie die reine Substanzebene, das ist die Ebene, wo ein Gebäude nur stumm vorkommt. Die reine Faktizität, wo nur die Kategorien Häufung, Ausdehnung, Addition gelten. Und dann gibt es natürlich höhere Ebenen, wo die Stoffe sozusagen sprechend werden und wo auch eine Art Kommunikation stattfindet unter den Zeichen, also wo Türen, Fenster, Böden sozusagen kommunizieren. Und da kommt man eigentlich schon in den Bereich des Festlichen, also ohne daß man es jetzt unbedingt thematisieren müßte, einfach weil solche Gebäude höhergestimmt sind. Die Stimmung ist eigentlich primärer als die Architektur. Das heißt, man kann zwar ein Haus bauen – und man hat auch eine objekthafte geometrische Ausdehnung, aber wenn die Stimmung sich nicht einstellt, dann haben Sie nur eine Masse, die da herumsteht, aber nicht den Raum. Deshalb ist es sehr wichtig, daß man auch auf die Atmosphäre, auf die Stimmung, achtet.

In der Philosophie unterscheidet man verschiedene Ontologien, das heißt Wirklichkeitsebenen, und in denen kann man wie in einem Lift rauf und runter fahren – also nicht beliebig, aber an sich. Ein Fest ist im Prinzip ein Fahrzeug, eine Art Raumfahrzeug, durch das Menschen einen Lift betreten und sich eine oder mehrere Stufen höher liften. Und das erfährt man dann ja auch, wenn ein Fest richtig funktioniert. Dann erfährt man das ja als »geliftet«, man befindet sich sozusagen auf einer höheren Wirklichkeitsebene – und das, denke ich, ist das Festliche, das ist nicht unbedingt an bestimmte Räume geknüpft. Man kann im Prinzip deshalb einen festlichen Raum gar nicht bauen, ein festlicher Raum ist sozusagen ein Ereignisraum. Wie das beispielsweise verschiedene Banken machen, wenn sie versuchen, einen festlichen Raum zu bauen oder einen festlichen Saal im Rathaus – das ist dann eigentlich ein Mißverständnis. Ereignisse, Glück, Trauer kann man nicht bauen.

Aber die Architektur versucht es doch manchmal. Und das ist doch, was auch von ihr gefordert wird, wenn man sagt: Bau mir eine Kirche, bau mir ... einen festlichen Raum.

Ja, natürlich – ich will auch nicht leugnen, daß man etwas tun kann dafür, für die Höhergestimmtheit. Man kann natürlich den Materialien eine Aufmerksamkeit zuteil werden lassen, die diese Höhergestimmtheit schon enthalten. Man kann Materialien ja so behandeln, daß sie so etwas wie eine Würde bekommen. Daß sie einfach als wertvoll erscheinen, daß sie teilnehmen an Lebensprozessen. Wenn die Architektur in Richtung Festlichkeit etwas machen will, dann denke ich, sollte man von einer sehr hohen Ebene ausgehen, auf der man auch im Denken nicht zwischen Geist und Materie unterscheidet, auf der man Materialien durchaus als etwas Geistvolles betrachtet. Die Behandlungsart – das ist, was den Materialien eine höhere Wertigkeit gibt. Und damit geht es eigentlich schon in diese Richtung – daß sich dann eine festlichere Stimmung einstellt.

Wir erleben ja manchmal Räume als lügend – in denen hat man das Gefühl: Das paßt nicht, wie z. B. in den Standesämtern.
Klar. Wenn man heute Architektur analysiert, darf man nicht von Formen ausgehen, das Primäre sind heute Lebensmuster. Jeder Mensch lebt verschiedene Lebensmuster – das Lebensmuster ist sozusagen das Organisationsprinzip, mit dem Dinge sich begegnen. Und jeder Mensch hat auch eigene Lebensmuster – der eine arbeitet sein Leben in der Art ab, daß bei ihm alles nur in Schneisen und im Hintereinander geschaltet ist, ein anderer hat ein Lebensmuster, in dem sich spiralige Ganzheiten bilden, die sich vielleicht dann immer mehr ausdehnen. Das ist ein Lebensmuster, da werden viele Dinge gleichzeitig gemacht. Beides sind zwei ganz verschiedene Lebensmuster – das eine baut immer mehr ab, und das andere reichert sich immer mehr an, es ist ein sich selbst potenzierendes Lebensmuster.

Und ... dann gibt es natürlich Standesamt, Universität, Krankenhäuser. In solchen Institutionen sind natürlich noch ganz viele andere Lebensmuster enthalten. Die haben technische, funktionale Seiten – aber andererseits muß man auch unsere kulturellen Lebensmuster berücksichtigen. Wenn Architektur gebaut wird, und es stimmt mit dem Lebensmuster überhaupt nicht überein, dann empfindet man: Das ist falsch. Jüngere Leute sind heute einfach nicht mehr so steif und so...betreten, die sind auch nicht mehr so würdevoll ...

Drückt sich die Würde nicht einfach anders aus?
Ja, das meine ich ja. Die Würde liegt heute einfach woanders, man bringt heute Würde nicht mehr zum Ausdruck, indem man Abstand hält, indem man sich versteift und sich verkrampft und so distinguiert erscheint. Die Würde drückt sich heute eher darin aus, daß man neugierig ist auf andere, daß man auf sie zugeht, daß man eine Identität erzeugt, daß man nicht nur in Staunen fällt, sie spielerisch untersucht, daß man auch Lust hat, sie weiterzuspinnen.

Würde besteht heute eher darin, Prozesse freizusetzen und anzudeuten, die einen auch weiterbringen, gerade in der Verlebendigung. Da steckt heute die Würde drin, auch weil da Möglichkeiten drin stecken – Würde hat sehr viel mit Möglichkeiten zu tun. Nicht nur die Unverletzbarkeit, sondern das, was mit einem Menschen noch möglich ist, was er noch vorhat, einfach dieses Potential, was in dem Menschen steckt, das empfinde ich auch als Würde. Und daß man das fördert, daß man dem anderen hilft, das zu leben.

Aber sind unsere Räume, die wir heute haben, sind die nicht schrecklich unpassend dafür?
Ich will das jetzt nicht so generell sagen, aber da ist schon was dran.

Schließlich – sie regen nicht an zum Spielen, es ist sehr viel, was festgeschraubt ist …
Ja genau, sie neigen eher zum Einfrieren, zum Statischwerden, deshalb sind die Leute auch oft sehr betreten und stehen rum mit ihren Cocktails. Ich meine auch, man müßte den Räumen wieder viel mehr Spiel geben, auch durch besondere Haptik, daß man irgendwo hinfaßt und es quietscht oder so, daß man Spuren anbringen darf, daß nicht alles immer so klinisch steril ist und daß auch eine gewisse Lockerheit drin ist in den Räumen. Ja, da gebe ich Ihnen recht, in der Praxis wird nicht so gebaut.

Wie müßte so ein idealer Festraum aussehen? Wo man das Leben feiert, feiert man es ja in Sonderräumen. Nehmen wir mal eine Hochzeit.
Es gibt ja auch die Möglichkeit der Überformung – man muß ja nicht unbedingt einen Hochzeitssaal bauen. Es gibt viele Räume, die man durch minimale Überformungen herrichten kann – das finde ich eigentlich besser. Dadurch haben die Nutzer die Möglichkeit, ihre eigene Handschrift einzubringen. Wenn ich so etwas bauen müßte oder entwerfen, dann würde ich entweder einen völ-

lig ausdifferenzierten Raum entwerfen, der käme dann aber wohl nur für bestimmte Leute in Frage, oder ich würde eine Grundstruktur vorgeben und dann wie in einem Baukasten die Möglichkeit geben, daß sie sich da selber einbringen können, sei es, indem sie Farben auswählen oder bestimmte Elemente noch einbringen. Und – es würde mir eigentlich mehr gefallen. Wenn ich jetzt also eine Hochzeit ausrichten würde, würde ich sicher eine Art Rauminstallation machen, wo ich mich wirklich mit meiner Sprache und dem, was ich unter hoch und tief und wertvoll und weniger wertvoll verstehe, einbringe.

Sollten diese Räume weit oder nah zum Alltag sein?
Also, ich bin ja in Bayern auf einem Dorf aufgewachsen. In meiner Kindheit waren die Beerdigungsfeiern immer im Gasthaus – und das empfinde ich heute noch als den richtigen Ort, weil dort alles mögliche zusammengeschlossen wird. Also, das ist meine grundsätzliche Erfahrung: Je dichter man Ernährung und wissenschaftliche Theorie z. B. zusammenbringt, um so besser. In der Kybernetik nennt man das Rückkopplung: je besser alles zurückgekoppelt ist und je enger es beieinander ist, um so mehr findet Austausch statt, wenn dagegen die Rückkopplungsschleifen sehr weit auseinander liegen, dann dauert es sehr lang, bis man merkt, daß es auch etwas mit dem Alltag zu tun hat. Deshalb kann für mich auch ein Fest an Orten stattfinden, die gar nicht eigens dafür gemacht wurden, weil ein Fest sowieso eine Dynamik entwickelt, die dann den Raum und die Verhältnisse verändert.

Wie geschlossen müssen solche Räume sein?
Ich kann jetzt nur für mich persönlich sprechen: Ich empfinde es als wohltuend, wenn man ein Fest nicht zu sehr abschließt, weil es sich dann sozusagen totrennt. Aber ich möchte das jetzt nicht so allgemein sagen – es gibt ja auch Feste, da ist es wirklich störend, wenn die Allgemeinheit zuguckt, da muß einfach eine Hermetik da

sein – ein Abschluß oder auch ein Ausschluß. Eine wohltuende Form finde ich, wenn ein Fest verschiedene Elemente hat, man ist nicht festgelegt, man muß nicht unbedingt am Tisch sitzen, man muß nicht unbedingt nur gucken, da sind sehr viele Sachen zugelassen – und trotzdem sind sie so ineinander verzahnt, daß sie nicht auseinanderfallen, das ist auch wichtig. Eine andere Form ist, wenn man einen Plan, einen bestimmten Ablauf hat, das ist persönlich nicht meine Sache. Dadurch entsteht meiner Meinung nach zu wenig Dynamik – und wenn irgend etwas entsteht und etwas Stimmung aufkommt, kommt sofort der nächste Punkt – das finde ich einfach tötend.

Herr Baier, ich danke Ihnen für das Gespräch.

Wer ... bist denn du? Ein kleiner Ausflug in die Identitätspsychologie

Um die Wirkung von Ritualen auf das Leben zu zeigen, lohnt sich ein kleiner Ausflug in die Identitätspsychologie[38]. »Wer ... bist denn du?« so legte es der Sonderling Lewis Carroll in *Alice im Wunderland* einer Raupe in den Mund[39]. Wer ... sind wir? Und wie werden wir – wir?

In dem Versuch, die Konstruktionsweise, die Zusammensetzung und das Wachstum von Identität zu erklären, sind schöne Bilder wie das von der Identität als Baum oder auch als Patchwork-Decke[40] geschaffen worden. Diese Konzepte begreifen Identität,

38 Natürlich habe ich in diesem Kapitel das Rad nicht neu erfunden. Wesentliche Anregungen gewann ich aus auch immer wieder fruchtbar kontroversen Gesprächen mit Heiner Keupp und aus Büchern wie Bilden, Keupp, 1989, und Nowotny, 1993.

39 Carroll, 1863/1985, 64.

40 Ein Bild, das Heiner Keupp seiner Frau, offenbar einer passionierten Patchworkerin, abschaute – so entstehen wissenschaftliche Metaphern.

die, wie man früher sagte, Persönlichkeit eines Menschen, nicht als geschlossenes und stabiles Ganzes, sondern als dynamisches Gebilde, einem Mobile[41] vergleichbar – zart, verletzlich, bunt oder homogen, aus genormten und sehr individuellen Teilen, mit sichtbaren und unsichtbaren Fäden verknüpft, mit beweglichen und eher in sich ruhenden Teilen, Teilen verständlicher, Teilen rätselhafter Dynamik.

Dieses Identitätsmobile wird immer wieder neu ergänzt, umgebaut und neu verknüpft – als Begriff des »life-span-development« (im deutschen Sprachraum kursiert ähnlich, aber nicht deckungsgleich das Schlagwort vom »lebenslangen Lernen«) ist dieser Vorgang in die Wissenschaft eingegangen. Dabei geht man davon aus, daß die Entwicklung eines Menschen auch im Erwachsenenalter keineswegs abgeschlossen ist, sondern immer wieder durch Entwicklungskrisen dynamisiert wird. Damit sind weder Kinder noch Erwachsene »fertige« Menschen, sie werden immer wieder.

Das Mobile ruht dabei oft nur scheinbar in einem mehr oder minder stabilen Gleichgewicht – tatsächlich ist es in ständiger Bewegung. Es verändert sich meist unmerklich – kaum sichtbar in der leichten, ständigen Bewegung der Figur.

Andere Veränderungen versetzen das Mobile in starke Schwingungen, so stark vielleicht, daß es lange dauert, um ein neues Gleichgewicht zu erlangen. Das Identitätsmobile ist so gekennzeichnet durch eine komplizierte Dynamik mit einem ständig gefährdeten Gleichgewicht.

Gerade die Toleranz und Offenheit gegenüber der Umwelt sichert die Form selbst – die als Form nie vollständig, nie fertig ist. Wesentlich ist dabei eine Art flexible Stabilität – garantiert durch tragfähige Nahtstellen und ein soziales Netz, das zu dem Menschen

41 In diesem Fall ein Bild aus meinem Umfeld, da über meinem Schreibtisch eine Vielzahl von Mobiles »parken« – so entstehen eben wissenschaftliche Metaphern.

in seiner konkreten Lebenssituation paßt. Neue Teile müssen an alte sinnvoll geknüpft werden, »man hat sich verändert« und ist »doch der Alte geblieben«. Identität soll wachsen, ohne daß das Selbstbewußtsein, das Gefühl der Kohärenz vollständig verlorengeht. Das ist heute mehr denn je eine »riskante Chance«, die hohe Anforderungen an die Kompetenz jedes einzelnen stellt, der sein »Mobile« gestalten muß, weil alte Konstruktionspläne nicht mehr vorhanden sind oder ihre Gültigkeit verloren haben.

Jeder Entwicklungsschritt, in dem die Identität verändert, erweitert oder umgebaut wird, ist, ob in- oder off-time, wesentlich mit einer Krise verbunden. Ihr Auftreten bedeutet für jedes Individuum immer Chance und Risiko zugleich. Die Qualität der Auseinandersetzung mit kritischen Lebensereignissen entscheidet wesentlich über Aufbau und Stabilisierung unserer Identität: »Für alle von uns aber sind Übergangsphasen der Nacktheit, in denen wir uns einen weiteren Schritt zu unserem Selbst hin gestalten, lebensnotwendig«, mahnt der Schweizer Therapeut Schellenbaum (ders., 1992, 279) in diesem Sinn eindringlich.

Identitätsevaluierungen, also Überprüfungen und Neubewertungen der eigenen Person und Persönlichkeit, werden jedem immer wieder aufgedrängt, sei es aus inneren Wertvorstellungen heraus, sei es im Verlauf eines partiellen Identitätsverlustes, z. B. im Rahmen eines kritischen Lebensereignisses. Der Umgang mit solcher »Nacktheit«, mit Schwäche, Hilflosigkeit, Veränderung, kleinen oder einschneidenderen Identitätsveränderungen ist jedoch nicht selbstverständlich, sondern erfordert spezifische, nicht unbedingt selbstverständliche Kompetenzen.

Maßstab dafür, wann etwas erfolgreich oder ohne Erfolg verläuft, ist damals wie heute eine Art gesellschaftlich korrektes Lebenskonstrukt. Aus »sozial korrekten« Modulen wie »beruflicher Aufstieg«, »Kinderphase« und »Ausbildung« kann so eine gesellschaftlich akzeptierte – und trotzdem individuelle – Biographie konstruiert werden. So gibt eine Gesellschaft ihren Mitgliedern einerseits Orientierungshilfe und sichert andererseits, daß ihre Schäfchen alle in die gleiche Richtung laufen. Tatsächlich kann offenbar kaum eine oder vielleicht sogar keine Gesellschaft – und sei sie noch so demokratisch und pluralistisch – darauf verzichten.

So haben alle weltanschaulichen Institutionen mit paradigmatischer Kraft wie Kapitalismus oder Kommunismus, Rationalismus, Christentum jeweils ihre Ideallebensläufe geschaffen und medial verbreitet, wenn auch inzwischen der Pool von Normal- oder Idealbiographien variierbarer ist[42].

Übergänge werden auch zeitlich flexibler – der Soziologe Hitzler prägte für dieses Phänomen den passenden Begriff der »multioptionalen (Zeit-) Bastelexistenz«[43] . Es gibt zwar noch eine statistische, aber keine soziale Norm mehr für den richtigen Zeitpunkt eines bestimmten Überganges: Zwar ist es üblich, im Alter von ... das Elternhaus zu verlassen, zu heiraten, eine Familie zu gründen, sozial werden aber viele Zeitpunkte – oder auch das Auslassen früher für das soziale Ansehen wichtiger Lebensstationen – möglich. Diese Lebensstationen wirken zudem immer weniger normativ. Sie lassen sich leichter als früher revidieren, die gestiegene Lebenserwartung läßt dem einzelnen zusätzlich mehr Zeit für unterschiedlichste Lebensstationen in wechselnder Reihung und inklusive möglicher Wiederholungen.

Veränderungen sind jedoch zumindest potentiell besonders destruktiv, wenn sie »off-time«, zu einem gesellschaftlich ungewöhnlichen, nicht direkt erwartbaren Zeitpunkt, auftreten – zum Beispiel wenn Eltern früh sterben oder das erste Kind sehr spät geboren wird, »wenn niemand mehr damit rechnet« und damit auch nicht automatisch ein gewisses Unterstützungspotential bereitsteht. Der Krisenverlauf hängt dabei offenbar wesentlich von den individuellen und kollektiven Bewältigungsmustern ab, die in

42 S. a. Koch, 1988, 89.

43 S. a. Hitzler, 1996, 279.

einem solchen Fall vorhanden sind – Rituale können solche Bewältigungsreserven stellen.

Walking on thin ice: Schwellenrituale konstituieren und stabilisieren Biographie und Identität

Wir brauchen offenbar »eine« Wirklichkeit. Wir brauchen Zeichen für das, was unser Leben wachsen macht: Gerade an den dynamischen Nahtstellen unterschiedlicher Identitätsaspekte und -rollen, gewissermaßen an den Nahtstellen unseres Identitätsmobiles, siedeln auch Schwellenrituale, die diese »Übergänge [...] als einen besonderen Bereich qualitativ eigener Ordnung« (Luther, 1992, 218) bewachen.

Schwellenrituale setzen biographische Perspektiven, auf die der einzelne hinleben kann, vermittelt durch das gesellschaftliche Umfeld, das diese Ideallebensläufe vorlebt. Dies wird gerade an den Grenzen unseres Lebens wichtig: Gerade wo »Grenz«-Erfahrungen gemacht werden, wo alte Strukturen wegbrechen, können Zeichen und Zeichenhandlungen, besonders die großen Rituale zu den Lebenswenden, als überkommene Modelle stützend eingesetzt werden.

Gerade wo wir das Vertrauen in unser Leben verlieren, brauchen wir die Form, den Trost, jenen *»Zauber der uns beschützt und der uns hilft zu leben«*.

Krise und Ritual sind so eng verbunden: »Rituelles Verhalten [findet] man bei allen Menschen, sei es in Entwicklungskrisen, in individuellen Krisen oder in Krisenzeiten eines ganzen Volkes. [...] es ist sinnvoll, diese uralten Verhaltensweisen genauer anzuschauen und sie in Situationen bewußt anzuwenden, die uns Mühe machen, in denen wir nicht weiterkommen und an Altem, Überholtem festhalten wollen oder in denen wir vor Angst gelähmt sind und uns hilflos fühlen« (Kaufmann Huber, 1995, 11)

Sie listet folgende Funktionen von Ritualen in Krisen auf:

- »Kraft geben, um die Krise durchzustehen
- Angst bewältigen
- Trauer zulassen und verarbeiten
- Neuorientierung, das Einlassen auf eine neue Situation ermöglichen.« (Kaufmann-Huber, 1995, 103)

An dem Van-Gennepschen Modell verdeutlicht: Erst sammelt man Kraft, bewältigt die Angst vor dem Abgrund, dann springt man und landet im neuen Leben. Rituale helfen so wesentlich, dort eine Brücke zu schlagen, wo sich im Leben Abgründe auftun. In einer Krise sagen sie allein durch ihr Vorhandensein, daß diese Krise »normal«, Teil des Lebens, Teil der Wirklichkeit ist, und liefern gleichzeitig oft auch einen Deutungsrahmen – sei es in neuerer Zeit mit dem Schlagwort von der »Krise als Chance« oder, ähnlich, »Krise als Herausforderung«. Damit federn Rituale das destruktive Potential einer Krise zusätzlich zu individuellen Strategien kollektiv ab. In Momenten der Verwirrung stützen sie den Aufbau und die Stabilisation der Identität eines Menschen – auch wenn man sonst vielleicht »mit Ritualen nichts am Hut hat«. Sie helfen uns so, soweit durch den Nebel zu gehen, bis wir wieder Land erkennen[44].

Sie können auch Mittel der Identitätserneuerung sein, indem sie helfen, existentielle Ereignisse tiefer in die Persönlichkeit zu integrieren. Ein Stück Leben wird so sichtbar – immanent – fühlbar – erzählbar – datierbar. »Sie signalisieren Stufen der Veränderung und dienen sowohl der individuellen wie der sozialen Bekräftigung und Bezeugung. Sie klären neue Identitäten für die Betroffenen wie für die Umgebung, und sie helfen, mit diesen neuen Identitäten umzugehen, sie anzunehmen, auch Rückhalt zu finden in Status und Rolle. [...] Der neue Status wird verankert bis in tiefste See-

44 S. a. Kaufmann-Huber, 1995, 21.

lenlagen« (Moser, 1993, 181). Durch das Feiern von Wendepunkten erhält das Leben auch im Rückblick eine Struktur, ein Muster. Das Lebensereignis wird wichtiger Angelpunkt in der Biographie.

Rituale geben den »großen« Lebenswenden einen festen historisch-biographischen Ort, auch wenn Vor- und Nachentwicklung zweifelsohne viel entscheidender für das Gelingen dieser Lebenswende sind. Lebensabschnittsrituale können dazu ermutigen, mit der eigenen Welt vertraut zu bleiben und vertraut zu werden, auch wenn sie sich verändert, wieder Wurzeln zu schlagen, wieder einen Neuanfang zu wagen.

Gerade Schwellenrituale können das Bewußtsein stärken, wie die eigene und die Identität anderer sich verändert und wächst. Sie können dabei auch Handlungspotentiale offenlegen, Energie geben, Mut machen[45]. Sie geben damit die alten Losungen weiter, die Menschen seit jeher über Krisen gerettet haben: Hab keine Angst, fürchte dich nicht. Die Zeit geht vorbei. Es ist doch nur eine Zwischenzeit. Es geht vorbei.

Schwellenrituale erhöhen als Handlung der Zuwendung die Aufmerksamkeit der beteiligten anderen und die Selbstaufmerksamkeit der Feiernden. Sie mögen sich ungern feiern lassen – stehen ungern und verschämt im Rampenlicht – und sind hinterher doch froh darum, ihr Leben derart geehrt zu haben.

Zur Sicherung der neuen Struktur, damit der Brückenschlag in eine neue Lebenswelt gelingt, scheint neben der sichtbaren Erfahrung des Außergewöhnlichen gleichzeitig eine kontinuierliche Realitätsbindung wichtig, die gerade in Krisen und Brüchen so gefährdet ist: Wo ein krisenhaftes Ereignis so augenfällig ist, daß es selbst gute Verdränger wahrnehmen müssen, weil ein bestimmter Mensch eben einfach nicht mehr da ist, der Mann nicht mehr nach Hause kommt, das Haus nicht mehr steht, gerät das Vertrauen in die erlebte Realität verloren. Wer sind wir überhaupt? Was bleibt

45 Schellenbaum, 1992, 86.

von uns, wenn der liebste Mensch gestorben ist? Was nehmen wir in die Ehe mit? Was bleibt von unserem früheren Leben, von dem, was uns ausmachte, wenn wir Eltern werden?

Die strukturierende Kraft von Ritualen schafft damit auch in Grenzsituationen Sicherheit. Teilweise können diese Kompetenzen aus dem Ritual gewonnen und von ihm unterstützt werden. Sie gestatten, bewußt ausgeführt, u. U. eine Art »kontrollierten Kontrollverlust«, der Mut machen kann, sich wirklich mit dem Ereignis auseinanderzusetzen[46] – auseinanderzusetzen, nicht zu verdecken oder zu verdrängen, wie es leider oft genug praktiziert wird.

Rituale leiten beim Durchschreiten solchen Niemandslandes Gruppen in den kritischen Phasen der Veränderung. Sie dynamisieren, aber sie dynamisieren kontrolliert: Ein gutes Beerdigungsritual etwa kann helfen, Trauer wahrzunehmen und auszuleben. Wieviel besser ist das als ein Zusammenbruch, vielleicht Jahre später, ohne Geleit! Rituale – gute Rituale! – gestatten in unserer Zeit »habitueller Coolness«, wie es der Philosoph Gernot Böhme einmal mit hämischer Trauer nannte, in einer geschützten Situation Trauer, Schmerz und Freude auszuleben, oft: erst erlebbar zu machen.

Die Wahrnehmung eines Risikos kann in diesem Sinne seine Kontrolle erleichtern – die »riskante Chance« eines Lebensschrittes bewußt in einem Ritual, in einer Feier verwirklicht, erfordert andererseits, kritische ambivalente Seiten nicht zu verdrängen. Erst dann ist die Schönheit des Rituals echt, ein Stück echtes Leben, ohne den schalen Beigeschmack der Lobhudelei und Schönfärberei: »[...] die Amtshandlung [...] braucht die Widersprüche des Lebens nicht zu harmonisieren, sie kann sie erfahrbar machen. So kann sie Nachdenklichkeit stärken, die kritische Distanz zu dem, was ist« (Böhm in: Wohlrab-Sahr, 1995, 196).

46 S. a. Grün, 1997, 138, 140, 142.

Die Risikowahrnehmung erleichtert in diesem Zusammenhang auch wesentlich die Wahrnehmung von (Eigen-)Verantwortlichkeiten. Schon die Bewußtmachung durch ein Ritual erleichtert es den Feiernden offenbar, für das eigene Leben stärker Verantwortung zu übernehmen. Mancher kann erst durch ein Ritual wahrnehmen, was geschehen ist – erst jetzt Trauer, Schmerz, Verzweiflung zulassen. Hier zeigt sich, wie wichtig die Rolle von Schwellenritualen als »Sprache« sein kann angesichts des Phänomens, daß gerade lebensentscheidende Ereignisse offenbar oft hart an der Grenze zur Sprachfähigkeit liegen, nur schwer subjektiv »angemessen« mitteilbar sind. Die »Konkretisierung der unsichtbaren Handlungen von Hexen und Schatten in sichtbaren und greifbaren Symbolen« (Turner, 1969/1989, 31) macht die Bedrohung greifbar und hilft damit, aus einer Art Lähmung aufzubrechen und wieder handlungsfähig zu werden. Schwellenrituale übernehmen damit die Funktion eines Wirklichkeitsmanagers. Sie helfen, die Wirklichkeit wieder anzunehmen, sie wieder paßbar zu machen und sich ihr auch wieder ein Stück anzupassen.

Mit diesem Mut zum Widerspruch wird aus einer glatten Zeremonie wieder ein Stück authentisches Leben, das Widersprüche und Verletzlichkeiten nicht zu verneinen braucht. So können Schwellenrituale auch helfen, einen Abschnitt bewußt zu beenden – und damit Perspektiven schaffen für neue Lebenswege. Nicht umsonst finden wir in vielen rituellen Formen so oft das Vernichten, Zerbrechen oder Zerschlagen von Gegenständen.[47]

Es kann bei einem erfolgreichen Ritual deshalb nicht darum gehen, jede Bewegung zu vermeiden, den Initianden und sein soziales Umfeld im alten Zustand zu zementieren und möglichst unverändert aus dem Schwellenzustand hervorgehen zu lassen.[48]

47 S. a. Kaufmann-Huber, 1995, 58.

48 S. a. Grün, 1997, 26.

Im Idealfall kann vielmehr ein reflektiert gestaltetes Ritual einerseits Veränderungspotential offenlegen, andererseits die Verletzlichkeit des Initianden innerhalb der bewegten Zwischenphase stabilisierend schützen:

»Kaum sind wir heimisch einem Lebenskreise
Und traulich eingewohnt,
So droht Erschlaffen,
Nur wer bereit zu Aufbruch ist und Reise,
Mag lähmender Gewöhnung sich entraffen.«

Schwellenrituale sind nur dann gute Baumeister, wenn sie flexibel stabilisieren – nicht zementieren, sondern dehnbare Bindungen konstituieren, die auch flexibel für Wandlungen sind. Ersparen wir uns eine Reflexion über die eigenen Strategien individueller Krisenbewältigung, dann nur um den Preis erneuter Abhängigkeiten[49]. Wir brauchen Formen – und müssen sie ständig reflektieren. Das Durchbrechen gewohnter Muster ist schwer – wenn Rituale aber in einem solchen Kontext eingesetzt werden, wirken sie nicht regressiv, sondern bedeuten eine wirkliche Chance zur Veränderung. Schwellenrituale können uns so durch das Leben begleiten – bewußtmachend – feiernd – reflektierend vom ersten Schrei bis zum ersten Erdbrocken, der auf den Sarg fällt.

Homo socialis – über den Sinn von kollektiven Ritualen

Rituale begleiten aber nicht nur uns als Einzelmenschen, sondern auch als Gruppe. Sie sind das Klebemittel jeder Kultur, jeder Gemeinschaft. Auch wenn wir heute kaum mehr von »der Gemeinschaft« sprechen können, zu sehr hat sie sich in einzelne Schichten und Lebensformen gebrochen.

49 S. a. Schellenbaum, 1992, 156.

Diese Funktion von Ritualen zeigt sich so wie so oft im Abwesenden, im Mangel. Schon 1977 schreibt Gadamer: »Das läßt uns fragen, was da eigentlich verlorengegangen ist, das ehedem das Leben festlich gliederte und ordnete. [...] Der Mangel ist offenbar eben der der Gemeinsamkeit, des wirklichen Gesammeltseins auf ein Gemeinsames hin. [...] Es bringt Gemeinsames zur Darstellung und schließt damit die Teilnehmer zusammen« (Gadamer in: Schultz, 1977, 31 f.) .

Einmal begleiten sie uns wesentlich bei unseren Schritten durch verschiedene *Rollen*, als Kind, als Jugendlicher, Schüler, Verheirateter ... Sie zeigen der Gruppe klar, wer man ist und wer man wurde. Durch das öffentliche Ereignis weiß jeder, woran man ist – braucht dem schwarz gewandeten Menschen vielleicht nicht ausgerechnet jetzt mit den letzten makabren Witzen kommen, akzeptiert die vorübergehende Isolation eines Paares bei der Geburt eines Kindes, unterstützt den Trauernden.

Mit der Vervielfältigung unserer Gesellschaft sind solche Eindeutigkeiten zwar weitgehend verlorengegangen, wo sie aber – und sei es fragmentarisch – noch bestehen, geben sie den umgebenden Menschen eine gewisse Handlungssicherheit.

Rituale dokumentieren damit auch *Grenzen*, Grenzen von Bindungen, Grenzen von Verantwortlichkeiten – im Rahmen des Freispruchs wird nicht nur der Lehrling entlassen, auch der Meister ist ein Teil seiner Verantwortung los. In der Scheidung wird jemand auch freigegeben – ein Prozeß ist zu Ende, jetzt ist es Zeit, Raum für neues Leben zu geben.

Natürlich: Ein Schwellenritual zu initiieren kostet Mühe, Zeit, Zuwendung. Es lohnt sich. Wie es geht, lesen Sie in den folgenden Kapiteln.

Hier und Jetzt. Funktionsbedingungen

Zwar waren die Zeit-Sparer besser gekleidet als die Leute, die in der Nähe des alten Amphitheaters wohnten. Sie verdienten mehr Geld und konnten auch mehr ausgeben. Aber sie hatten mißmutige, verbitterte Gesichter und unfreundliche Augen. [...] Selbst ihre freien Stunden mußten, wie sie meinten, ausgenutzt werden und in aller Eile so viel Vergnügen und Entspannung liefern, wie nur möglich war. So konnten sie keine richtigen Feste mehr feiern, weder fröhliche noch ernste. Träumen galt bei ihnen fast als ein Verbrechen. Am allerwenigsten aber konnten sie die Stille ertragen. Denn in der Stille überfiel sie Angst, weil sie ahnten, was in Wirklichkeit mit ihrem Leben geschah.

Michael Ende[50]

50 Ende, 1973, 70 f. © 1973 by K. Thienemanns Verlag, Suttgart-Wien-Bern.

Wer, wie, was, warum. Vorüberlegungen

Chronos kontra Kairos[51]

Ein jegliches hat seine Zeit, und alles Vornehmen unter dem Himmel hat seine Stunde.
Geboren werden und Sterben, pflanzen und ausrotten, was gepflanzt ist,
Würgen und heilen, brechen und bauen,
Weinen und lachen, klagen und tanzen,
Steine zerstreuen und Steine sammeln, herzen und fern sein von Herzen,
Suchen und verlieren, behalten und wegwerfen,
Zerreißen und zunähen, schweigen und reden,
Lieben und hassen, Streit und Friede hat seine Zeit.
PREDIGER, 3, 1–8

Es ist inzwischen fast ein Allgemeinplatz: Zeit wird unterschiedlich erlebt. Sie vergeht schnell oder langsam, dehnt oder staucht sich, Ereignisse überschlagen sich oder lassen jahrelang auf sich warten. Doch gleich wie diese Zeit verläuft, ob einzigartig oder unbedeutend, voller Krisen und Brüche oder gleichmäßig wie ein ruhiger Strom, schadhaft, wild, gleichmäßig – es ist unser Leben, unsere Zeit.

51 Wichtig und anregend hier das Buch Helga Nowotnys (s. a. Nowotny, 1993, z. B. 77 f.), eines der wenigen wirklich großartig zu lesenden Bücher über Zeit, die ich bisher entdeckt habe – aber das ist sicher Geschmackssache.

Uhren und Kalender sind für diese subjektive Zeit oft keine guten Maßstäbe. Ihre Zeit und die unseres Herzens divergieren oft extrem.

Auch der richtige Zeitpunkt hält sich oft nicht an Kalender und Terminvereinbarungen, an Absprachen, Vorsätze, Pflichten – es ist ein Rätsel, wann etwas geschieht. Machen manche Religionen ein mehr oder minder personalisiertes Schicksal dafür verantwortlich, sieht der andere den Zufall und die undurchschaubaren Wege der Stochastik in den oft überraschenden »Fügungen« am Werk. Die seltsame Rhythmik, der richtige und der falsche Zeitpunkt waren offenbar immer ein Thema. So löste man in der Antike dieses Zeitproblem, indem man zwei Götter einsetzte. Chronos, den Gott der linearen Zeit, des Zeit-Laufs, der Zeiteinteilung, und Kairos, den Gott des richtigen Augenblicks, des wichtigen Moments, des entscheidenden Zeitpunkts.

Die Suche nach Kairos hat seither nicht aufgehört, Menschen zu beschäftigen: Selbst heute genügt die lineare Zeit unserer Kalender kaum einem Menschen. Da werden astrologische Kalender, Biorhythmen oder Mondkalender, Leistungskurven und Zeittagebücher bemüht, um bestimmte Ereignisse gut zu bewältigen oder gut zu positionieren, daß sie ihre Wirkung auch voll entfalten können.

Auch in der Kunst, in der Musik, in der Fotografie und in der Therapie finden wir Kairos, wenn auch unter anderem Namen: Als *Sammler der Augenblicke* hat Quint Buchholz erst 1997 ein Buch über den besonderen Moment geschrieben, als »kritischem Augenblick« sprach der Architekt Louis I. Kahn davon, als »Momentaufnahme« finden wir ihn im Journalismus, als »Krise« im medizinischen und psychotherapeutischen Bereich, Romantiker sprechen von Sternstunden, Fotografen sind auf der Suche nach dem Moment, in dem das Licht genau richtig steht: kritischer Moment, Krise, Wendepunkt.

Menschen aller Zeiten und religiösen und sozialen Systeme war dieser Moment stets Grund zum Feiern: Der Moment des Springens, der Moment, in dem das Zaudern, die Vorentscheidung in Handlung übergeht, in dem der Läufer losläuft, der Mensch einen weiteren Schritt fortschreitet: von einer Lebensphase zur anderen.

Für ein Ritual, eine Feier taugt an sich jeder Augenblick, der als subjektiv bedeutsam erlebt wird, jeder Kairos, jeder Wendepunkt. Besondere Bedeutung erlangen dabei natürlich Momente, die unwiderruflich sind oder zumindest unwiderruflich gemeint sind – die Geburt, der Tod, eine Bindung.

Ein Ritual kann dabei davor, während, unmittelbar danach und auch stattfinden, wenn sich das Ereignis jährt. Doch auch längere Zeitabschnitte können mit Ritualen gerahmt werden: der Beginn oder das Ende einer Ausbildung, der Beginn und das Ende einer Therapie, Arbeitslosigkeit, Eintritt in eine Firma und der Abschied von ihr. Alles, was für Sie wichtig ist, kann Anlaß sein, das Leben zu feiern – und damit sowohl seine Höhe- als auch seine Tiefpunkte zu achten.

Besonders wichtige Zeitpunkte für ein Ritual sind dabei

- Ereignisse, die das Leben in eine neue, vielleicht unwiderrufliche Bahn lenken – Geburt, Hochzeit, Krankheit, Tod ...;
- Ereignisse, die einen nach außen sichtbaren Wechsel bedeuten: Umzug, Berentung, Kauf eines Hauses z. B.;
- Ereignisse, bei denen wichtige Bindungen begründet, gelöst oder wesentlich umgestaltet werden, z. B. Patenschaft, Mentorenschaft, Scheidung.

Das Moratorium

Die Würdigung eines Lebensereignisses kann damit anfangen, daß man die Vorbereitungszeit nicht nur rational nutzt, sondern sie bewußt als Moratorium setzt.

Ein Moratorium ist eine Zeit, in der Veränderungsexperimente ihren Raum haben, in der in Ruhe Orientierung gewonnen werden kann, in der die Seele Ruhe hat und doch weiß, daß sie an einem Kreuzweg steht.

Die Vorbereitungszeit ist damit für das Gelingen eines Rituals existentiell wichtig. Ohne diese Vorbereitung hat es ein Ritual extrem schwer, wirklich in einen Menschen einzusinken, zu wirken, mehr zu sein als ein Fest. So finden wir gerade in alten Ritualen immer wieder Moratorien, im Noviziat der Mönche und Nonnen, in der Verlobungszeit, in der Probezeit in Betrieben.

Diese Sonderzeiten können auch rituell strukturiert werden:

Die Inszenierung

Sie können aus einer Zeit allein dadurch ein Fest machen, indem Sie sich besondere Räume dazu suchen, besondere Plätze für besondere Augenblicke eben.

Übrigens machen das viele Menschen automatisch, indem sie in ihrer Stadt plötzlich neue Lieblingsplätze finden, neue Cafés und Spazierwege entdecken oder wegfahren, um in der Ferne ruhig über ihr Leben nachzudenken.

Ein Sonderraum kann auch die Wohnung einer Freundin, ein Hotel, ein Park, ein Kloster sein – seit jeher traditionelle Orte, um Einkehr zu halten. Dabei müssen Sie nicht unbedingt die ganze Zeit dort verbringen. Es kann genügen, wenn Sie als Auftakt oder Abschluß einen solchen Platz einbeziehen. Auch Kirchen, die Wohnung einer Tante, ein besonderer Balkonplatz können in dieser Zeit wichtige Ruhepunkte sein.

Manche fangen auch an, plötzlich Möbel zu rücken oder die Wände zu streichen – eine verständliche Reaktion, wenn man für sein Leben ein neues Gesicht sucht.

Überlegen Sie zu Beginn des Moratoriums so genau wie möglich sein Ziel – durch eine offene Frage, durch ein Motto, ein bestimmtes Problemfeld.

Setzen Sie sich dann eine bestimmte Zeit, in der Sie überlegen können. Vermeiden Sie dabei im Moratorium selbst alle überschießenden Reaktionen wie Kontaktabbrüche, Kündigungen oder Vertragsaufhebungen. Ein Moratorium sollte ein Treibhaus der Gefühle und des Lebens sein – keine Zeit der vollzogenen Entscheidungen oder der zusätzlichen Bedrängnis.

Sprechen Sie regelmäßig mit einem Vertrauten über dieses Thema und tanken Sie Ihre Energien regelmäßig auf. Halten Sie Gedanken und Ideen schriftlich fest.

Beenden Sie dann das Moratorium mit einem bewußten Abschied. Fassen Sie die Ergebnisse für sich zusammen und treffen dann Entscheidungen.

LebensZeit. Ein Interview mit Klaus Behner

Diplom-Theologe, Interims-Institut für Ritus, Fest und Feier, Hamburg

Wie kamen Sie darauf, Ihr Institut zu gründen?
... Das ist eine lange Geschichte. Ich hatte Theologie studiert, anschließend einige Jahre in katholischen und evangelischen Kirchen gearbeitet, aber diese Arbeit war schon länger von einem inneren Abschiedsprozeß begleitet; der führte mich schließlich zu einem klaren Abschied ohne Groll, zu einem Abschied von einer als zu eng empfundenen Lebens- und Arbeitsperspektive in Kirche und Christentum, überhaupt in verfaßter Religiosität. Die Bedeutung religiöser Fragestellungen für das einzelne und gemeinschaftliche Leben blieb gleichwohl weiterhin im Mittelpunkt meines Interesses.

Vor 12 Jahren kamen mir dann in der gemeinsamen Erarbeitung einer persönlichen Hochzeitszeremonie mit einem befreundeten Paar diese Feiern entgegen, mehr eigentlich noch diese besonderen Lebenszeiten, speziell die von Geburt, Hochzeit und Tod. Die persönlichen Feiern zu diesen Zeiten waren und sind Ergebnis und gleichzeitig Ausdruck einer vorhergehenden intensiveren Annäherung an die Besonderheiten dieser Lebenssituation.

Der Ausgangspunkt des ersten Paares war dabei der Wunsch, »wir möchten mehr als Standesamt«. Der Vorbereitungsprozeß war nicht mehr und nicht weniger als eine Verdeutlichung, Konkretisierung und Verdichtung dieses »mehr«. Und zu meinem Erstaunen buchstabierte das Paar dabei – formal gesehen – alle Elemente einer traditionellen Hochzeitsliturgie, »nur« eben in einer eigenen Sprache. Feiern und entsprechende Vorbereitungen zu anderen Anlässen wie Geburt und Tod ergaben sich im weiteren Zusammenhang mit dieser ersten Hochzeitsfeier. Mehrere Jahre lang war das eine langsam sich ausweitende Tätigkeit »nebenher«, im Freundes- und Bekanntenkreis. Vor vier Jahren bin ich dann mit dieser Tätigkeit auf den öffentlichen »Marktplatz« gegangen. Die

Ausgangstätigkeit ist dabei weiterhin die Erarbeitung persönlicher Zeremonien zu besonderen Lebenszeiten, speziell zu Geburt, Hochzeit und Tod.

In welchen Räumen finden die Rituale statt?
Also, die Tätigkeit ist quasi ambulant. Ich habe keine Praxisräume und keine Feierräume und strebe das auch nicht an. Zu den Vorbereitungsgesprächen gehe ich zu den Menschen hin, in ihr Zuhause, oder wir treffen uns an öffentlichen Orten; die Feiern finden an den Orten der Wahl statt, in Hotels, Tanzsälen, Scheunen oder wo auch immer.

Und wer kommt zu Ihnen?
Das ist sehr unterschiedlich: Studenten, Angestellte, Selbständige. Es sind natürlich meist schon Menschen, die angefangen haben, sich etwas mehr als üblich den eigenen Lebensfragen anzunähern.

Wie kommen diese Menschen auf Sie zu?
Über Werbung, Presse, Rundfunk und Fernsehen läuft so gut wie nichts, auch wenn ich mich über mangelndes Interesse der Medien nicht zu beklagen brauche. Aber die Art der Arbeit fällt irgendwie aus den üblichen Markt- und Medienmechanismen heraus, weil sie meiner Erfahrung nach an eine Lebens- und Vertrauensebene rührt, die vermutlich »unterhalb« dieser Mechanismen angesiedelt sind. Darum läuft es in der Regel über persönliche Kontakte und Empfehlungen.

Wie sehen Sie das: Einerseits gibt es einen großen Wunsch nach Ritualen, andererseits auch eine große Scheu, sich und sein Leben zu feiern.
Ich finde diese Scheu sehr verständlich, wenn ich daran denke, daß es in diesen besonderen Lebenssituationen um Fragen geht, die bislang immer eher »von außen«, zumeist im Rahmen von Reli-

gionsgemeinschaften, so gut wie fertig beantwortet wurden. Nun müssen sich die einzelnen diesen Fragen in neuer Eigenständigkeit annähern; und sie wollen sich in dieser neuen Eigenständigkeit auf den Weg zu eigenen Antworten machen. Das ist auch historisch eine noch recht neue Situation und bringt verständlicherweise einige Schwierigkeiten, Unsicherheiten und auch diese Scheu mit sich. Meine Arbeit verstehe ich als Ermunterung, Unterstützung und Begleitung zu diesem Weg.

Die erwähnten Schwierigkeiten sind noch verstärkt dadurch, daß eine Annäherung an die in diesen Situationen auftauchenden Lebensfragen immer zugleich schon in direktem Zusammenhang mit einem oder mehreren Menschen zu erfolgen hat, weil diese Situationen nie nur die Situation eines einzelnen sind.

Das erklärt für mich auch, warum es in der Esoterik trotz intensiver Beschäftigung mit Ritualen so gut wie keine Angebote in dieser Richtung gibt. Die Angebote der Esoterik sind schließlich ausgerichtet auf eine individuelle Sinnsuche. Rituale sind aber immer schon gemeinschaftliche Ereignisse, es geht in ihnen immer um das Eingehen oder Lösen ganz konkreter Bindungen zu anderen.

Und wie ist Ihre Erfahrung mit Scheidungsritualen?

In dieser intensiveren Art habe ich bisher erst ein »halbes« Scheidungsritual gemacht – der Mann hat kurz vorher gekniffen. Ein Scheidungsritual ist eben eine sehr heikle Situation. Mediatoren und Therapeuten beginnen die unterstützende Bedeutung von Scheidungsritualen zu erkennen und praktizieren in Anfängen leicht amerikanisierte »Spontanrituale«, die für sich nicht eigens vorbereitet werden. Besser als gar nichts. Aber ich glaube, daß ausgearbeitete Rituale, in denen der vorhergegangene Prozeß in geklärter und verdichteter Form zum Ausdruck kommt, ein weitreichendes Wirkungspotential in sich tragen.

Und wie kommen diese neuen Rituale bei den Gästen an?

Erstaunlich gut. Die Hauptpersonen öffnen sich in einer Weise, die gleichzeitig eine Öffnung der Anwesenden bewirkt hin auf ihr jeweils eigenes, persönliches Leben. Das schafft in dieser Situation in unspektakulärer Weise häufig und für viele ein Erleben und Spüren fast verloren geglaubter Verbindungen und Zusammenhänge. Und das kommt in der Feier in geklärter und verdichteter Form zum Ausdruck. Nichts Neues also – eher wäre der Erfolg dieser Feier mit einem Wiedererkennungseffekt zu umschreiben.

Bevorzugen Sie bestimmte Rituale? Gibt es Rituale, die Sie besonders gerne machen würden, bisher aber nicht machten?
... Eigentlich nicht. Jede besondere Lebenssituation bietet sich an, das einzelne und gemeinschaftliche Leben in besonderer Weise zu feiern, und immer fließen Vergangenheit und Zukunft mit hinein; und sich der erlebten Besonderheit nur etwas mehr als üblich anzunähern und sich nicht einfach nur mit äußeren Attraktionen zu begnügen ist immer wieder ein faszinierendes Unterfangen – auch für mich in der Begleitung. Von der Dichte des Erlebens sind für mich allerdings Trauerfeiern – oder Totenfeiern, wie ich sie lieber nenne schwer zu überbietende Lebens-Hoch-Zeiten.

Machen Sie auch Sterberituale?
Nein, aber ich werde manchmal zu Todkranken gebeten. Sie wollen dann für sich wissen, ob sie mir diese Situation der Trauerfeier, diesen Anfang einer neuen Geschichte ihres Lebens, anvertrauen können. Selbstverständlich sind das sehr intensive und lange Gespräche, in denen hauptsächlich Lebenshaltungen im Mittelpunkt stehen; konkrete Gestaltungswünsche werden dabei aber immer unwichtiger. Der festliche Beginn der neuen Geschichte, der neuen Erzählung dieses konkreten und einzigen Lebens zählt dann mit zu meinen Aufgaben in der Trauerfeier.

Herr Behner, ich danke Ihnen für das Gespräch.

Ja und nein (Fair play)

> *Ist nicht der Mensch das Tier, das mit der Wahrheit nicht leben kann, aber auch nicht ohne sie? Ambivalenz begleitet schon seine einfachsten und frühesten Gesten.*
> PETER SLOTERDIJK[52]

Rituale geben uns Gelegenheit, ja zu sagen: zu unserem Kind, zu unserem Partner, zu einem wichtigen Freund. Zu dem Verstorbenen, den wir zum Grab begleiten. Sie geben uns dazu sogar oft Formeln in die Hand, feste Sprüche, von einer Generation weitergereicht zur nächsten. Wem in der Situation vielleicht nicht viele Worte zur Verfügung stehen, der kann darauf zurückgreifen, was seine Groß- und Urgroßeltern sprachen. Oft sind diese Formen sogar festgelegt – der Initiand kann gar nicht anders, als in dieser »rituell korrekten« Form sein ja zu sprechen zu einem Kind oder Partner, zu einer Gemeinschaft oder einem Amt.

Ein echtes Ja ist jedoch nicht leicht. Zweifel quälen und werden schamhaft versteckt, nicht nur Liebe zum Verstorbenen bricht sich Bahn, auch Haß und Enttäuschung: Nein! – man will seine Kinder noch nicht ziehen lassen, auch wenn man mit dem Verstand weiß, wie wichtig es ist. Wie groß ist oft die Ambivalenz, wo es in irgendeiner Form um »lebenslänglich« oder »endgültig« gehen soll – der endgültige Auszug eines Kindes, die lebenslängliche Bindung an eine Glaubensgemeinschaft, an einen Partner, an einen Beruf!

Erschwert wird diese Situation zusätzlich dadurch, daß gerade heute viele ursprünglich endgültigen Entscheidungen revidierbar geworden sind: Kinder fliehen nach einem halbherzigen Ausflug in die Selbständigkeit wieder ins Nest zurück, Ehen werden geschie-

52 Sloterdijk, 1993, 79.

den, man tritt aus der Kirche aus und wieder ein, wechselt Konfession, Partner, Wohnort, Beruf.

Wohin mit solcher Ambivalenz in einem Ritual?

Eines muß klar sein: Wer sie verdrängt zugunsten eines schönen Rituals, macht es damit weit weniger lebensnah. Zu einem Leben gehören nun einmal Brüche, Abgründe, Schwierigkeiten, Verletzungen. Ein gutes Ritual sollte sie nicht verdrängen, sondern sie eher aushalten, sie sogar thematisieren, sie mit hineinnehmen in das Leben. Je dichter ein Ritual am Leben ist, desto besser. Und dazu gehören Zweifel, Entscheidungsschwierigkeiten, Ängste und alle anderen Wenn-Aber. Rituale sollen keine zurechtfrisierte Realität sein – je stärker sie im Leben wurzeln mit all seinen Zwiespältigkeiten, desto besser, desto authentischer und passender sind sie.

Und: Ist die Gefahr erkannt, kann man auch etwas tun oder zumindest versuchen, etwas zu tun. In dieser Hinsicht habe ich nach einem ersten Zurückweichen den Mut eines Pfarrers sehr schätzen gelernt, der bei meinem Wiedereintritt in die evangelische Kirche meine Euphorie deutlich bremste und mir klar vorhersagte, daß ich an meiner Mitgliedschaft immer wieder auch zweifeln und mit ihr hadern würde. Gerade diese Sätze haben meine erneute Mitgliedschaft in der Kirche bis heute stabil gehalten: Ich weiß, daß Zweifel erlaubt und »normal« sind.

Allgemein: Je mehr »Ambiguitätstoleranz«, wie es die Sozialwissenschaftler nennen, ein Ritual bietet, je mehr Möglichkeiten kontrollierten Zweifelns ein Ritual bietet, desto enger ist es am Leben, desto besser paßt es sich an das Leben an.

Doch nicht nur das: Wenn es tatsächlich um ein ja geht, sollte in der Vorbereitungsphase genug Möglichkeit auch für ein Nein gegeben sein. Dieser Wunsch allerdings ist heute zweifelsohne noch Utopie. Kein Kommunionskind verschiebt die Beichte, weil es sich vielleicht noch nicht reif dazu fühlt, kein Konfirmand wagt ein Nein zu seiner Kirche, wenn doch alle anderen Konfirmanden

»bereit« sind, kaum ein Hochzeiter wagt es, eine Hochzeit »platzen« zu lassen.

In einem modernen Ritual spätestens muß die Möglichkeit gegeben sein, auch nein zu sagen – immer dort, wo es um ein ja geht. Dies geschieht am besten in der Vorbereitungszeit, in der auch die Möglichkeit eines Nein ausführlich zu besprechen wäre.

Lassen Sie sich dieses Recht auf keinen Fall nehmen. Verstecken Sie auf keinen Fall Ihre Ambivalenz – jedes gute ja hat auch die Geschichte eines Nein hinter sich. Und: Akzeptieren Sie die Grenzziehungen anderer, deren Nein und deren Ambivalenz, so schwer es Ihnen vielleicht fällt.

Wenn Sie vor einem solchen Ritual stehen, überlegen Sie:

Was oder wem gilt Ihr Ja?
Ist damit auch ein Nein verbunden? Zu wem?
Von was wollen Sie sich trennen, was wollen, was müssen Sie vielleicht verändern?
Was geht? Was erwartet Sie?
Wieviel von Ihrer Ambivalenz wollen Sie vielleicht »veröffentlichen«?
Welche Zweifel haben Sie?
Welche Zweifel möchten Sie auch gerne öffentlich aussprechen?
Gibt es Entscheidungen, die Sie bis zum tatsächlich öffentlichen Ritual vielleicht noch überdenken wollen?
Reicht die geplante Vorbereitungszeit dazu aus, oder wollen Sie sie vielleicht noch etwas verlängern?

Licht und Geheimnis. Die Inszenierung

Cash. Crash? Organisation und Inszenierung

Die Schönheit von Ritualen ist oft teuer erkauft. Räume, Gebühren, Essen und Kleidung schlagen kräftig zu Buche, nicht zu reden von Musik oder dem »richtigen« Auto. Gerade bei den großen Lebenswenden können die Kosten oft ein empfindliches Loch in das Konto reißen, teilweise sogar zu Schulden führen, die die Lebenswende an sich, kommt es hart auf hart, gefährden. Große finanzielle Ressourcen können wir bei vielen nicht voraussetzen. Und gerade wenn wir vielleicht das Leben mehr als bisher feiern wollen, stellt sich die Frage nach den Kosten desto dringlicher.

Was darf es kosten, das Leben zu feiern? Hängt nicht doch wieder alles am Geld? Werden glanzvolle Feste und die damit verbundene Würdigung des Lebens immer ein Vorrecht der Reichen sein?

Klar, niemand soll sich verschulden, um das Leben zu feiern. Rituale sollten keineswegs das Vorrecht der Happy few sein, die die finanziellen Ressourcen haben, für einen prächtigen Tag Geld im Gegenwert eines Kleinwagens oder mehr aus dem Fenster zu werfen.

Wer sein Ritual mitfinanzieren läßt durch Eltern oder andere Familienteile, riskiert andererseits oft, daß diese sich, quasi als »Anteilseigner« des Festes, in die Gestaltung des Rituals zu sehr einmischen. Hier müssen klare Grenzen gesetzt werden, soll es nicht über ein Fest zum Zerwürfnis kommen.

Auch versuchen einige mit der Aufforderung zu Geldgeschenken die Kosten eines Festes wieder »einzuspielen«. Zwar ist dies verständlich, es fragt sich aber doch, wie stark dadurch ein Ritual eine merkantile Orientierung bekommt.

Sicher: Ein Fest ist als öffentliches Ereignis auch immer die Dokumentation des Status nach außen. Es muß geradezu einen gewissen Luxus zeigen. Keiner will sich als arme Kirchenmaus outen – das ist verständlich. Wer Freunde und Verwandte einlädt, möchte an diesem Tag nicht knausern. Auch möchte man die Gästezahl nicht unbedingt aus Kostengründen beschränken.

Wenn Sie ein Ritual planen, kalkulieren Sie bitte klar. Überlegen Sie die einzelnen Kostenfaktoren und mit ihnen auch, wo Sie vielleicht mit etwas Phantasie Kosten senken können, ohne daß das Fest darunter leidet. So können Räume in den Kosten extreme Spannen haben, es gibt unterschiedlichste Anbieter von Catering-Service, das Rahmenprogramm, die Dekoration kann zumindest teilweise von Freunden gestaltet werden, anstatt sich vielleicht auf das Risiko eines anonymen Entertainers einzulassen.

Doch auch als Gast gerät man oft ins Grübeln und über das Grübeln oft ins Kalkulieren. Was schenkt man wem mit welchem Wert? Wen enttäuscht man vielleicht mit einem zu billigen, wen brüskiert man mit einem zu teuren Geschenk?

Aus ritualistischer Sicht: Lassen Sie Geschenke nicht zur Hauptsache werden. Ein Ritual wird leicht zur Themaverfehlung, liegt das Hauptgewicht auf Geschenke und Gaben. Es wird zum kapitalistischen Statusritual, nicht zur Feier des Lebens.

Schönheit kann man nicht kaufen. Glücklicherweise. Das Wichtigste, was Sie dazu beitragen können, sind Ihre Erinnerungen, Ihre Leidenschaften, indem Sie das einbringen, als Initiand wie als Gast, was Sie sind. So wird es wieder mehr zu einem Ritual der Menschen statt der Gaben. Und Menschen und ihr Leben, das sollte inzwischen klar sein, sind das wirkliche Zentrum eines guten Rituals.

Zum Umgang mit VIPs

Feiern sind wichtige Schnittpunkte für die Feiernden und Initianden, denen das Fest gilt. Es sind auch wichtige Ereignisse, bei denen sich zeigt, wer aus dem sozialen Umfeld wichtig ist, wie nah oder fern einem jemand ist – ein Lakmustest, ob man für die Einladenden eine Art persönliche »very important person« ist oder nicht. Soziologen wie Berger und Luckmann haben für solche Menschen den Begriff »signifikante andere« geprägt – bedeutsame andere, die einem ans Herz gewachsen, wichtig sind:

Feiern sind oft Momente der Wahrheit, was solche Signifikanzen angeht – und sie können Signifikanzen nach außen neu dokumentieren – etwa wenn ein Unbekannter das erste Mal auf dem traditionellen Geburtstagsessen erscheint, wenn eine entfernte Verwandte überraschend Trauzeugin wird, wenn sich unerwartete Besucher im Krankenhaus gegenüber dem festen Stamm an Freunden plötzlich als bestens informiert zeigen.

Jeder hat wohl schon einmal die Ehre erfahren, die es bedeutet, zu solchen Ereignissen geladen zu werden – und welche Beschämung, welche Bestürzung einen überkommen kann, wenn eine Einladung nicht erfolgt oder man vielleicht einfach nur »vergessen« worden ist.

Für den Einladenden ist das eine schwierige Situation: Lädt man jeden ein, verflacht vielleicht das Fest zur puren Party. Andere hätte man eigentlich nicht gerne dabei, fühlt sich ihnen aber verpflichtet – sei es, daß man einfach mit einer Gegeneinladung »dran« ist, sei es, daß sie als Familienangehörige oder Partner von Freunden »einfach dazugehören«.

Andere Menschen sind einem vielleicht wichtig, aber man traut sich nicht, sie einzuladen, weil sie nicht recht in den übrigen Kreis passen, (noch) keinen kennen, sie für einen wichtige Respektspersonen sind oder weil die Beziehung bisher nur auf einer rein offiziellen Ebene bestand. Mit anderen, wie menschlich, hat man sich vielleicht gerade verkracht.

Solche Bedenken sollten bei der Einladung zu einem Ritual eigentlich keine Rolle spielen. Einzuladen ist, wer einem subjektiv wichtig ist – gleich wie »wichtig« oder »unwichtig« dieser Mensch nach außen ist, wie oft Sie ihn sehen oder ob er in Ihre Gehaltsklasse paßt. Die Größe der Gesellschaft sollte auch nicht davon abhängig sein, wieviel Geld man ausgeben will oder wie groß der Raum ist auch mit wenig Geld läßt sich ein gutes Ritual erstellen (s. a. voriges Kapitel).

Bei der Entscheidung, wen man einladen will, empfiehlt sich dagegen der Versuch, eine Art soziales Netz von seinem Umfeld zu erstellen. Dazu brauchen Sie eigentlich nichts anderes als stufige Kreise, die ein bißchen an eine Dartscheibe erinnern. Als Blancoversion sieht das so aus:

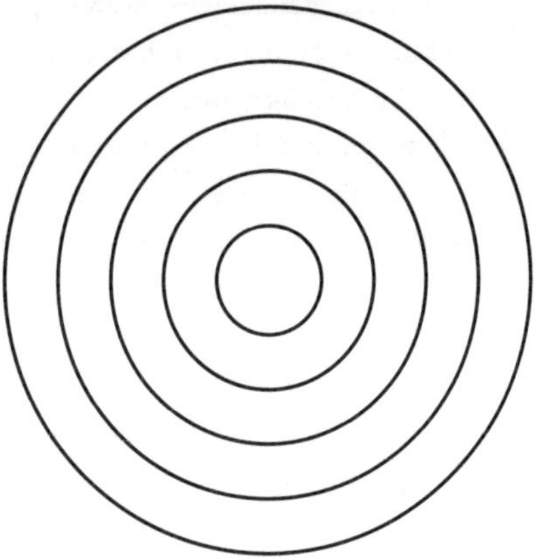

Gehen Sie dann in drei Schritten vor:

1. Listen Sie alle Menschen auf, die Sie kennen.
2. Unterteilen Sie diese zur besseren Unterscheidung in Gruppen wie »Familie«, »Freunde« oder »Kegelclub«.
3. Als Zentrum nehmen Sie sich als Initiand oder Initiandengruppe.

Sie plazieren die Menschen dann in der (subjektiven) Entfernung, in der Sie sie momentan erleben.

Als Beispiel:

1. Christian, Oliver, Dirk, Sina, Anette, Pia, Bernhard, Anneliese, Zenta, Emil, Isidor, Frank
2. Familie: Anneliese, Zenta, Emil
   Freunde: Christian, Dirk, Sina, Anette, Pia
   Kollegen: Oliver, Bernhard, Isidor, Frank

Die Abstände der Menschen untereinander können zusätzlich deren Beziehung markieren – wenn etwa Anette sehr stark in die Familie eingebunden ist oder Sina »eigentlich« Kollegin ist, tatsächlich aber als Freundin wichtig wurde.

Das Weitere ist dann ganz einfach:

Wenn Sie um eine Entscheidung verlegen sind, wen Sie einladen wollen, laden Sie, erste Möglichkeit, nur aus bestimmten Segmenten ein, z. B. nur die Familie, nur die Freunde oder nur die Vereinsmitglieder.

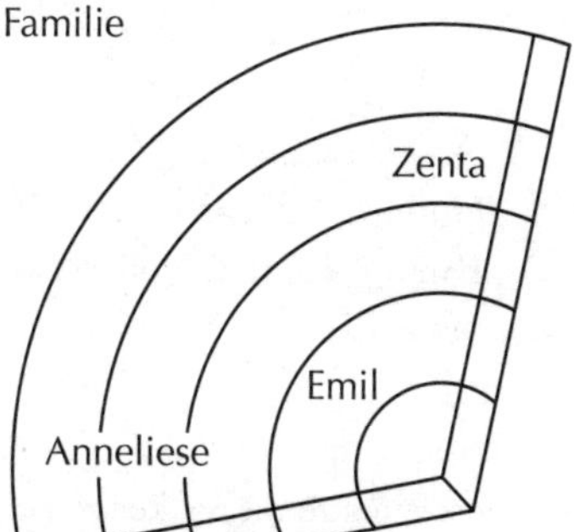

Sie bewegen sich damit in dem vertrauten Kreis und müssen nicht erst mühsam die Gäste einander vorstellen. Da es nur eine

Clique gibt, kann es auch nicht zu dem gefürchteten Effekt auf Festen kommen, daß doch wieder nur die beieinandersitzen, die sich kennen.

Andererseits nähern sich so Lebensbereiche nicht einander an. Auch geht eine Lebenswende in der Regel eben nicht nur einen sozialen Bereich an, sondern betrifft meist mehr, als man sich gemeinhin ausmalt. Eine Hochzeit wirkt durchaus in den Arbeitsbereich hinein, eine Beförderung hat Auswirkungen auf Freunde und Familie.

Eine weitere Möglichkeit besteht deshalb darin, daß Sie nach der Nähe und nicht nach Segmenten einladen:

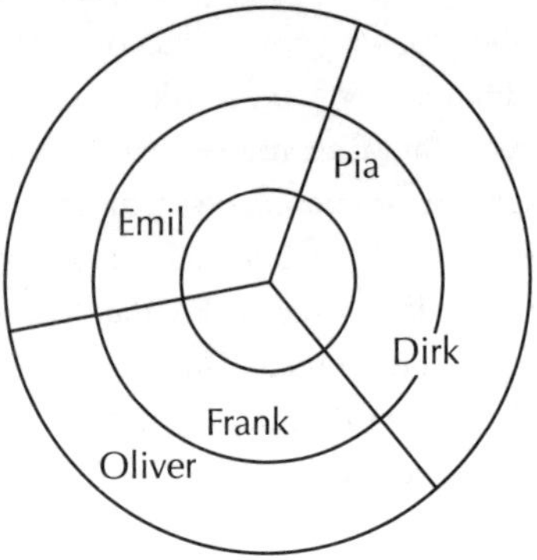

Es sind auch Mischformen denkbar, etwa wenn aus dem Freundeskreis alle, aus der Familie und dem Kollegenkreis aber nur der engste Zirkel eingeladen wird:

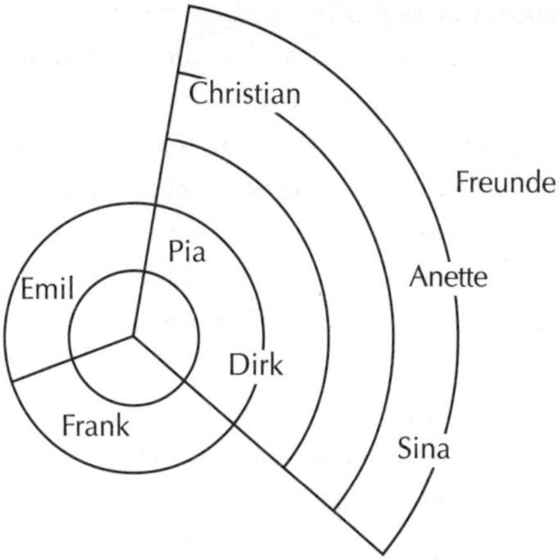

Dabei darf aber nicht vergessen werden, daß an sich die Anwesenheit möglichst vieler anderer schon deshalb wünschenswert ist, weil sich die Lebenswende so besonders gut in den Köpfen der Menschen verankert. Erst wenn sich »die Nachricht herumgesprochen hat«, gewinnt das Ereignis soziale Realität, wird wichtig und damit wirklich. Es wird später erzählt, erinnert, weiter kolportiert. Diese »positive Indiskretion« führt dazu, daß sich das Ereignis auch bei entfernten Kreisen herumspricht – und das ist bei der Geburt eines Kindes, einem Todesfall oder einer Heirat ja eigentlich nur wünschenswert. Gleichzeitig verankert sich das Erzählte so auch besser in den Köpfen der Erzähler auch sie haben ein verstärktes Bewußtsein, was geschehen ist. Andererseits wiederum verliert sich der Schreck, das Erstaunen mit jedem Erzählen – es wird selbstverständlicher Teil der sozialen Realität[53].

53 S. a. Kraus, 1996, *Das erzählte Selbst. Die narrative Konstruktion der Identität in der Spätmoderne*, oder das wunderbare Buch von Jerome Bruner (Bruner, 1997, *Sinn, Kultur und Identität*).

Paten, Schutzengel et al.

Die soziale Realität kann auch Bestandteil eines Rituals sein – das sehen wir an Beziehungsritualen wie der Hochzeit. Andere mögliche Beziehungen sind Paten- und Mentorenbeziehungen[54]. Selten treten sie in den Mittelpunkt eines Rituals, könnten jedoch eine wichtige Ressource sein – Schutzengel, die unser Leben stützen, wenn wir straucheln, Paten bei wichtigen Entscheidungen.

Ihre Person kann wie ein Motto sein, das einen Lebensbereich stützt, ein Projekt motiviert, eine Lebenswende begleitet mit all ihren Höhen und Tiefen. Patenbindungen könnten so sozialpsychologisch gesehen eine wichtige Position im sozialen Netz eines Menschen einnehmen.

In der Wirtschaft werden solche Systeme seit langem, wenn auch bei wenigen Firmen, z. B. bei Unternehmensgründungen eingesetzt. Mentorenmodelle gibt es auch in einigen Firmen bei der Mitarbeiterintegration, in der Behandlung von TBC werden sie in Namibia eingesetzt, um die Medikamenteneinnahme zu sichern, Seelsorger und Therapeuten haben diese Rolle oft inoffiziell inne, auch eine gute Lehrer-Schüler-Beziehung kann einen solchen Duktus bekommen, auch kann sich zwischen Studenten und Professoren solche fruchtbare Beziehung entwickeln.

Wer diese De-facto-Patenbeziehung offiziell bestätigt, kann sie stützen. Hier liegen sicher noch viele unerschlossene Ressourcen brach. Ich werde deshalb in den folgenden Kapiteln immer wieder darauf eingehen.

Einsetzbar sind Paten im Grunde an allen Lebensschwellen – zur praktischen Hilfestellung, als Supervisoren, als Vor- und Leitbilder. Ein Bestätigungsritual könnte die gemeinsame Bezogenheit – u. U. auch nur für die Dauer eines bestimmten Zeitabschnitts, eines bestimmten Projekts oder einer klar abgegrenzten Lebens-

54 S. a. das Kapitel Die alten Herren: Mentoren.

phase (wie der Scheidungszeit) – bekräftigen und stützen. So können Paten das sein, was das Wort Engel im Hebräischen meint[55]: Boten wie die Taube, die in unglücklichen, unüberschaubaren Zeiten mit dem ersten Ölzweig etwas Hoffnung bringt.

55 Danke hier Tillmann Haberer für den Hinweis.

Die Ankündigung

Jedes Ritual verdient eine Ankündigung, am besten in schriftlicher Form – über die optische Gestaltung und die Tricks der EDV gibt es inzwischen reichlich Literatur.

Die Ankündigung sollte rechtzeitig genug die Gäste erreichen, also je nach Jahreszeit und Lage zwischen Schulferienblöcken ca. 4–6 Wochen davor.

Ritualistisch wichtig sind, neben üblichen Rahmendaten wie Zeit, Ort, Erreichbarkeit mit den öffentlichen Verkehrsmitteln, auch ...

Der Sinn des Festes – machen Sie den Sinn des Festes am besten in Form eines prägnanten Mottos, eines Zitats oder eines Wortspiels wie »Brot und Wein« oder »Ja!« klar.

Klären Sie auch den Kleidungskode: In dieser Hinsicht gibt es heute bekanntlich kaum mehr Selbstverständlichkeiten. Wünschen Sie für Ihr Ritual bestimmte Kleidung, seien Sie bitte ehrlich genug und machen Sie es deutlich. Hierbei ist natürlich auch reichlich Raum für Spielereien – etwa wenn Sie es gerne sähen, daß alle Gäste Hüte trügen, wenn alle Gäste gebeten werden, z. B. Sonnenblumen mitzubringen, wenn Gäste (Sonnen-)Brillen tragen sollen oder betont locker, z. B. in Hawaiihemden, kommen sollen ...

Der Raum[56]

Räume können wie Kleidungsstücke passen oder nicht – sie bieten das primäre, materielle Setting, in dem ein Fest geschieht – aber sie sind mehr als der Raum. Fest und Raum stehen immer in enger Kommunikation miteinander. Passen sie nicht zueinander, kann auch ein an sich stimmungsvoller Raum leer und hohl wirken. Der gewählte Raum sagt immer etwas aus über das Fest und färbt später die Erinnerung an das Fest wesentlich ein.

Räume schützen oder liefern aus, ermöglichen oder verunmöglichen Trauer, Schmerz, führen Gäste zueinander, zersplittern sie in Gruppen oder isolieren sie.

Wenn Sie ein Ritual planen, sehen Sie sich deshalb die Räume gut an, in denen Sie feiern wollen. Überlegen Sie, ob und wie diese Räume in bezug zu dem stehen, was Sie feiern wollen. Wieviel Spielraum ist in ihnen möglich? Ist der Raum nur für eine Generation wacher Erwachsener geeignet, oder bietet er auch Raum für gelangweilte Kinder und müde Erwachsene?

Bedenken Sie – ein schöner Raum allein reicht nicht aus. Und es reicht auch nicht aus, auch wenn es immer mit zu bedenken ist, Fragen zu klären wie ob bzw. wie gut er erreichbar ist, ob bzw. wie gut das Essen dort ist bzw. bis wann man dort feiern kann oder wie gut der Raum gegenüber anderen Gesellschaften abgegrenzt ist.

Mögliche Räume sollten mit der speziellen Lebenswende, dem Initianden und seiner Geschichte etwas zu tun haben – zumindest assoziativ. Der ideale Raum sollte schon an sich – subjektiv und individuell, nicht nach außen hin – wichtig sein: Das kann die Gaststätte sein, in der Sie sich kennenlernten, der Park, in dem der Großvater von seiner Krankheit erzählte, der Fluß, an dessen Ufern Sie beschlossen, ins Ausland zu gehen. Idealerweise bilden so die Räume des Festes mit der Lebenswende ein assoziatives Setting, das immer wieder auf das Ritual verweist.

56 S. a. das Interview *LebensMuster*.

Die Zeit

Auch in der zeitlichen Lage des Rituals können Sie, wo es nicht von einem Amt vorgegeben ist, assoziativ spielen.

Grundsätzlich sollte ein Ritual möglichst dicht auf eine Lebenswende folgen – nicht zu Unrecht kritisieren Studenten, wenn offizielle Feiern erst Monate später stattfinden, man vielleicht längst die Stadt verlassen hat und die Spannung längst gewichen ist. Auch wird so ein Ritual zum bloßen Fest, da sein eigentlicher Sinn, Verbindungen zwischen Lebensbereichen zu schaffen, nicht mehr nötig ist.

Ein Ritual braucht die Spannung, die Dynamik und die Erschöpfung der Lebenswende, für die man es macht. Es ist gerade das, was es kann: Brücken zu bauen von der Anstrengung zur Erholung, von der Trauer zur Freude hin. Es macht ein Ereignis wirklicher als jedes Schriftstück, jedes Zeugnis, jedes Amtspapier.

Es kann dabei nur einige Stunden oder mehrere Tage dauern – je nach Bedeutung des Ereignisses, der Kraft der Initianden und Gäste.

Meist wird man den Schwerpunkt der Riten, der Essen, Reden und Runden dabei asymmetrisch nach oder vor das Ereignis legen, selten symmetrisch um das Ereignis herum.

Mahlzeit!

Ich erinnere mich, als eine Freundin bei meinem Abflug aus Namibia noch auf dem Flughafen von irgendwoher eine Erdbeermilch hervorzauberte und diese mit mir in den letzten Minuten vor meinem Abflug trank. Es war unsere zentrale Nahrung während anstrengender Tourneetage gewesen. Nun war diese letzte, unnötige Mahlzeit wichtiges Symbol einer gemeinsamen Zeit. Ich werde nie wieder Erdbeermilch trinken können, ohne mich dieser Freundin und vor allem ihrer Fürsorglichkeit zu erinnern.

Der Apfel, dem Geliebten zum Abschied geschenkt. Der spezielle Geburtstagskuchen. Das Ritual des Teetrinkens. Die jahrelang gemiedene Speise, die einst Kern der Geborgenheit in einer Ehe war. Der Milchkaffee, den man nur mit einem Freund trinkt – und der bittere Geschmack von Verrat, als er ihn in der Anwesenheit anderer bestellt. Die Geborgenheit der Kinderspeisen.

Mahlzeiten sind stets wichtige Teile des Rituals. Sie haben Bedeutung weit über den Zweck, schmack- oder nahrhaft zu sein und die Gäste über ein vielleicht stundenlanges Ritual halbwegs bei Kräften zu halten. Mahlzeiten sind Teil der Kommunikation bei einem Ritual – Teil auch der Identität und Corporate Identity.

Mahlzeiten können als Teil der eigenen oder gemeinsamen Geschichte binden und trennen, Gemeinschaft stiften, Grenzen aufzeigen. Wie wunderbar etwa vermengen sich Familiengeschichten und Essen in dem Film *Bittersüße Schokolade*, welche Bedeutsamkeit bekommen Materialien und ihre Zubereitung, die Art ihres Servierens, des Zuteilens bis zur Schaumkrone auf dem Mocca in *Das Hochzeitsessen* von Karin Irshaid! Unsere Bücher

57 Wesentliche Initialideen verdanke ich hier Prof. Dr. G. Neumann vom Institut für Neuere deutsche Literatur in München und Mátyás Kiss, ohne den ich vielleicht nie wirklich »auf den Geschmack« gekommen wäre.

und Filme sind seit den frühesten Schriften des Alten Testaments voller Hinweise auf die Bedeutsamkeit des Mahls[57] – vom ersten Apfel bis über die genau austarierten Mahlzeiten in jedem Buch Theodor Fontanes, des zielsicheren Sozialanalytikers seines Zeitgeschmacks, zu dem wunderbar funkelnden Mahl, das die Köchin Babette in *Babettes Fest*[58] zwei alternden Schwestern und ihren Glaubensgeschwistern bereitet – um nur ein paar Beispiele zu geben.

Getränke, Amuse-Gueules[59], feinsinnig komponierte Vorspeisen, verschwenderische Hauptspeisen, Torten, Dekorationen: Seit jeher kennen Kulturen symbolische Mahlzeiten – das Pessachfest, die Agape, das Liebesmahl, das Abendmahl, Symposien, nährende oder giftige Speise, Speiseverbote und »magische Speisen«, die dem Esser übermenschliche Kräfte verleihen.

Mahlzeiten transportieren Botschaften wie jede Sprache, drücken Zuneigung, Offenheit, Fürsorge, eine gemeinsame Geschichte aus. Ihr Geschmack und ihr Geruch können Erinnerungen wecken, Zugehörigkeit stärken, Liebe, Zärtlichkeit ausdrücken und wesentlicher Bestandteil der Corporate Identity einer Gruppe sein. Sie können die Erinnerung an eine bestimmte Zeit, an bestimmte Stimmungen und Menschen wachrufen – und sie können mit ihnen sterben, auch wenn vielleicht Rezepte bleiben, wie Getränke, die eine Zeit Mode waren und bei deren Geschmack man sich wieder an alte Zeiten erinnert.

Mahlzeiten können großartige Symbole einer Verbindung sein gerade bei einem kleinen Ritual.

Wenn Sie ein Ritual planen, suchen Sie deshalb Speisen nicht nur nach dem aus, »was alle mögen« (oder zumindest nicht hassen), sondern achten Sie auch darauf, daß die Speisen, zumindest

58 Eine Erzählung von Tania Blixen.

59 Transfer übersetzt mit »amüsiert das (Lecker-)Maul«, eine winzige Vorspeise wie eine Nuß, die vor der eigentlichen Menüfolge die Gier der Gäste bremsen oder noch weiter herausfordern soll.

einige Gänge, einen gewissen Bezug zu dem Anlaß haben – die Speise, die im Elternhaus immer gekocht wurde, die an einen wichtigen Auslandsaufenthalt erinnert, die die Lieblingsspeise des Verstorbenen war: Guten Appetit!

Mir san mir. Die Emblematisierung

Eine der Möglichkeiten, den Gästen und Initianden bei der Orientierung in der Gruppe zu helfen, ist die Emblematisierung. Ein Emblem, das kann sein: eine Blume, eine Kerze, ein Stück Papier, ein Schal. So »emblematisiert«, wird die Gruppe als Einheit nach außen und innen erkennbar – jeder kennt es von Fußballspielen oder Prozessionen.

Es ist ein altes Mittel, das wir beim Militär wie in den Kirchen, bei den Ständen, den Schichten, den Geschlechtern und den verschiedenen Altersgruppen kennen. Es zeigt ganz deutlich, wer dazugehört und wer nicht. So kommen auch Unbekannte miteinander ins Gespräch, und auch in diffusen Situationen – auf einem Platz, in einer Gastwirtschaft, in einem Standesamt, einer Aussegnungshalle – wird so jederzeit klar, wo die Festgemeinde aufhört und anfängt.

Wenn Sie eine Gruppe fester binden wollen, sehen Sie deshalb irgend etwas vor, was diese klar als Mitglieder der Festgruppe ausweist, indem sie es nach außen sichtbar am Handgelenk, an der Kleidung, notfalls in der Hand tragen – Bänder in einer bestimmten Farbe, Anstecker, Blumen. Übrigens sind solche Embleme später oft gute Erinnerungsstücke, die das Andenken an das Ritual auch in der Erinnerung zusätzlich lebendig halten.

Die Zugehörigkeit kann auch stärken, wenn während des Festes ein Schwarzes Brett zu Kommentaren einlädt ein Bild oder eine Tafel, ein Tuch oder ein Tisch. Es lädt auch einander Unbekannte immer wieder zu einem scheuen oder neugierigen »Wer bist denn du? …« ein und läßt gleichzeitig große individuelle Spielräume.

Nicht schon wieder! Die Dokumentation

Viele stört auf Festen die ständige Dokumentation durch begabte und weniger begabte Fotografen und Hobbyfilmer, die die schönsten Momente durch Blitzlicht unterbrechen, ständig wie wildgewordene Paparazzi auf den Auslöser drücken oder sich ins Bild stellen.

Sie sind Ausläufer der Welt der permanenten Berichterstattung, in der uns Fernsehen, Radio und Internet ständig und detailliert über all die Ereignisse auf dem laufenden halten, die irgendwie reizvoll, »thrilling« oder von besonderem »öffentlichem Interesse« sind, gleich welch seltsame Abwege das öffentliche Interesse da vielleicht gerade geht.

Da auch eine Lebenswende ein »öffentliches« Interesse hat – es geht ja in der Regel nicht nur um den oder die Initianden, sondern oft um das Wohl einer ganzen Gruppe, um Veränderungen, die einen Freundeskreis oder eine Familie zumindest mitbetreffen –, läuft nun auch der private Dokumentationsapparat an. Wenn unser Leben wichtig wird, gehören Videofilmer und Fotografen einfach dazu.

Wem dies lästig ist, der sollte eine dokumentationsfreie Zone klar bestimmen, z. B. in der Ankündigung oder in den Programmzetteln: »Bitte verzichtet während der Trauung darauf, zu filmen und zu fotografieren«, oder indem zu Beginn der Veranstaltung klar darauf hingewiesen wird.

Eine andere Möglichkeit ist die, daß Sie einen offiziellen Fotografen bestimmen – das kann natürlich auch ein Laie, ein Freund oder Familienmitglied sein. So haben Sie einerseits die Gewähr, daß die Feier offiziell dokumentiert wird, andererseits können Sie mit diesem auch klar die Grenzen abstimmen, wo oder ab wann Sie eben nicht wollen, daß fotografiert wird.

Achtung, Hochspannung! Wahrnehmungspsychologische Tricks

Reichen Gerüche und Geschmäcker besonders tief in unser Gehirn, kann eine modulierte Reizgestaltung wesentlich die Dramaturgie eines Rituals stützen.

Wollen Sie selbst ein Ritual stiften – werden Sie aktiv!

Zur Verdeutlichung der psychisch relevanten Außenbedingungen, die das Gelingen eines Rituals befördern können, hier eine kleine, nicht ganz so ernst gemeinte Theorieanwendung:

Inszenierung: erste Theorieanwendung

Suchen Sie sich zuerst ein passendes Thema, etwa den Tod Ihrer Katze oder das Verschrotten Ihres Autos (natürlich können Sie auch einen weniger exotischen Gegenstand zum Thema Ihres individuellen Rituals machen).

> Nahezu alle Lebenswenden und Anlässe können Gegenstand eines Rituals sein. Dies hat nichts zu tun mit Beliebigkeit oder damit, ob jemand einfach ein »Partyfex« ist. Es liegt an der sehr unterschiedlichen subjektiven Bedeutung vieler Ereignisse. Kann die Kündigung einer Arbeitsstelle für den einen eine emotionale Lappalie sein trotz schwerwiegender wirtschaftlicher Folgen –, bedeutet ihm der Austritt aus einem Verein vielleicht eine entscheidende Lebenswende, die er zum Anlaß nimmt, sein Leben von Grund auf neu zu gestalten.

Sammeln Sie nun möglichst viele Anhänger um sich herum. Signifikante andere sind wesentlich bei einem gelungenen Ritual. Vergessen Sie dabei weder wichtige Verwandte noch »Honoratioren«, mit denen Sie in Kontakt stehen. Die Signalwirkung wird zusätzlich verstärkt, wenn Sie diesen oder jenen bewußt nicht dazu einladen oder erst zu späteren Teilen des Rituals (etwa dem Ausklang bei einem gemeinsamen Essen) zulassen. Genauso können Sie durch eine gezielte Auswahl derjenigen, die mit Ihnen »nachfeiern« dürfen, eine Elite signifikanter anderer markieren.

> Wie schon im Kapitel »Zum Umgang mit VIPs« diskutiert wurde: Die Einladung bestimmter Menschen hat Zeichencharakter sowohl in der Binnenbeziehung zwischen Eingeladenem und Einladendem, sie hat auch Zeichencharakter nach außen hin – etwa wenn es zum Zentralthema einer Beerdigung wird, warum die Witwe bestimmte Familienmitglieder eben nicht einlud.

Geben Sie anschließend Ihren Anhängern Ort und Zeit des Zusammentreffens, möglichst in Form einer offiziellen, »sprechenden« Einladung, bekannt. Können Sie bestimmte, Ihnen wichtige Verhaltensregeln bei Ihren Gästen nicht voraussetzen, weisen Sie diese deutlich darauf hin, etwa wenn das Tragen von Armbanduhren nicht zum Ritualkontext paßt oder auch, um noch ein Beispiel zu nennen, wenn Blickkontakt während des Rituals strikt zu vermeiden ist.

> Ein Ritual ist stets ein Bereich, ein Setting mit eigenen Regeln. Gerade die impliziten, informellen, nicht ausgesprochenen Regeln machen solche Settings für Sozialwissenschaftler hochinteressant (sofern sie gern auf Feste gehen). Wichtige Regeln – Rauchverbote, ein fester Beginn eines Festes oder bestimmte Kleidungskodizes – sollten dennoch klar ausgesprochen oder zu Beginn des Festes deutlich gemacht werden, um unnötige Kränkungen zu vermeiden.

Bevor das Ritual beginnt, emblematisieren Sie die Beteiligten ausreichend, etwa indem Sie kleine Löffel am Eingang austeilen. Achten Sie auf eine gesonderte Emblematisierung des oder der Zelebranten, etwa mit Taucherflossen (praktische Erwägungen sollten Sie zugunsten einer klaren Signalwirkung hier eher vernachlässigen). Auch Initianden sollten gesondert emblematisiert werden, aber so, daß kenntlich wird, daß sie deutlich zur Festgemeinde gehören. Im beschriebenen Kontext würden sich hier vielleicht Eßlöffel empfehlen.

Ein Ritual ist nicht praktisch. Oder wie es Eugène Ionesco einmal ausdrückte: »Das einzige, was wirklich unentbehrlich ist, ist das Zwecklose.«[60] Das gilt auch für Rituale.

Sorgen Sie im Festraum für eine Szenerie, die sich deutlich vom Alltag abhebt. Achten Sie darauf, möglichst alle Sinnesorgane zu beschäftigen, etwa durch eine besondere Lichtgestaltung, das Aromatisieren oder starke Befeuchten des Raumes und durch eine ausgefeilte Tongestaltung, möglichst im Rahmen einer außeralltäglichen, nicht unbedingt zweckgerichteten Akustik.

Diese Reizparameter sollten Sie während der gesamten Zeremonie sorgfältig kontrollieren. Nützen Sie sie vor allem als Markierungsmittel zentraler Passagen. Wichtig ist dabei nicht unbedingt eine Verstärkung, sondern vor allem eine deutliche Veränderung der Reizfaktoren. Plötzliches Abblenden eines Reizparameters kann dabei durchaus eine ähnlich starke, wenn nicht sogar stärkere Funktion haben als das platte Verstärken eines Parameters.

Wenn es die Zeremonie gestattet, bauen Sie ein Mahlritual mit ein.

Nichts weckt so sehr die Aufmerksamkeit und verstärkt die positive Bindung der Gäste an das Geschehen wie ein rituelles

60 Nach Hegger, Pohl, Reiß-Schmidt, 1988, 21.

Mahlgeschenk. Auch haben Sie so den gustatorischen Parameter mit beachtet.

Der Ablauf des Rituals sollte dabei nach klaren, möglicherweise aber zumindest teilweise nur Ihnen zugänglichen Regeln geschehen. Wichtig ist dabei stets nicht die rationale, sondern die emotionale Plausibilität und Authentizität des Rituals.

Kulturspezifisch ist auf eine lückenlose Dokumenation des Ereignisses durch Fotografie und vor allem Video zu achten. Wollen Sie dabei Geld sparen, legen Sie einfach keine Kassette ein – es ist jedoch von großer Signalwirkung für die Wichtigkeit des Ereignisses, daß sie durch die Anwesenheit möglichst mehrerer Dokumentatoren hinreichend markiert ist.

Beschließen Sie das Hauptritual dann mit einem klaren Ende.

Planen Sie es exakt. Das Ende ist, von der Gesamtwirkung des Rituals her gesehen, mindestens genauso wichtig wie der Beginn.

Ein gutes Ende kann Ihnen gelingen z. B. durch einen feierlichen Auszug, prägnante Gesten und/oder pathetische Deklarationen. Sie können dabei sicher einige Ideen von Filmen gerade amerikanischer Provenienz gewinnen. Achten Sie auch darauf, daß das Ereignis narrative Qualitäten enthält, die es später in den Geschichten der Anwesenden weiterleben lassen.

Welche unterschiedlichen Möglichkeiten es gibt, das Leben zu feiern, lesen Sie nun in den folgenden Kapiteln.

Lebendige Samen: Rituale zu Geburt, Kindheit und Jugend

Wachsen tut weh: Rituale rund um die körperliche Reifung

Alles, was ich weiß, weiß ich von einem andern,
und alles, was ich laß, laß' ich für einen andern,
alles, was ich hab, ist ein Name nur,
den hab' ich von einem andern. […]
HERRMANN VAN VEEN[61]

Schwangerschaft: Risiko und Chance

Seltsamer Tag: ein Teststreifen verkündet ein neues Leben. Man ist allein oder hat den Partner dabei. Man freut oder fürchtet sich. Man erwartete es oder ist völlig überrascht. Vielleicht wird man es abtreiben lassen. Vielleicht beginnt mit diesem Tag ein neues Leben, das Sie jahrelang begleiten und die Geschichte Ihres Lebens zutiefst mit beeinflussen wird: Es beginnt eine neue Geschichte.

Und dies ist allemal ein Fest wert. Schließlich verändert sich das Leben. Es in Form einer Feier mitzuteilen kann auch hier helfen, mit der neuen Realität besser umzugehen – sich seelisch, mit dem Herzen, mit dem Verstand, mit dem Partner und der Familie auf das Neue einzustellen und mit ihm mitzuwachsen. Es ist längst nicht nur der Fötus, der da heranwachsen muß.

Endet aber die Geschichte des neuen Kindes abrupt mit einer Fehlgeburt, scheint die Zuwendung, die da für das entwickelt

61 Van Veen, H., (1977), *Liederbuch*, Hamburg: Deutsche Grammophon Gesellschaft.

wurde, was in einem heranwuchs, mit einem Mal sinnlos geworden. Das Glück oder die Ambivalenz, schwanger zu sein, die Vorfreude oder die Befürchtungen: vorbei. Ein Leben ist vorbeigegangen, oft ohne daß es je einen Namen bekam, je seine Stimme hörbar wurde, je seine Augen öffnete, je wirklich Gestalt und Charakter gewann.

Gerade dieses Ereignis kann dennoch ein Anlaß sein, das Leben zu beachten. Man wird es nicht unbedingt Fest nennen. Aber dieses Ereignis zu rahmen, den Schmerz zu würdigen, ihm vielleicht einen Kanal zu geben, den Partner, sich aus der Sprachlosigkeit zu befreien – für solche Funktionen kann ein Ritual gut sein.

Schwangerschaft: die Inszenierung

Die Mitteilung sollte dabei nicht zu früh erfolgen, vielleicht um den 3. Schwangerschaftsmonat herum, ab dem auch das Risiko für eine Fehlgeburt wesentlich geringer ist.

Wenn Sie ein Ritual zu dem Anlaß planen, überlegen Sie:

Was wünschen Sie für sich?
Was wollen Sie tun, bis das (neue) Kind kommt?
Wen brauchen Sie jetzt vielleicht besonders?
Wovon müssen Sie sich verabschieden?

Fehlgeburt: die Inszenierung

Wenn Sie davon betroffen sind: Überlegen Sie, ob Sie dem Kind nicht noch im nachhinein einen Namen geben. Sie können ihm ein Bild malen oder, zumindest eine Zeit, einen Platz in der Wohnung bestimmen, in dem Sie seiner gedenken. Sie können sich auch überlegen, was Sie sich für das Kind erhofften, welche Träume Sie hatten, welche Gefühle Sie ihm entgegengebracht haben.

Hatten Sie schon Sachen für das Baby bereitgelegt, können Sie diese, je nachdem, was Ihnen guttut, weggeben, verbrennen, wegräumen. So ordnen Sie bewußt – und, bitte, in Ihrem Tempo. Entscheiden Sie selbst, was Sie wann wegräumen wollen, was Sie behalten wollen, was vielleicht noch Zeit braucht, bis Sie sich davon lösen können.

Sie können dann auch überlegen, ob Sie den Tag der Fehlgeburt nicht – zumindest eine Zeitlang – als Gedenktag feiern wollen. So hat das tote Kind seinen Platz in Ihrem Leben, ohne es zu zerstören. So können Sie dem Schmerz und der Trauer eine Form geben und damit auch ein Stück des Panzers ablegen, der sich vielleicht durch den Schock um Sie gebildet hatte.

Die Geburt

Nur ein Fest oder? Taufe kontra N. N.

Beginn: Ein Kind schreit. Die Tage des Wartens sind vorüber, die Geburt glücklich überstanden, Strampelanzüge liegen nicht mehr nutzlos herum. Das, was da in der Wiege ruhig schläft, ist nicht irgendein, es ist Ihr Kind – Teil Ihres neuen Lebens – Teil von Hoffnungen, Zweifeln, Zuversicht:

»Und jedem Anfang wohnt ein Zauber inne,
Der uns beschützt und der uns hilft zu leben.«

»Ihr laßt euer Kind doch sicher ...?« fragt die Großmutter, der Sie vielleicht viel zu verdanken haben. Sie schauen das Kind an und runzeln die Stirn. Natürlich – vor der Geburt hatten Sie zu solchen Themen eine ganz feste Meinung: Kindtaufe kam für Sie nicht in Frage. Doch nun sind Sie unsicher geworden.

Vielleicht wollen Sie der alten Frau einen Gefallen tun. Vielleicht wollen Sie auch feiern, daß alles so gutgegangen ist, daß Ihr Kind endlich da ist, daß das Unbekannte endlich einen Namen hat – auch wenn Sie der Gedanke schreckt, ausgerechnet nun, in der ersten, hektischen Zeit nach der Geburt ein Fest auszurichten. Ausgerechnet jetzt.

Sie gönnen Ihrem Kind ein Fest, und Sie wollen es schützen lassen mit allen Mitteln, mit allen Zaubern dieser Welt – blöder Zwiespalt, der vom Schreien der Hauptperson unterbrochen wird. Vielleicht verschieben Sie die Entscheidung und warten, bis sich das Kind selbst entscheiden kann. Vielleicht entscheiden Sie sich mit einem Schulterzucken für die Lösung der Großmutter. Vielleicht geht es gut – vielleicht fühlen Sie sich dabei, vielleicht.

Egal. Es ist doch einfach nur ein Fest, oder?

Jede Kultur feiert den Lebensbeginn. Es bleibt ein Wunder, gleich wie viel wir darüber wissen, wie aufgeklärt wir sind oder wie genau wir sagen können, was und warum es geschieht. Das Geheimnis ist geblieben, kein rational erfaßbares Wunder, ein Wunder der Herzen, das uns in einer Klinik in Chicago genauso ergreift wie in einer Lehmhütte in Tahoua.

Doch wie feiert man ein Ereignis, wenn man es vielleicht nicht mehr mit einer Taufe feiern will – oder vielleicht nicht nur, weil man die Taufe später veranstalten oder es sich einfach noch ein bißchen überlegen möchte?

N. N. oder Taufe: einige Argumente

Und ich will […] dich segnen und […] du sollst ein Segen sein.
1. Mose 12, 2

Wir feiern oder möchten feiern. Und das ist wichtig: Ein Fest am Beginn, ob Taufe oder ein alternatives Ritual, hat, abgesehen von den religiösen Konsequenzen, die ich in diesem Buch versprochenermaßen nicht diskutieren möchte, vielfältige Wirkungen:

Die Feier einer Geburt ist gleichzeitig der Eintritt des Kindes in die Familie. Man muß das Kind nicht jedem einzelnen vorstellen, sondern stellt es mit einem Fest all denen vor, die mit dem Kind zukünftig zu tun haben werden und deren Hilfe und Schutz man sich vielleicht erhofft.

Schließlich ist das Kind nicht nur das Kind des Paares – es ist Teil einer Familie und eines Kreises von Freunden und anderen Beziehungen. Mit dem neugeborenen Kind werden sich diese Beziehungen alle verändern – manche sehr stark, manche nur ein bißchen, unmerklich, aber doch: unwiderruflich. Man ist nicht mehr ein Paar, sondern eine Familie, wenn Geschwister da sind, kommt es auch hier zu Rollenverschiebungen. Eltern sind nicht mehr Eltern, sondern Großeltern, Freunde entfernen sich oder kommen näher – alte Vergnügungen fallen weg, zumindest für gewisse Zeit. Schöne, aber anstrengende Veränderungen stehen an, die man sich mit einem Fest bewußtmachen kann. Sie haben sich vielleicht beim ersten Kind daran gestört, daß die Familie und die Freunde nicht begriffen haben, was sich so gigantisch verändert hat? Machen Sie es mit einem Fest begreiflich! Helfen Sie, daß die Veränderung das Herz der Menschen erreicht, die wichtig für das Kind und Sie sind!

Paten et al.: die Inszenierung

Im Vorfeld sollten Sie geeignete Paten für das Kind suchen. Überlegen Sie sich – wer ist für das Kind wichtig? Wen wünschen Sie sich für das Kind? Sie spannen damit ein Trapez, in das das Kind fallen kann, wenn Sie vielleicht ausfallen oder versagen. Sie teilen Ihr Kind – und die Verantwortung. Sie sind nicht unfehlbar – bestimmen Sie Menschen, die Ihnen helfen können, Ihre Fehler auszugleichen. Überlegen Sie: Wer kann Ihr Kind schützen? Von wem wollen Sie es schützen lassen? Denken Sie dabei nicht nur an Familienmitglieder, sondern auch an Freunde, die Sie damit vielleicht stärker hervorheben oder binden wollen. Fällen Sie keine »politisch korrekte« Entscheidung, suchen Sie sich aus, wer Ihnen wirklich wichtig und geeignet erscheint:

Wer soll Ihrem Kind ein Vorbild sein? Wer hat vielleicht Fähigkeiten, die Sie selbst nicht haben, die Sie sich jedoch für Ihr Kind wünschen? Nennen Sie diese Personen im Fest öffentlich.

Überlegen Sie sich auch hier die äußeren Bedingungen: Sie können in Ihren Räumen im kleinen Kreis feiern oder ein großes Fest veranstalten. Sie können Fahnen oder Poster mit den Namen Ihres Kindes aufhängen, die Wohnung, den Saal damit plakatieren.

Vielleicht wünschen Sie sich auch etwas Besonderes für Ihr Kind – machen Sie auch das öffentlich. Bitten Sie ruhig auch Ihre

Gäste, besonders die Paten, sich etwas zu überlegen. Wissen Sie nicht, daß Wünsche in Erfüllung gehen können? Wünschen Sie sich etwas für Ihr Kind, sprechen Sie es aus, und schreiben Sie es vielleicht auch nieder. So erreichen Wunder des Herzens auch die Herzen anderer und ist diese Feier auch später für Ihr Kind nachvollziehbar.

Sie können etwa auf den Tischen Blätter auslegen, auf denen die Gäste ihre Wünsche aufschreiben können. Sie können mit Ihren eigenen Wünschen den Festraum dekorieren oder sie rahmen. Sie können einen Strampelanzug oder eine Überdecke nehmen, auf dem die Gäste ihre Namen mit waschechter Tinte schreiben sollen. So ist das Fest zugleich eine echte Abschnittsdokumentation.

Schulbeginn

Der Schulbeginn wird in Europa traditionell gefeiert – mit Schultüten und einem besonderen Empfang in der Klasse. Dieses Ereignis ist freudig, und es ist ein Ereignis, bei dem oft nicht nur die Kinder, sondern auch die Eltern aufgeregt und manchmal fast etwas traurig sind, daß ein Zeitabschnitt nun vorüber ist. Wieder einmal endet etwas und wieder starten wir ins Ungewisse. Solche ambivalenten Gefühle müssen jedoch nicht versteckt werden.

Die Inszenierung

Lassen Sie sich den Abend oder Nachmittag davor ruhig miteinander Zeit, die zu Ende gehende Lebensphase mit einem besonderen Essen, mit Ihren alten Spielen, vielleicht auch den Menschen, die das Kind bis dahin besonders begleitet haben, Freunden, Spielkameraden, besonderen Verwandten, zu feiern. Zeigen Sie Ihrem Kind Ihre Zuneigung auch über diese Veränderung hinweg. Die Vorfreude – das Kommende – wird das Alte nicht ungültig machen nur dadurch, daß es abgelöst wird. Kramen Sie die alten Fotos hervor, misten Sie gemeinsam aus – aber bitte nur das, was das Kind wirklich nicht mehr haben will.

Es kann nun auch Zeit sein, daß Sie dem Kind jetzt einen anderen, vielleicht ergänzenden Paten geben, vielleicht eine Freundin, mit der sich das Kind besonders gut versteht, vielleicht ein Onkel, bei dem es sich wohl fühlt.

Dieser Pate sollte …

… Freude am Lernen vermitteln können,

… für Besonderheiten, Fortschritte und Empfindlichkeiten des Kindes sensibel sein,

… Fähigkeiten fördern können.

Am Schulanfang gehen Sie dann gemeinsam mit dem Paten zur Schule und feiern in das neue Leben hinein.

Wachstumsrituale

Wachsen ist seltsam – und Wachsen macht stolz. Wachsen ist blöd – und Wachsen kann selbstbewußt machen. Wachsen kann angst machen – und es kann uns Flügel verleihen. In jedem Fall ist Wachsen ein Grund zu feiern – es zu ehren und zu beachten. Es kann dem Kind zeigen, wie weit es fortschreitet, kann helfen bei der Neuorientierung und nicht zuletzt bei der schwierigen Einsicht für die Eltern, daß Kinder größer werden.

Größe: die Inszenierung

Ein solches Fest kann man anschließen an den Geburtstag oder auch »außer der Reihe«, wenn Sie in der Familie zusammensitzen. Um Wachsen zu einem positiven Ereignis werden zu lassen, brauchen Sie nichts weiter als einen Türstock oder, wenn Sie umziehen, ein Brett, das Sie irgendwo senkrecht anbringen.

Sooft Sie Lust haben, führen Sie nun Messungen durch und schreiben das Ergebnis an den Rand mit Datum. Sie können sich selbst auch als Vergleich dazuschreiben oder auch den Familienhund.

Als wir Kinder waren, hat unser Vater dieses Spiel mit uns gemacht, und es hat uns sehr viel Spaß gemacht.

Geschlechtsreife[62]

Immer wieder wird diskutiert, ob man nicht die Geschlechtsreife feiern sollte – etwa die erste Menstruation, die viele aus der älteren Generation in recht erschreckender Erinnerung haben.

Ich denke: jein.

62 Einige wesentliche Anregungen verdanke ich hier Kaufmann-Huber, G., (1995), 84 f.

Bevor wir leichtfertig die Initiationsrituale anderer Völker kopieren, sollten wir bedenken, daß andere Völker nicht allein die geschlechtliche Reife, sondern damit auch die soziale Reife feiern – etwas was in der Firmung und Konfirmation noch anklingt, weil man nun Pate werden kann und eine Stimme im Gemeinderat hat. Früher war dies auch traditionell die Zeit, in der Jugendliche, um in ein Dienstverhältnis zu gehen, das Haus verließen – ein echtes Initiationsritual also. Kaufmann-Huber berichtet, daß bis in ihre Jugendzeit in den 50er Jahren der Pfarrer bestimmte Kleiderordnungen definierte (man durfte z. B. keine Nylonstrümpfe tragen), der Pfarrer übernahm auch die sexuelle Aufklärung.

Manche Kinder scheinen das Nahen dieser Reifephase übrigens instinktiv zu ahnen und beginnen oft in dieser Zeit ohne Anstoß von außen ahnend mit Altem abzuschließen, indem sie z. B. ihr Zimmer ausmisten und aufräumen (bevor ein neues Chaos beginnt), so berichtet zumindest die Psychologin Kaufmann-Huber.

Mit der Geschlechtsreife ändert sich heute allerdings nach außen hin kaum etwas, es wäre wohl auch übertrieben, für ein schönes Fest die Realität verändern zu wollen. Auch besteht mit einem Ritual die Gefahr, zu sehr in das Intimleben des jungen Menschen einzugreifen und es damit – im schlimmsten Fall – voyeuristisch auszubeuten oder zu kontrollieren.

Bei der Inszenierung dieses Rituals bedarf es deshalb großen Feingefühls.

Die Inszenierung

Eltern sollten sich in aller Ruhe die Fragen stellen,

- was sie von diesem Ritual wollen,
- warum sie es wollen,
- was sie sich davon versprechen und, grundsätzlich,

- Ob es nur ihr Wunsch ist, den das brave Kind vielleicht gehorsam aufgreift, oder
- ein gemeinsamer oder allein Wunsch des Kindes.

Wenn also, dann muß gerade dieses Ritual absolut freiwillig sein – für das Kind als auch für seine Eltern. Denn, wie Kaufmann Huber schreibt: »Niemals soll einem Kind ein Ritual aufgezwungen werden. Damit zerstört man Vertrauen und erzeugt unnötige Abwehrmechanismen« (Kaufmann-Huber, G., [1995], 155). Respektieren Sie gegenseitig Schamhaftigkeiten, Grenzen und Distanzzonen – gerade jetzt!

Vielleicht will es ein Fest (aber mit anderem Schwerpunkt), vielleicht will es eher den Eintritt in die Oberstufe feiern oder das Ende der Zeit, in der es eine Zahnspange trug – auch die Wahl des Inhalts bzw. die Schwerpunktsetzung bedarf der Überlegung und Abstimmung.

Fragen Sie Ihr Kind:

Will es ein Fest?
Mit welchem Schwerpunkt?
Was will es damit sagen?
In welchem Rahmen will es feiern?
Wen will es dabeihaben?

Vielleicht möchte es einen Abend »ganz unter Frauen« verbringen, vielleicht ein neues Kleid, vielleicht möchte es das erste Mal allein verreisen (dürfen), vielleicht ist das auch der Moment, wo es ein eigenes Zimmer bekommt oder einen eigenen Telefonanschluß. Richten Sie sich im wesentlichen wirklich nach dem Kind.

Und: Es sollte auch getrauert werden dürfen: um die vergangene Zeit, um das Unkomplizierte, das dadurch ein Stück schwindet – dann wird es auch glaubwürdig, Mut zu machen für das neue

Leben mitsamt seinen Herausforderungen. Es darf damit nicht zu schnell, nicht zu positiv sein. Sonst wird das Ritual zum Smily, der selbst dann noch grinst, wenn etwas weh tut.

Jugendweihe? Jugendweihe!
Ein Interview mit Reinhard Hauke

Pfarrer am Erfurter Dom

Ich habe gelesen, daß Sie im Erfurter Dom Feiern für ungetaufte Jugendliche veranstalten. Wie kam es dazu?

Ich habe als Jugendlicher die Jugendweihe erlebt, wenn ich mit dem Orchester diese Feierstunden umrahmen mußte. Ich habe das immer widerwillig getan, da mir dabei die Problematik der Feier für den Christen bewußt geworden ist. Es war eine Feier mit atheistischem Bekenntnis, zu dem ein Christ niemals bedenkenlos ja sagen konnte. Dann kam die Wende, und für mich war die Frage: Was geschieht nun, wenn Jugendliche in das Alter kommen, wo man zu sozialistischen Zeiten zur Jugendweihe ging? Die Unterstützung durch den Staat gab es nicht mehr. Wer soll da etwas organisieren? Es entwickelte sich dann so – wie man es ja auch in den Medien erfahren konnte –, daß sich verschiedene Verbände gründeten, die ein sehr unterschiedliches Bild abgaben: Die einen sagten, daß sie mit Texten von Goethe und Schiller, »also rein humanistisch«, die Feiern gestalten werden. Andere bekannten sich zur bisherigen Akzentsetzung und gestalteten bewußt atheistisch und antikirchlich. Diese Vereine bestehen bis zum heutigen Tag. Da die Jugendweihe so etwas wie ein Volksritus geworden ist, melden sich Jugendliche in diesen Verbänden an – meistens geworben an den Elternabenden über Eltern, die schon Kontakte haben. Es gab bisher keine Alternative für Jugendliche ohne kirchliche Bindung. Und wenn auch darüber in den Medien Entsetzen geäußert wurde, daß es die Feier noch gibt, habe ich immer zurückgefragt: Was sollen denn die Jugendlichen tun, die keine Firmung und Konfirmation haben? Sie können ja nur zur Jugendweihefeier gehen oder, wenn sie das nicht wollen, ohne öffentliche Feier zum Kaffeetrinken und Geschenkeempfangen zu Hause ein Fest organisieren. Eine Feier zur Lebenswende ohne Zeremonie ist jedoch sehr unbefriedigend. Das wurde mir durch Eltern bestätigt, die es so einmal entschieden hatten.

Aber wozu fehlt die Zeremonie? Ich frage jetzt einfach mal ketzerisch: Was wird da gefeiert?

Es ist eine Feier des Erwachsenwerdens. Grundsätzlich muß immer wieder die Frage gestellt werden, ob Rituale zur rechten Zeit vollzogen werden. So ist es auch bei der Frage nach dem rechten Zeitpunkt für die Firmung – bei uns in der 9. Klasse. Wenn Firmung ein Sakrament des Erwachsenwerdens ist, dann ist zu überlegen, ob es nicht noch später gespendet werden sollte. Auch Pastoren der evangelischen Kirche denken über die Frage des rechten Zeitpunktes der Konfirmation nach. Sie klagen gleichfalls, daß in der 8. und 9. Klasse die Jungen Christen vielfach noch unentschieden sind. Jugendweihe in der 8. Klasse ist als Zeitpunkt einer Feier des Erwachsenwerdens ebenfalls problematisch. Aber viele denken nicht darüber nach, weil es schon immer so war. Wenn man Eltern nach dem Alter der Kinder fragt, dann kann es vorkommen, daß sie sagen: »Mein Junge hat in diesem Jahr Jugendweihe!« Und damit weiß man: Er ist in der 8. Klasse. Diese Redewendung allein bezeugt schon die Tatsache, wie stark Jugendweihe im Bewußtsein der Bürger im Osten Deutschlands verankert ist. Viele haben nicht nach dem gefragt, was die Verbände den Jugendlichen zur Vorbereitung auf die Feier und auch in der Feier selbst an Inhalten anbieten. Es sollte eine Feier sein, die das Gemüt bewegt. Heute sind die Veranstaltungen in Vorbereitung auf die Feier auch nicht verbindlich. Es genügt, wenn die Jugendlichen zur Jugendweihefeier kommen. Mir scheint allein die Humanistische Union in Sachsen-Anhalt bewußt zu den Vorbereitungsstunden einzuladen und Jugendarbeit zu leisten. Am Ende steht dann eine »Jugendfeier«, die jedoch deutlich atheistische und antikirchliche Züge hat. Allein das »Lehrbuch« beweist durch Wort- und Bildwahl diese Feststellung.

Da nach der Wende für ungetaufte Jugendliche also keine Alternative zu den Veranstaltungen der Vereine bestand und den Christen die Möglichkeit geboten wurde, mit ihrer Botschaft in die Öffentlichkeit zu gehen, kam von vielen Seiten die Forderung und von Christen die Selbstaufforderung, ein Angebot mit christlichem Inhalt vorzulegen.

Aber das ist doch normalerweise nicht Ihre Zielgruppe, oder?
Wenn auch ungetaufte Jugendliche nicht meine erste Zielgruppe sind, so lasse ich sie doch nicht aus dem Blick. Daß junge Menschen durchaus für christliche Werte offen sind, hat sich mir in den letzten 15 Jahren daran gezeigt, daß am Heiligen Abend zahlreiche junge Menschen auf den Domberg strömen und dort in den Dom drängen, um eine weihnachtliche Feier zu erleben. Sie konnten mit der traditionellen Form der Christmette nichts anfangen und haben, als die Christmette mit dem Bischof noch im Dom gefeiert wurde, im Hintergrund gemurmelt. Die Gläubigen fühlten sich belästigt und die ungetauften Bürger überfordert. 1988 hat der Bischof entschieden, daß die traditionelle Christmette um 22.00 Uhr in St. Severi gefeiert wird und um 23.30 Uhr für die jungen Menschen, die in den Dom drängen, eine eigens gestaltete Feier beginnt. Diese Feier erhielt den Namen »Nächtliches Weihnachtslob«. 98 Prozent der Mitfeiernden haben keine kirchliche Bindung. Ca. 2500 jüngere Leute im Alter zwischen 25 und 50 versammeln sich im Dom. Die Mitfeiernden sind gesammelt und ruhig und verabreden sich nach der Feier wieder für das nächste Jahr zum »Weihnachtslob ». Ich vermute, daß eine solche Feier überall dort möglich ist, wo Menschen gern hingehen, d. h., wo ein Touristenmagnet existiert und wo eine religiöse Atmosphäre herrscht.

Aufgrund dieser Erfahrung wuchs der Gedanke an eine Feier für Jugendliche der 8. Klasse, die eine Alternative zur Jugendweihe darstellen sollte. Die Einladung zu dieser Feier erfolgte über die Zeitung und über persönliche Beziehungen.

Nachdem im Gespräch mit den Jugendlichen klargestellt worden war, daß am Ende nicht die Taufe und auch kein Glaubensbekenntnis stehen soll, wurden Themen besprochen, die für jeden Menschen wichtig sind, z. B. soziale Gerechtigkeit, Naturschutz, Menschenrechte, Arbeitslosigkeit, Gewalt gegen Kinder und Freundschaft.

Die Feier der Lebenswende wurde dann im Hohen Chor des Domes auf der Ebene vor dem Altarraum gestaltet. Die Ebene vor dem Altarraum sollte ein Zeichen dafür sein, daß die Feier im Vorfeld des Gottesdienstes geschieht, der sonst auf der oberen Ebene gefeiert wird. Die Eltern der Jugendlichen legten am Anfang der Feier ein Seidentuch in der Lieblingsfarbe der Jugendlichen aus, zum Zeichen für den bisherigen Lebensweg. Auf dem Tuch wurden dann Gegenstände angeordnet, die an Ereignisse aus dem bisherigen Leben erinnern sollten- Spielzeug, Fotos, Gegenstände aus dem Bereich des Hobbys und Kleidungsstücke früherer Tage. In einem zweiten Teil haben die Jugendlichen ihre Zukunftswünsche zum Ausdruck gebracht und dazu eine Kerze angezündet, die für Bürger im Osten Deutschlands aufgrund der Ereignisse von 1989 ein Symbol der Hoffnung ist. Im dritten Teil haben die Jugendlichen ihre Wünsche für die Welt mitgeteilt. Sie haben die Probleme der Umwelt und des Umgangs der Menschen miteinander wahrgenommen und suchen nach Lösungswegen. Sie haben auch Ideen vorgetragen, wie sie selbst Veränderungen herbeiführen können.

In einer Nachbesprechung, zu der die Eltern und Jugendlichen eingeladen hatten, wurde von allen Seiten zum Ausdruck gebracht, daß es eine Feier war, in der sich niemand vereinnahmt fühlte, aber dennoch jeder spürte, daß er angenommen war – auch in seinem Ungetauftsein. Daß Kirche eine solche Feier anbietet, wurde als gut und hilfreich bewertet. Die Leitung durch einen Pfarrer und die religiös geprägte Umgebung der Feier wurden als unproblematisch empfunden. Das alles hat in mir den Entschluß reifen lassen, daß diese Form weitergeführt werden soll.

Können Sie sich die Feier der Lebenswende auch generell für Deutschland oder Europa vorstellen? Es gibt schließlich generell viele Atheisten.
Wenn Jugendliche die Position eines Pfarrers akzeptieren und selbst mit ihrer Meinung nicht hinter dem Berg halten, dann ist eine solche Feier überall möglich. Wichtig ist die Offenheit füreinander. Für mich ist es eine große Herausforderung, den Glauben und das, was er auch an ethischen Werten hervorgebracht hat, in verständlicher Sprache zu vermitteln.

Ich finde das schon spannend. Aber kann man das wirklich übertragen?
Als erste Bedingung würde ich nennen: eine gewisse Identifikation der jungen Menschen oder Bürger einer Stadt mit einem kirchlichen Gebäude – z. B. mit dem Wahrzeichen einer Stadt. Das kann ich mir beim Wiener Stefansdom, der Kirche »Vierzehnheiligen« oder dem Hamburger Michel vorstellen. Prinzipiell ist auch jede Kirche im Mittelpunkt eines Dorfes oder einer Kleinstadt denkbar. Als zweite Bedingung nenne ich: ein Geistlicher, der ein Herz für die Ungetauften hat. Er muß bereit sein, eine Sprache zu finden, die nicht binnenkirchlich ist. Er muß die Werthaftigkeit der jungen Menschen sehen, die kein kirchliches Glaubensbekenntnis sprechen können. Als dritte Bedingung sehe ich: Jugendliche, die mehr wollen als nur eine Veranstaltung, in der sie alles vorgesetzt bekommen. Wer bereit ist, nur zwei oder drei Sätze zu sagen, gehört schon in den Kreis dieser Jugendlichen.

Ich danke für das Gespräch, Herr Hauke.

Prüfungen und Stolpersteine

Rituale rund um Vorbereitung, Erfolg und Scheitern von Prüfungen und Berufswahl

Große Prüfungen sind eine große Zeit. Sie verdienen in jedem Fall besondere Beachtung, da sie heutzutage oft unsere eigentlichen Initiationsproben für die nächste Lebensphase sind (s. a. das Interview mit Hans-Georg Soeffner).

Schließlich sind Prüfungen oft auch sehr ambivalente Zeiten: Wird man den Anforderungen gewachsen sein? Wird man die Chancen später nutzen? Will man diese Prüfung und die damit verbundene Statuserhöhung überhaupt? Führt sie einen nicht vielleicht auf falsche Wege, weg von den eigentlichen Lebenszielen?

Was ist, wenn man unter den Anforderungen zusammenbricht, versagt, vielleicht vorzeitig davonrennt?

So geht es bei der Prüfung oft nicht allein um die Kompetenz , zu lernen und diesen Wissensstoff hinterher auch zu präsentieren, sondern auch um den Eintritt in eine Entscheidungsphase, von der später manchmal das ganze Leben betroffen ist.

Lernangst und Lernambivalenz, Flucht vor dem Lernen und das Regredieren vor dem Fernseher oder einem viel spannenderen Buch sind damit völlig verständliche Ausweichmanöver eines – wie auch immer – begabten Menschens, der sich sein Recht auf Unwissenheit vielleicht noch eine Zeitlang erhalten will.

Bei der Prüfungszeit geht es deshalb auch darum, den Umgang mit der Freiheit zu lernen, die so oft das ausgesprochen zwiespältige Geschenk einer bestandenen Prüfung ist. Die Erweiterung sozialer Kompetenz muß bei der Erweiterung des Wissens Hand in Hand gehen: Prüfungszeit.

Der Beginn der Prüfungszeit: die Inszenierung

Feiern Sie den Beginn, z. B. den Beginn der Lernphase, so bekommt die Phase, in der der Prüfling, nun, eben Prüfling, Initiand ist, einen besonderen Charakter. Der Prüfling befindet sich nun in einem besonderen, feierlichherausgehobenen, oft asketisch anmutenden Status. Nun ist auch den jüngeren Geschwistern oder, wenn es im Erwachsenenalter ist, der Familie und den Freunden klar, daß sich der Prüfling in einer besonders sensiblen Phase befindet und er dafür auch besondere Unterstützung verdient hat.

Eine gute Einrichtung ist hier wieder ein Pate – ein Begleiter, der zum Prüfling regelmäßig Kontakt hält und ihn durch die Prüfungszeit führt.

Als Erinnerung kann es zusätzlich sinnvoll sein, eine Art Freundschaftsband zu Beginn der Prüfungszeit anzulegen, das einen jederzeit an das Lernen erinnert – und ein Symbol für die Kette sein kann, die eine solche Zeit ja durchaus auch bedeutet. Ist die Prüfungszeit überstanden, kann dieses Band dann gelöst werden.

Planen Sie schon jetzt ein bißchen die Zeit danach, damit Sie sich freuen können, gleich wie das Ergebnis ist. Machen Sie Pläne, was Sie sich wünschen. Vielleicht ist es jetzt schon wichtig, sich zu bewerben. Nützen Sie diese Zeit nicht nur als Lernzeit, sondern auch, sich das Später vorzustellen, Wünsche, Vorstellungen, Begehrlichkeiten zu entwickeln.

So können Sie sich auch jetzt schon behutsam orientieren. Deshalb sollte die Zeit vor einer Prüfung, ob Schul- oder Ausbildungsabschluß, großzügig bemessen sein – in der Regel etwa ein halbes Jahr. Nehmen Sie sich immer wieder Zeit, zu träumen und Ihre Vorstellungen zu entwickeln und reifen zu lassen. Sprechen Sie mit ihrem Paten und Ihren Freunden, mit Ihrer Familie, holen Sie sich Anregungen und Meinungen ein.

Kurz vor der Prüfung: die Inszenierung

Kurz vor der Prüfung kann es gut sein, wenn sich der Prüfling in Klausur begibt, er kann sich dazu etwa ein paar Tage bei der Großmutter oder bei Freunden oder bei dem Paten dieser Zeit einmieten. So ist er tatsächlich aus dem Alltagsgeschehen herausgehoben und selbst der letzten Alltagspflicht ledig. Ich erinnere mich, daß wir in der Familie einmal so einen Initianden beherbergt hatten, der sich auf die Nachprüfung im Abitur vorbereitet hat. Er hat sie bestanden.

Natürlich kann es auch ein Hotelzimmer sein, selbst wenn Sie in der Stadt bleiben. Die Kontakte, die Sie nach außen haben, sind absolut freiwillig, und Sie sind nicht ständig mit den Gesichtern, den Erwartungen und damit dem Druck Ihrer nächsten Umgebung konfrontiert. Partner und Eltern eignen sich deshalb meist nicht, um die Klausur als Begleiter zu tragen.

Vielleicht gelingt es Ihnen sogar, so dem Ereignis ein bißchen luxuriösen Duktus abzugewinnen, den eine echte Initiationszeit oft in sich birgt.

Nach der Prüfung: die Inszenierung

Nach der Prüfung ist es gut, wenn man dafür sorgt, daß der Initiand auch den Weg in sein früheres Leben zurückfindet und gut in die nächste Lebensphase eintreten kann. Als »schwarzes Loch« ist diese Gefahr zwischen den Zeiten inzwischen sprichwörtlich geworden.

Holen Sie den Prüfling ab. Und feiern Sie sofort: mit einem Essen, mit einem Ausflug, mit einer Reise. Die große Feier kann nachfolgen, wenn Sie die Ergebnisse haben.

Auch wenn Sie die Prüfung nicht bestanden haben sollten, nutzen Sie dieses Essen – es kann ja auch ein kleines Treffen zum Tee sein oder, wie es Theodor Fontane in seinem letzten Buch, *Stendal*, formulierte: »Krieg führen ist gut, zu Tisch gehen ist besser.«

Nützen Sie ein Essen, um die Prüfungszeit und den (Miß-) Erfolg bewußt abzuschließen. Und nützen Sie es auch, um sich neu zu orientieren. Bitten Sie deshalb nicht unbedingt den gewohnten Freundeskreis dazu, sondern auch Menschen, denen Sie zutrauen, Ihnen bei dieser Neuorientierung zu helfen – das können Menschen sein, die vielleicht sonst kaum in Ihrem Gesichtskreis sind. Mit ihnen sollten Sie darüber sprechen, was Sie nun tun können und was Sie das nächste Mal besser machen können. Sie können Pläne schmieden und Ideen sammeln, wie Sie mit den spezifischen Chancen dieses Ereignisses – schließlich ist jeder Mißerfolg auch eine Chance – umgehen. Gerade hier ist auch Ihr Pate sehr gefragt.

Wer ... bist denn du?
Orientierungsrituale rund um die Berufswahl

Schon als kleine Kinder sind wir bestrebt, die Orientierung zu behalten[63]. Orientierungslosigkeit über das Wohin kann schwere Entwicklungsverzögerungen verursachen – man bleibt in einer Art »psychosozialem Moratorium« gefangen.

Orientierungslosigkeit macht angst vor dem »großen Unbekannten«, das vor uns liegt. Eine produktive Auseinandersetzung ist nicht oder nur unter großen Schwierigkeiten möglich.

Rituale können solche Orientierung im guten Fall vermitteln und errichten, im schlechten auch nur vorspielen. Es können Planspiele sein, regelmäßige Phantasien darüber, was in ... Jahren sein wird, kleine, luxuriöse Träumereien.

Unser eigenes familiäres Orientierungsritual fand an Sommerabenden auf der Hollywoodschaukel statt. Bis in die Nacht hinein saßen mein Bruder und ich dort an meinen Vater geschmiegt und malten uns die Zukunft aus.

Ich erinnere mich nur noch an wenig, was wir damals beredeten. Aber ich denke, daß diese unscheinbaren und doch festlichen Abende mir bis heute Lust auf Zukunft machten, auch wenn sie manchmal vollständig verbaut erscheint.

Träume wie diese, Planspiele, Luftschlösser, Traumtänzereien bauen Brücken – trauen Sie sich!

63 s. a. Kaufmann-Huber, G., (1995), 22.

Mutproben, Gangs und Co.

Mancher erinnert sich vielleicht noch lächelnd oder mit Schaudern an die Mutproben, die man als Kind, mit seiner »Gang« oder »Bande«, vollführte. Da sprang man vom höchsten Baum, da kletterte man auf Häuserdächer oder klaute im Supermarkt nebenan. Gräßlichen Gefahren ist man gerade noch entkommen, manche Narbe und sorgfältig kolportierte Geschichte kündet immer noch davon. Waren das alles Dummheiten damals?

Sicher nicht. Erinnern doch solche »Dummheiten« manchmal allzu sehr an die bizarren Rituale fremder Völker, ihre »unsinnigen« Gefährdungen, die Verletzungen, die teilweise absichtlich zugefügt werden, Körperzeichen wie Tatoos oder Piercings.

Ihre Funktion ist in der Regel die Aufnahme eines neuen Mitglieds in die Gemeinschaft. Je nach Gang, Bande oder Gruppe können diese Initiationsrituale harmlos sein – das Ritual unserer sehr kurz bestehenden Bande war etwa, einen Hundekuchen zu essen. Sie können auch gefährlich werden, wo es um Drogeneinnahme geht oder gar darum, wer sich traut, einen Starkstrommast zu besteigen.

Ich fragte einmal Jugendliche, Gestrandete ab sechzehn Jahren aufwärts, ohne Schulabschluß oder bestenfalls mit qualifizierendem Hauptschulabschluß. Gerade für diese Schüler ohne greifbare Perspektive, am unteren Ende der sozialen Leiter (im Gegensatz zu früher schützt sie nicht einmal mehr ihr »Kindheitsbonus«), bieten Initiationsrituale den teilweise selbstdestruktiven Versuch, sich in den Schutz einer Gruppe zu begeben, dazuzugehören – irgendwo.

So schrieb eine meiner Schülerinnen: »Mutproben sind z. B. Stehlen, etwas kaputtmachen was nicht dir gehört, Drogen rauchen, z. B. Gras oder anderes Zeug. Mutprobe ist auch einer besten Freundin den Freund wegnehmen. Mit einem Jungen alles machen was man nicht tun will. Fremde Leute zu schlagen und alles wegnehmen« (Anna, 17).

Sammy, 18, listet als Mutproben auf: »Diebstahl, Schlägereien, S-Bahn-Surfen, Konsumieren von Drogen, Demolieren, Beschmieren, respektlos verhalten. In den Cliquen sind Mutproben sehr angesagt. Sie werden meist vom Gangleiter festgelegt.«

Der Zweck – die Initiation in eine Gruppe – ist ihnen offenbar durchaus, wenn auch nur verschwommen, bewußt[64].

So beschreibt Besfort, 16, Mutproben so: »Wenn der Anführer zu einem Jugendlichen sagt: Wenn du mir eine Flasche Wein aus dem Laden linkst, dann bist du einer von uns, dann bist du drin. Wenn nicht, dann bist du eine Pfeife. Oder wenn ein Freund aus der Gang sagt, wenn du was von Drogen nimmst, dann bist du ein Mann und kein Kind. Wenn ein Kumpel sagt, besorgst du mir ein Bike, dann bist du ein Kumpel. Und wenn man es nicht macht, wird man blöd angemacht oder fertig gemacht. Es gibt auch Cliquen, die sagen, wenn du den Kampf gegen einen aus der Clique schaffst, dann gehörst du zu uns. Wenn nicht, wirst du zusammengeschlagen. Bestimmte Folgen enden auch so schlimm, daß man da nicht mehr raus kann«, ist sein fast lapidares Fazit.

Jacqueline, 18, differenziert zwischen eher harmlosen Mutproben – für sie etwa das Heben eines 100 kg schweren Steins oder das Springen vom 10-Meter-Turm, beides Aktionen, die bekanntlich durchaus erhebliche Verletzungsgefahr in sich bergen, unter dem Motto: »Zeige deine Kraft« – und den »schlimmeren Dingen« wie »klauen oder jemanden zusammenschlagen, der unschuldig ist. Genauso wie das Zerstören von Autos, Fahrrädern oder anderen fremden Dingen. Das allerschlimmste ist, wenn du solche Mutproben machen mußt, wo du selber sterben kannst, wie z. B. auf Strommasten steigen oder in einen Fluß zu stürzen, wo starke Strömung herrscht.« Ihr Fazit: »In solche Cliquen gehen zu wollen

64 Und führt dazu, daß Mutproben ein echtes Ritual im Sinne Boffs sind: Sie erfüllen damit die Kriterien Transzendenz / übergeordneter Sinn, Transparenz / Klarheit und Immanenz / greifbare Handlung.

lohnt sich nicht, wenn du dabei dein Leben aufs Spiel setzen mußt. Dort ist es dann meist so, daß sie viel Mist bauen.«

Doch Mutproben an sich wird man nicht aus der Welt schaffen. Sie sind, abgesehen davon, daß sie wie alle Rituale mißbräuchlich sind, sehr funktional – und zwar nicht nur für Kinder. In Outdoortrainings leben sie auch in der Personalentwicklung weiter. Institutionalisierte Formen findet man auch bei Pfadfindern, Vereinen und Jugendgruppen.

Eigene Grenzen zu überschreiten, mit der Gruppe Abenteuer zu bestehen, sich zusammenzuschließen gegen Bedrohungen (sei es gegen die feindlichen Nachbarskinder oder gegen die Firma, die auf dem gleichen Markt konkurriert), das alles erfordert Mut, der immer wieder geübt werden kann – es können ja auch weichere Mutproben sein.

Die Abgrenzung gegenüber den Eltern erfüllt gleichfalls wichtige Funktionen: Erst so sichert sich das Kind wichtigen Entwicklungsraum, in dem es sich selbst nach den eigenen Regeln ausprobieren kann.

Grenzen zu überschreiten, sich selbst entdecken – diesen Spaß sollte man nicht verbieten. Die frei organisierten Rituale der Jugendlichen gehören nicht in den Bereich der Eltern. Eltern sollten sich weder in diesen Bereich hineindrängen noch Gleichgültigkeit mimen, wo sie vielleicht Angst haben.

Man sollte sehen, daß Kinder soweit mit den Grundregeln des Überlebens vertraut sind und soweit Verantwortung füreinander übernehmen können, daß sie ihre ersten Flugversuche gut überstehen. Glauben Eltern das selbst nicht leisten zu können, ermöglichen sie den Kindern den Kontakt zu einem Verein, zu einer Jugendgruppe oder zu den Pfadfindern.

Sichern Sie auch, daß die Kinder genug Vertrauen zu Ihnen oder einer anderen Bezugsperson haben, daß sie Hilfe holen, wenn die Situation tatsächlich Grenzen überschreitet. Gleichfalls sollte es genug Gesprächsraum geben, daß die Eltern merken, wenn die Kinder in die Abhängigkeit einer destruktiven Gang geraten. Will Ihr Kind sich wirklich mit den Sprüngen vom 5-Meter-Brett bewähren? Oder wird es in Wirklichkeit von einem sadistischen Gangführer dazu gezwungen? Fühlt es sich wohl in der Jugendgruppe, oder dümpelt es unglücklich am Rand der Gruppenhierarchie umher? Gefällt ihm wirklich die Sportgruppe, oder würde es lieber in einem Chor sein?

Wenn es damit glücklich ist, ist jedoch gegen den manchmal etwas bizarren Abenteuergeist und das nach außen etwas seltsame Verständnis von Romantik nichts zu sagen. Warum sollten wir den Kindern schließlich nicht gönnen, wonach es uns manchmal verlangt? Auch sind die Kompetenzen, die es dort erwirbt, hinterher sehr nützlich – die Selbständigkeit, das Engagement, den Mut, den es dort erlernen kann, wird es brauchen für die Abenteuer, die es nun zu bestehen gilt.

Fahrpläne für Träume: Rituale im frühen Erwachsenenalter

Lehrjahre, Wanderjahre

Only the future
something's coming
something big
something i can't stand
dark as the ocean
secret and cruel
something i can't command
something's waiting
[…]
take a deep breath
start walking faster
it's dark, but i'm not blind
[…]
it's only the future,
JOE JACKSON[65]

Beginn der Lehrzeit oder des Studiums

Die Initiationsrituale der Insider gegenüber Lehrlingen sind oft literarisch beschrieben worden – ob *Wilhelm Meisters Lehrjahre*, ob Musils *Zögling Törleß*, ob Ottfried Preußlers *Krabat*. Sie schildern lebendig, wie oft in dieser Phase Menschen straucheln, stürzen,

65 Jackson, J., (1994), *Night Music*, Elektra Entertainment Group (in Übersetzung: »*Nichts als die Zukunft*: Etwas kommt etwas großes / etwas, dem ich nicht gewachsen bin / dunkel wie der ozean geheimnisvoll und grausam / etwas, das ich nicht steuern kann / etwas wartet / atme tief durch / fang an, schneller zu gehen / es ist dunkel, aber ich bin nicht blind / es ist nichts als die zukunft«) – seine etwas eigenwillige Rechtschreibung habe ich aus Zitatentreue beibehalten.

Halt verlieren. Waren es früher sadistische Lehrherren, machthungrige Professoren, sicher auch Auswüchse »pädagogischer« Vorstellungen, die heute zu Recht unter dem Namen »schwarze Pädagogik« geächtet werden und, wenn sie heute vorkommen, zumindest strafbar sind, sind es heute Erscheinungen der Zeit, die den Einstieg in eine Berufsausbildung schwermachen:

Jugendliche heute wachsen nicht mehr in die helle Arbeitswelt der sechziger, siebziger und auch noch teilweise achtziger Jahre hinein – die Bedrohung, keine Lehrstelle zu bekommen, wird für immer mehr Jugendliche immer akuter. Längst sind nicht nur die Jugendlichen betroffen, die keinen oder ein schlechten Schulabschluß haben.

Doch auch wer einen Lehrvertrag oder einen Studienplatz in einem vielleicht begehrten Fach ergattert hat, steigt oft noch aus. Man mag nicht mehr, kann nicht oder hat sich eben doch »alles anders vorgestellt«.

Doch auch wenn man es durchhält, wenn alles glatt läuft, ist dies keineswegs ein Garant für den Erfolg: Eine verfehlte Berufsentscheidung ist zwar später wiedergutzumachen, kann aber dennoch einen falschen Einstieg bedeuten, der später aus Zeit-und Kapazitätsgründen nicht revidiert wird.

Es liegt nahe, bei dräuender Arbeitslosigkeit oder Lehrstellenknappheit, einer vielleicht sehr unübersichtlichen Branche oder einem nur auswärts zu vollziehenden Studium lieber pflichtschuldigst die eigenen Fähigkeiten zu verleugnen, um eine, oft nur vermeintliche, Sicherheit zu gewinnen. Gerade in wirtschaftlich engen Zeiten liegt die Gefahr solcher Fehlentscheidungen nahe.

So habe ich schon manchem, dem ich begegnet bin, nichts mehr gewünscht als den Mißerfolg, der endlich Augen und Herz öffnen könnte dafür, daß der Berufsweg, den er da wählte, vielleicht gar nicht der eigene und wirklich passende ist.

Stimmt alles, muß der Glaube an die eigenen Fähigkeiten »nur noch« adäquat in Handlung umgesetzt werden trotz schlechter

Prognosen und des Bewußtseins, daß der Berufsweg, wie er sich auch immer gestalten wird, sowieso nicht einfach wird.

Die Eltern

Gerade was die Suche nach einem passenden Platz im Leben angeht, spielen Eltern oft eine zwiespältige Rolle. Einerseits kennen sie in der Regel den aktuellen Berufsmarkt kaum – andererseits tragen und leiden auch sie, wenn dieser Einstieg mißglückt. Die finanzielle Belastung kann manche Eltern erheblich drücken. Auch ist es gerade für Eltern schwer zu erkennen, was ihr Kind wirklich kann – welche Samen in ihm liegen. Es ist meiner Meinung nach auch nicht unbedingt ihre Aufgabe, das zu wissen – diesen Weg muß der junge Erwachsene in großen Teilen alleine gehen, der doch oft nicht einmal ahnt, was er wirklich kann. Schulnoten sind da nur sehr vage, oft extrem schlechte Indikatoren.

Die Eltern stehen den Härtetests der Insider häufig hilflos gegenüber. Besorgt, manchmal auch ungläubig beobachten sie, wie ihr Kind ins Erwachsenenleben initiiert wird.

Jetzt aber sind auch sie gefragt: Ihre Kompetenzen sind wichtig, wenn es darum geht, den jungen Menschen loszulassen, ohne ihn fallenzulassen, weiter Sorge zu tragen, ohne sich zu viel Sorgen zu machen und dadurch den jungen Menschen vielleicht zusätzlich zu verunsichern.

Aber auch der Lehrling oder junge Student muß loslassen – nicht nur die Eltern. Er muß sich aus dem Schutz der alten Lebensphase herauswagen,

»Um sich in Tapferkeit und ohne Trauern
In andre, neue Bindungen zu geben.«

Abschied vom Alten: die Inszenierung

Dieses Loslassen kann auch rituell, durch ein nach außen sichtbares Zeichen, geschehen. Das kann etwa eine offizielle Pflichtverschiebung in der Familie sein – möglicherweise darf nun das Kind bestimmte Dinge, wie alleine verreisen, den Führerschein beginnen, vielleicht ist es nun Zeit, daß es in der Familienwohnung ein anderes Zimmer bezieht oder auch für bestimmte Bereiche stärker mitverantwortlich ist oder mehr Einblick bekommt wie in die Geschichte oder auch in die Finanzplanung der Familie.

Der Initiand kann ein kleines Essen geben und damit auch nach außen dokumentieren, was sich verändert hat. Wenn er mag, kann er damit auch seine Eltern ehren und ihnen zumindest symbolisch ein bißchen davon zurückgeben, was er von ihnen erhalten hat.

Wichtig kann auch sein, sich von seinen Schulfreunden und Nachbarschaftsfreunden nun zu verabschieden schließlich geht er nun »eigene Wege«, die Zeitrhythmen der Altersklasse diversifizieren sich, es wird schwieriger werden, sie aufeinander abzustimmen. Auch müssen die alten Freunde den Lehrling oder Studenten ein Stück freigeben – ihm die Möglichkeit geben, auch innerlich, in sein neues Leben hineinzuwachsen.

Ehren Sie das Alte, das, was nun vorüber ist. Trauern Sie reichlich, luxuriös oder ernst, wagen Sie, sentimental zu werden. Schwelgen Sie in Erinnerungen. Erzählen Sie sich Ihre Lieblingsgeschichten. Besuchen Sie nachts den alten Kinderspielplatz, oder klettern Sie noch einmal auf den Baum, auf den Sie sich als Kind zurückgezogen haben. Gehen Sie die alten Wege ab. Besuchen Sie noch einmal das Schülercafé.

Das Neue: die Inszenierung

Dann, wenn Sie das Alte ausgekostet haben, starten Sie bewußt in das Neue:

Malen Sie sich aus, was nun auf Sie zukommt. Träumen Sie in Ihr neues Leben hinein. Schreiben Sie auf, was Sie sich erhoffen und befürchten, und versiegeln Sie dieses Blatt in einem Umschlag – wenn die Lehrzeit vorbei ist, können Sie es dann öffnen.

Nun, endlich, können Sie beginnen – ein Beginn, der voller Abenteuer sein wird: Der Beginn einer Ausbildung oder eines Studiums ist für beide Seiten, die »Insider« und die »Neuen«, nicht unproblematisch. Haben die einen vielleicht Angst vor der Energie und dem Leistungswillen, der Motivation und dem Potential der Neuen, sehen sich die Neueinsteiger oft einer völlig fremden Umwelt gegenüber, in der sie sich erst orientieren müssen. Informelle Gesetze müssen entschlüsselt werden, Zugang zu Gruppen erschlossen, möglicherweise die Berufsentscheidung nochmals überdacht werden.

Viele Völker haben diese extrem kritische Situation, in der die Jungen auftauchen und damit die Alten auch ein Stück von ihrem Revier abgeben müssen, in Rituale eingebettet. Eine alte rituelle Form in der Lehre ist das ritualisierte Drangsalieren, das Prüfen des Lehrlings durch besonders schlimme oder niedere Aufgaben – auch heute noch lebt dieses Ritual in manchen Einarbeitungszeiten fort.

Ähnliche Funktion können im Studium abschreckende Pflichtveranstaltungen haben – etwa die gefürchteten Statistikvorlesungen zu Beginn des Psychologiestudiums, die jedesmal Abbrecher provozieren. Der »harte Kern« bleibt übrig – wichtige, kluge, innovative Querdenker allerdings oft genug bei solchen Prozeduren draußen.

Härtetests gehören wohl zum Einsteigerritual. Die Situation, in der so viele Ängste entstehen, braucht eine Verpackung, in der mehr als Worte eine Rolle spielen. Den Sinn und Zweck jedes Einsteigerrituals sollte man allerdings jeweils und immer wieder sorgfältig überdenken. Es sollte eine Machtkontrolle geben, die ein Überschießen der Gefühle verhindert. Spielerisch würde sich anbieten, »die Neuen« durch eine Art Hindernisparcours zu schicken, bei dem sie sich bewähren müssen.

Aggressionen der Alten und Ängste der Jungen können durch Theaterspiele thematisch aufgefangen werden. Daß dies nicht ein völlig absurder Gedanke ist, zeigt sich daran, daß immer wieder Schauspieler in Betrieben herangezogen werden, sei es, um mit den Mitarbeitern zu spielen oder Mitarbeitern vorzuspielen.

Auch das Patensystem könnte einiges erleichtern: jedem Neuanfänger wird ein Pate zugeordnet, der wie ein Scout den Neuling in den ersten Wochen begleitet und ihm durch sein Insiderwissen und seine Kontakte den Einstieg leichter macht.

Mit Ende der Probezeit kann dann der Neuling noch einmal einen Schritt weiter in die Gemeinschaft aufgenommen werden, etwa durch ein Essen, indem man ihm den Betriebsschlüssel anvertraut oder indem man ihm offiziell bestimmte Verantwortlichkeiten überschreibt.

Auszug aus dem Elternhaus

Nachdem sich die Wurzeln gelockert haben, folgt oft der Auszug der Kinder. Auch wenn es gut, produktiv, schön sein kann: An der Zahl der »Nesthocker« sieht man, wie oft der Brückenschlag in das neue Leben nicht gewagt wird oder mißlingt.

Eltern und Kinder müssen loslassen. Eltern und Kinder müssen, wieder einmal, ihre Beziehung neu konstituieren. Hier wird einmal mehr deutlich, »daß Familien Organismen sind, die einem ständigen Veränderungsprozeß unterworfen sind, während sie versuchen, sich selbst gleichzubleiben. Man kann der Gestalt nachtrauern, die verlorenging, doch vernünftiger ist es, die Möglichkeiten der neuen ins Auge zu fassen« (Minuchin, 1988, 98).

Doch oft sind beide Parteien mit diesem Ereignis hoffnungslos überfordert. Natürlich »wollen« Eltern ihre Kinder loslassen. Andererseits sind nicht nur Eltern für Kinder, sondern oft auch Kinder für Eltern wesentliche, manchmal die zentralen Bezugspersonen. Verschärft wird diese Situation noch dann, wenn die Ehe längst ein Nebeneinanderherleben wurde oder ein Kind den alleinerziehenden Elternteil verläßt. Das häßliche Wort vom »Partnerersatz« hat hier leider allzu oft seine Berechtigung.

Konflikte, Streite, Auseinandersetzungen sind an der Tagesordnung. Sie wirken manchmal wie rituelle Trennungswerkzeuge, die den Abschied erleichtern. Doch dieser Abschied ist trotzdem bitter nötig – trotz der Schmerzen, trotz der Unsicherheiten, obwohl man sich vielleicht so gut versteht. Schmerzfrei geht dieser Prozeß sicher nicht ab – für beide Seiten. Dennoch: »Avoid pain can cause much pain«, sagt ein Sprichwort so richtig. Wer nicht loslassen kann, riskiert große Entwicklungseinbußen – des Kindes und der Erwachsenen. Es wird Zeit, daß beide wieder ein Stück eigenes Leben erobern – solange die Eltern noch die Kraft dazu haben und die Kinder den Mut:

»Kaum sind wir heimisch einem Lebenskreise
Und traulich eingewohnt, so droht Erschlaffen,
Nur wer bereit zu Aufbruch ist und Reise,
Mag lähmender Gewöhnung sich entraffen.«

So süß diese »lähmende Gewöhnung« auch manchmal empfunden wird – ein Auszug »intime«, wenn viele ausziehen, hat deutliche Vorteile: Der junge Mensch findet rasch Unterstützung durch andere Gleichgesinnte, die Cliquen sind noch weich, neue Netzwerke entstehen, in die sich der Jugendliche einklinken kann.

Oft erleichtert auch die neue Umgebung den Neubeginn. In einer Art »kontrollierten Situation« können beide Seiten Selbständigkeit erproben, wo ein Rückfall nicht tragisch und leichter zu verschmerzen ist als später, wo ein Rückfall oft als Scheitern oder auch satte Regression wahrgenommen wird.

Ein Kind wird sich schwerlich selbst finden, wenn es in der Umgebung der Eltern verharrt. Wanderjahre, Lehrjahre auch des Lebens gehören zu einer selbständigen Entwicklung dazu.

Deshalb: Feiern Sie.

Milchzähne et al.: die Inszenierung

Es kann günstig sein, den Übergang schon länger zu planen. So haben beide Seiten eine Art Moratorium, in dem sie sich darauf einstellen können. Je nach Lust kann man es – als eine Art Luxusversion eines Auszugsrituals – damit beginnen lassen, daß ein Kind zu Hause noch weitgehender selbständig wird, daß es an weniger Mahlzeiten teilnimmt als früher und stärker als sonst auch für Alltäglichkeiten wie Einkaufen oder Säubern zuständig ist. Es kann auch sein, daß Eltern nun keinen Zutritt mehr zum »Kinderzimmer« haben. Oder auch, daß es nun bestimmte Familiengeschichten erfährt, in bestimmte Rezepte oder Zubereitungsarten eingewiesen wird.

Vielleicht ist es nun auch der Moment, dem Kind die Milchzähne anzuvertrauen oder das Rezept für sein Leibgericht zu geben. Vielleicht schenken Sie ihm nun die Uhr des Großvaters oder den Füller, mit dem Sie selbst lange schrieben. Schenken Sie bloß nicht (nur) Geld: Verschenken Sie Werte!

Erklären Sie Ihrem Kind Ihre Liebe. Erklären Sie Ihren Eltern Ihre Dankbarkeit (so Sie diese spüren). Sprechen Sie nun vielleicht bestimmte Sachen aus, oder klären Sie bestimmte Sachen, räumen Sie auf in Ihrer Beziehung und vielleicht auch im Elternhaus – trennen Sie sich von Dingen, die Ihnen nichts mehr bedeuten, misten Sie aus. Verbergen Sie nicht voreinander den Schmerz, aber lassen Sie sich ziehen. Geben Sie einander frei.

Ich erinnere mich selbst, wie unsere kleine Familie bei meinem ersten Auszug in Agonie fiel. Mein Vater kaufte hektisch Massen an Lebensmitteln ein, als würde er die Situation fortschreiben wollen, ich saß sprachlos in meinem Zimmer. Ganz anders ein paar Jahre später: Als ich zum Studium in eine andere Stadt zog, fand ich bei meinen Kisten die Farbtöpfe des Urgroßvaters, die bis heute ein wichtiger Besitz von mir sind. Mein Vater gab mich damit frei, gab mir aber gleichzeitig eine Art Sakrament meiner Familie mit auf den Weg.

Auch später können Lösungsrituale immer wieder nötig sein – etwa wenn nach einer Krise die Bindung zu den Eltern wieder enger wurde, wenn Eltern schwächer werden, wenn die Beziehung durch einen Umzug in eine andere Stadt, eine neue Partnerschaft gelockert wird. Ich erinnere mich in dieser Hinsicht sehr genau daran, wie mich meine Großeltern, wichtige Bezugspunkte in meinem Leben, freigaben:

Eines Abends, als ich sie besuchte, hatten wir alle drei das Gefühl, feiern zu wollen. Obwohl das Essen nicht feierlich war, lag doch Glanz über dem Abend, als wäre dieses Zusammensein besonders kostbar. Noch einmal saßen wir zu dritt am Eßtisch, sprachen noch einmal das Tischgebet, sangen noch einmal meine alten Kinder- und Wiegenlieder. Am Ende des Abends stand meine Großmutter auf und segnete mich. Sie erzählte, was sie sich für mein Leben erhoffte, im Wechsel bedankte ich mich – noch einmal – für ihre Liebe und ihren Schutz. Dann verabschiedete ich mich.

Ein paar Monate später starb mein Großvater. Es war tatsächlich der letzte Abend mit ihnen gewesen.

Und neues Leben wächst …

Durch dick und dünn?
Rituale für Umbrüche in Freundschaften

> *Ein Freund, ein guter Freund,*
> *das ist das Beste, was es gibt auf der Welt.*
> COMEDIAN HARMONISTS[66]

In dieser Zeit wird sich das Netzwerk der Freunde oft stark verändern: Neue Bekannte wachsen langsam in den Freundeskreis ein, alte Freunde entfernen sich mit einem anderen Lebensschwerpunkt, man zieht in eine andere Stadt oder doch zumindest oft in eine andere Lebenswelt. Für den Freundeskreis bieten sich nun mannigfaltige Chancen und Risiken und jede Menge Lernbedarf. Oft nimmt man nun den anderen erst in seiner Unterschiedlichkeit wahr. Man war so lange gleich, träumte vielleicht ähnliche Träume – nun entwickelt sich der Freund anders, in anderer Geschwindigkeit, geht die Freundin andere Wege und entwickelt eine andere Sprache, andere Bedürfnisse, andere Lebensschwerpunkte.

Sich weiter anzunehmen, die Basis der Freundschaft nicht aus den Augen zu verlieren, ist schwer. Plötzlich »hat man sich nichts mehr zu sagen«, denkt man. Gebannt vom neuen Leben, tritt das alte in den Hintergrund konfliktreiche Zeiten stehen so bevor. Der soziale Vergleich zwischen Freunden kann manche Freundschaft nun beenden. Wer einem nahesteht, dem möchte man nicht nur oft

66 Comedian Harmonists (ca. 1980), *Comedian Harmonists*, Emi Electrola.

gleich sein, mit dem vergleicht man sich auch. Man streitet sich, man »setzt sich auseinander«, »rückt wieder näher«, man »bricht« miteinander.

Unter den Tisch kehren sollte man sein neues Leben natürlich nicht. Alles bereden und ausdiskutieren läßt andererseits oft die Gräben nur noch tiefer wachsen. Etwas Spielerisches wie ein Ritual kann da immer wieder Brüche und Reibungsflächen entschärfen:

Die Inszenierung

Vielen Schülern sind Freundschaftsrituale als »Friedenskämpfe« oder »rituelles Streiten« bekannt[67]. In einem Kampf, in dem Regeln garantieren, daß man sich nicht schwer verletzt und dennoch auf den Putz hauen darf, wird ein »kontrollierter Kontrollverlust«, ein Abbau der Aggressionen und ein spielerischer, unverkrampfter Umgang mit Ungleichheit, Frustrationen, Positionskämpfen möglich.

Das können sportliche Wettkämpfe sein, das können Spieleabende sein oder auch so kuriose Dinge wie Schautanzen. Ich erinnere mich dabei selbst, wie ich bei Festen oft gegen meine älteste Freundin angetreten bin, ohne daß eine von uns recht wußte, was wir da warum taten.

Sie müssen dabei solche Formen nicht extra initiieren – aber Sie können »komische« Impulse ruhig einmal realisieren und sehen, was sich entwickelt. Wichtig ist hier aber immer das Bewußtsein des Spiels – sonst wird aus dem Spiel irgendwann Ernst und eine vielleicht sowieso schon angespannte Situation zusätzlich belastet.

Auch »rituelles Beschimpfen«[68] kann eine Möglichkeit bieten, »Dampf« abzulassen. Das rituelle Frotzeln alter Freunde, über das Außenstehende manchmal als scheinbar unnötige Grobheiten

67 S. a. Kaufmann-Huber, 1995, 75 f.
68 S. a. Kaufmann-Huber, 1995, 88.

erschrecken, dürfte eine solche unterschwellig rituelle Funktion haben. Es läßt auch negativen Gefühlen Raum, ohne sie allzu wichtig zu nehmen. Auch hier ist es wichtig, sich klarzumachen, daß es Spiel ist, und auch sich immer zu vergewissern, daß der Freund es richtig versteht. Wagen Sie keinen Alleingang in der Hoffnung, daß der andere schon mitzieht: Gruppenrituale müssen immer von beiden getragen werden – sonst degeniert ein Ritual zum Machtmißbrauch. Spielen Sie miteinander – nicht mit dem anderen und nicht gegeneinander.

Ehren und pflegen Sie die Beziehung und ihre Veränderungen. Die Anlässe können vielfältig sein – der Junggesellenabend vor der Hochzeit z. B. oder vor dem Zusammenziehen mit dem Partner, der Umzug in eine andere Stadt oder ein bevorstehendes starkes berufliches Engagement – oder auch die Krise eines Freundes.

Sie können ein Essen geben, alte Plätze aufsuchen, dem Freund etwas schenken, ein Pfand austauschen. Diese Pfänder waren früher offenbar durchaus üblich – nicht umsonst spricht man von einem »Pfand deiner Liebe« oder dem »Unterpfand deiner Freundschaft«. Sie erinnern sich sicher auch an hochdramatische Szenen in Mantel-und-Degen-Filmen, in denen der Ritter mit dem Tuch der Dame gleichzeitig einen Auftrag annimmt. Pfänder sind Liebes-, Treue oder Vertrauenszeichen. Und sie können Brücken bauen über Hilflosigkeit, Sprachlosigkeit und Schmerz.

Ich erinnere mich meiner Hilflosigkeit, als eine Freundin sich von ihrem Partner trennte. Es war sichtbar, daß sie lange Strecken alleine sein wollte und wohl auch allein sein mußte in der Zeit danach. Ich war selbst beruflich so eingebunden, daß ich sie nicht so oft sehen und sprechen konnte, wie ich es gewünscht hätte. Um sie dennoch nicht ganz unbeschützt zu lassen, lieh ich ihr ein Stofftier, das dann lange Monate bei ihr blieb. Ich glaube nicht, daß sie es jemals geschenkt bekommen wollte – es war wichtig, daß Emil, so der Name dieses plüschernen Seelsorgers, eigentlich mir gehörte. Aber sie hatte ein Zeichen, daß ich mit den Gedanken bei ihr war.

Ein paar Monate später, als mein geliebter Großvater starb, lieh sie mir dann ... Aber das ist eine andere Geschichte.

So kindisch solche Aktionen scheinen, sie haben große Kraft. Sie können Sakramente der Zuwendung werden, kleine Rettungsanker, Lotsen, die uns helfen, uns nicht zu verlieren, nicht unterzugehen, nicht zu kapitulieren, trotz der Brüche und Verwerfungen in unserem Leben.

Natürlich können Sie sich auch einfach nur Zeit füreinander nehmen und so eine Freundschaft rituell festigen. Wie auch immer Sie Ihre Freundschaft würdigen, ehren und feiern – Sie erhöhen die Chance, daß sich eine ganz entscheidende Botschaft in Ihren Köpfen verankert: daß Sie einander etwas wert sind – daß Sie einander bleiben werden oder zumindest bleiben wollen, auch wenn sich das Leben verändert.

Abschluß der Ausbildung oder des Studiums

Der Freispruch beendet die Ausbildung. Wieder endet etwas, wieder beginnt etwas. Oft ist noch ungewiß, was, etwa weil man noch nicht weiß, wo man später arbeiten wird.

Wieder stehen Prüfungen an, wieder heißt es, sich von Altem zu verabschieden. Sie müssen dabei Jedoch nicht alles neu erfinden – Prüfungsrituale haben eine ähnliche Struktur – an ihnen können Sie sich wesentlich orientieren.

Die Inszenierung

Auch diesmal sollten Sie ein Moratorium einplanen, um einen guten Anschluß zu gewährleisten. Damit bleibt genug Raum zwischen zwei Lebensphasen – dieser Raum sollte jedoch zumindest teilstrukturiert sein, gerade da ein glatter Anschluß wohl immer mehr zur Seltenheit wird. Arbeitslosigkeit wird immer mehr a priori unstrukturierte Räume entstehen lassen, in denen ein Mensch sich leicht verirren kann.

Ich würde deshalb eine Kette von drei Ritualen empfehlen, die je nach Länge der Phase noch weiter untergliedert werden kann.

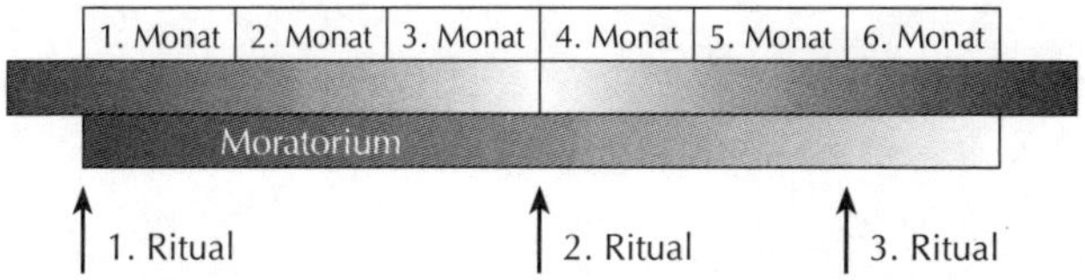

Vielleicht beenden Sie die Ausbildung, indem Sie alte Unterlagen rituell verbrennen oder an Ihre jüngeren Mitstreiter verschenken.

Vielleicht laden Sie Freunde, Eltern, alte Lehrer am letzten Tag in das Universitätscafé ein und zeigen Ihnen diese Welt.

Vielleicht haben Sie auch Lust, zum Beginn am neuen Arbeitsplatz alte Freunde oder Professoren einzuladen, um die Bindung zwischen alt und neu zu festigen. Alt – neu? –

Arbeitsbeginn

Der Einstieg in das Berufsleben, früher oft mit Maturität, mit Reife, gleichgesetzt, ist nicht mehr unbedingt eine Selbstverständlichkeit – auch wenn man »alles richtig« gemacht, alle Prüfungen bestanden, genug Praxiserfahrung gesammelt hat.

Oft ist der Abstand zwischen Ausbildungsabschluß und Arbeitsbeginn groß. Statt Theorie geht es nun oft darum, den Einstieg in die Praxis zu schaffen, herauszufinden aus dem Elfenbeinturm.

Arbeitsbeginn ist, rituell gesehen, dennoch weitgehend Terra incognita – werden Sie zum Pionier und wagen sich auf dieses Feld!

Die Inszenierung

Traditionell ist dabei in Firmen der Einstand, in der der Neuling Kollegen bewirtet. Dies erleichtert dem Neuling, in der Firma eine erste Nische und erste Sympathien zu erobern – nichts verbindet so leicht wie ein gemeinsames Mahl.

Es kann die ersten Schritte in eine Firma auch erleichtern, wenn etwa im Rahmen einer offiziellen Einführung bei der ersten Teamsitzung dem neuen Mitarbeiter ein Paten gegeben wird, der informeller Ansprechpartner und zugleich Coach des Neuen bei den ersten Hürden ist. Dabei wird ein Vertrauensverhältnis besonders gut begründet, wenn der Pate gegenüber der Firma Schweigepflicht hält, so daß auch dumme Fragen gestellt werden können.

Das Patenverhältnis sollte dabei nicht unbefristet sein, sondern kann z. B. mit Ende der Probezeit oder des ersten Jahres der Betriebszugehörigkeit offiziell enden, zum Beispiel mit einem Essen, mit der Rückgabe eines Treuepfands, mit der Erweiterung der Kompetenzen: Ein Entwicklungsschritt ist getan, nun heißt es weiterwachsen: glückliches, mühseliges Prinzip des Lebens.

Nun, hoffentlich, braucht der junge Mitarbeiter den »großen Bruder« nicht mehr. Aber er braucht nach wie vor Schutz, gerade in diesen windigen Zeiten.

Die alten Herren: Mentoren[69]

Genug ist nie genug? Spätestens seit das Schlagwort vom lebenslangen Lernen kursiert, ist klar, daß wir uns selbst immer wieder fordern und fördern müssen, wollen wir nicht, wie es Wirtschaftler einmal drastisch formulierten, in einem Zustand »beruflicher Invalidität« enden[70].

Fördern bedeutet: für den Nachwuchs Verantwortung zu übernehmen. Perspektiven öffnen, Wege bahnen, Visionen unterstützen und korrigieren. Solche Verhältnisse sind oft als »Seilschaften« oder »Vetternwirtschaft« in Verruf geraten. Solange sie nach außen offen sind, ist allerdings gegen ein Geflecht persönlicher Unterstützung, formeller oder informeller Netzwerke, nichts zu sagen, wenn es nicht darum geht, Unfähige so lange zu fördern, bis sie endgültig an einer Position sind, die ihre Kompetenz weit überschreitet, solange es nicht im Machtmißbrauch endet, finde ich persönlich nichts dabei. Im Gegenteil: Es bedeutet für mich auch, einen Teil des Generationenvertrags mit neuen Inhalten zu füllen.

Netzwerke innerhalb und außerhalb von Betrieben, innerhalb oder quer durch Branchen helfen, Kompetenzen auszubauen und zu stützen. Sie können wichtige Ideenlieferanten sein, neue Perspektiven öffnen, kurz: Unterstützung liefern.

Besondere Förderer werden nach dem Lehrer des Telemach seit alters Mentoren genannt – das können kurz- und langfristige Paten sein, die grundsätzlich oder nur während einer kritischen Situation einem Schützling zur Seite stehen. Sie sind eine Art Schaltstelle oder, um es in Neudeutsch zu sagen, eine Art Clearing-Stelle, die erster, aber nicht absoluter Ansprechpartner ist.

In der Regel sind diese Männer oder Frauen inoffizielle Mentoren – der Mitarbeiter, der sich bei Konflikten schützend hinter

69 S. a. das Kapitel »Paten, Schutzengel et al.«.

70 S. a. Faix, Buchwald, Wetzler, 1991, 128.

einen stellt, der Lehrer, der einen Studenten oder Schüler energisch fordert, mehr zu bringen, wo mehr möglich wäre, der Professor, der wichtige Fragen stellt und ermutigt. Rituelle Formen können solche Mentorenschaften jedoch stärken. Man könnte sie in der Schule, in den Gemeinden stärker fördern. Engagierte könnten – ähnlich den Helferbörsen vielleicht – Mentorenpools schaffen, bei denen sich potentielle Mentoren und »Patenkinder« finden könnten.

In Studentenverbindungen sind solche Formen seit langem bekannt. Sosehr man solche Netzwerke gerade als Außenstehender verabscheuen mag (es relativiert sich deutlich, wenn man sich näher mit ihnen beschäftigt), so soll das doch nicht daran hindern, die Ressourcen, die durch die organisationale Struktur in diesen Gruppierungen erschlossen werden, wahrzunehmen, um sie auf möglicherweise sympathischere Kontexte zu übertragen.

Die Inszenierung

Übertragen z. B. auf den Arbeitsalltag, könnten Mentoren innerhalb des Betriebes, etwa durch die Personalabteilung, zugeteilt werden, es können »natürliche Mentoren« wie Vorgesetzte sein oder spezielle Mentoren wie ein besonders erfahrener Meister oder eine Abteilungsleiterin mit besonderem pädagogischem Geschick. Es können auch, findet die Mentorenschaft außerhalb des betrieblichen Kontextes statt, etwa Mentoren im Rahmen einer berufsständischen Vereinigung sein. Dies erforderte allerdings ein stärkeres Engagement von seiten aller berufsständischen Vereinigungen, eine verstärkte Öffentlichkeitsarbeit, um die nachwachsenden Absolventen überhaupt zu erreichen, und auch spezielle Infrastrukturen. Es müßte ein Pool von Erfahrenen geschaffen werden, die bereit sind, Mentorenaufgaben im Sinne einer zeitlich begrenzten Patenschaft zu übernehmen, es brauchte Zielvereinbarungen und Konzepte, die den Nachwuchs an die speziellen Bedingungen des beruflichen Alltags heranführen könnten.

Solche Mentoren könnten auch im Rahmen der Absolventenpflege schon an den Schulen installiert werden. Hier könnten – bei entsprechendem Interesse und Engagement von seiten der Schulen – sich mit der Zeit Netze von ehemaligen Absolventen bilden, die schon Schüler mit den Realitäten des beruflichen Lebens vertraut machten, Vorbilder stellten und Kontakte knüpfen helfen. Betriebe selbst würden so den Kontakt zu Schulen, Lehre und Forschung nicht verlieren und auch rechtzeitig auf besonders geeigneten Nachwuchs aufmerksam.

In der praktischen Folge muß die Mentorenschaft kaum besonders zeitaufwendig sein – es ist oft schon das Bewußtsein, »daß da jemand ist«, das einen Neuling über manche Klippen trägt. Eine gewisse Institutionalisierung der Beziehung etwa mit regelmäßigen monatlichen Treffen könnte allerdings die Beziehung stabil halten, wie es ja auch in betrieblichen Arbeitskreisen zur Nachwuchspflege oft praktiziert wird.

Solche Nachwuchskreise und tatsächlich institutionalisierte Mentorenmodelle stecken aber, wo sie praktiziert werden, immer noch weitgehend in den Kinderschuhen. Die weiten Ressourcen, die sich durch solche Beziehungen für beide Seiten – ergeben, sind noch keineswegs ausgeschöpft.

In der Vorbereitungszeit muß jeweils geklärt werden:

- Was ist der zeitliche Rahmen der Mentorenschaft? Wie oft trifft man sich wo? Wie hält man sonst Kontakt?
- Wann beginnt und endet die Mentorenschaft?
- Ist eine »Probezeit« vorgesehen, in der beide Seiten prüfen können, ob sie zueinander passen?
- Was sind die Ziele?
  Geht es um psychische Unterstützung? Die Vermittlung von Kontakten im Betrieb? Die Vermittlung von Firmeninterna?

Rat in Krisensituationen? Rückmeldung zu Stärken und Schwächen?
- Was erwarten beide Seiten von der Beziehung?

Der Beginn der Mentorenschaft kann dabei rituell in den Einstand oder in die Feier zum Ende des Studiums eingebettet sein oder auch in einem besonderen Treffen der berufsständischen Vereinigung geschehen.

Sichtbares Zeichen einer solchen Beziehung kann dann ein Gegenstand sein, etwa, sehr einfach, ein Schlüsselanhänger mit dem Logo des Betriebes, auf dem der Namen und die Telefonnummer und vielleicht ein Sinnspruch des Mentors steht. Ähnliche Funktion kann auch jeder »Träger« sein, auf dem Schrift angebracht werden kann, die Zeitkarte, die Bildschirmoberfläche, ein Medaillon, ein Stein, ein Klebezettel ...

Dieses Zeichen erinnert an den Notanker, gemahnt mit dem Sinnspruch an eine Vision und stärkt mit dem Logo gleichzeitig die Corporate Identity.

Was auch immer als Symbol gewählt wird – machen Sie die Bindung sichtbar! Stärken Sie Ihr Netzwerk und die Ressourcen, die Schätze, die es enthält!

Ja und Nein.
Rituale zu Bindung und Lösung von Paarbeziehungen

Ja. Bindungsrituale

Liebe ist nur dort,
wo die Wahl unwiderruflich ist.
ANTOINE DE SAINT-EXUPÉRY[71]

Bindungen, Lösungen: Beziehungen heute

Unsere Beziehungen sind vielfältiger geworden – Freunde übernehmen Funktionen von Familienangehörigen, Familienangehörige werden zu Freunden. Altes verändert sich – nicht nur die Technik »schreitet fort« – auch unsere Art, Beziehungen einzugehen, zu führen, mit Krisen und Brüchen, mit Verlust und Gewinn umzugehen, wird anders.

Wir müssen uns damit abfinden, daß Familien heute »anders« geworden sind, verletzungsanfälliger, gefährdeter, bunter auch und offener. Wir trennen uns häufiger, schneller, leichter als früher, auch wenn sich viele nach den alten Werten sehnen – nach Liebe nicht nur für ein Jahr, nach Verpflichtung nicht nur für die gemeinsame Verhütung, nach Heimat, Wurzeln, Zugehörigkeiten, die nicht in jedem Streit erneut gefährdet und traumatisiert werden. Das ist das bittere Ergebnis fast jeder Umfrage zum Thema Beziehungen.

Neben traditionellen Paar- und Familienbeziehungen werden vielfältigste Beziehungsmuster unterschiedlicher Länge, Bedeutung und Verpflichtung gelebt. »Die traditionelle Familie wird bleiben, was sie ist – eine von vielen möglichen Familienformen« (Minuchin, 1988, 98), konstatiert der Psychologe Minuchin fast lapidar.

71 In: Boulad, 1997,46.

Die Regeln des Umgangs diversifizieren sich; anstatt sie starr zu befolgen, müssen wir sie aushandeln, kreative Kompetenzen im Umgang mit Beziehungen und ihren Krisen werden wichtiger als die Fähigkeit, sich klaglos in sie einzufügen.

Diese Kompetenzen brauchen wir für stabile, dauerhafte Freundschaften – wir brauchen sie genauso für Beziehungen, für den Umgang mit Familie und Bekannten – und wir brauchen letztlich auch diese Kompetenzen, um diese Beziehungen notfalls wieder zu lösen, uns von alten, unproduktiven oder schädlichen Mustern zu trennen oder mit deren Lösung umzugehen. Wir brauchen eine neue Kompetenz für jedes wirklich glaubwürdige Ja zu einem Menschen bzw. der Beziehung, die sich zwischen zwei Menschen spannt.

Ein besonderes Ja und besonders mit solchen Glückserwartungen aufgeladene Beziehungen sind, was man heute wie selbstverständlich verallgemeinernd eine »Beziehung« nennt – als wäre Partnerschaft die einzig denkbare oder ernstzunehmende Bindung. Worauf so hohe Erwartungen lasten, das zerbricht entsprechend leicht. Besondere Kompetenzen sind vonnöten, besondere Entlastungen braucht es in diesem Geflecht aus Chancen und Risiken: Beziehungen sind heute verletzlicher denn je.

Der Grund ist jedoch bei aller Klage, die gegen diese Zeiterscheinung geführt wird, eine der wesentlichsten Errungenschaften unserer Kultur: die Wahlfreiheit. Wir dürfen uns binden, müssen es aber nicht mehr. Können wir es noch? Und wenn wir uns noch binden, wie haltbar sind diese Bindungen? Gibt es das überhaupt noch, die Ehe auf Lebenszeit, die lebenslange Freundschaft? Wie können wir unsere Bindungen – vielleicht! – mit einem Ritual stärken? Wie können wir rituell mit der Verletzlichkeit unserer Bindungen, unserem Scheitern daran umgehen? Diesen und ähnlichen Fragen möchte ich im folgenden Abschnitt gerne näher auf den Grund gehen.

Beziehungsrituale

Bei der Diskussion um Beziehungsrituale wird es natürlich zuerst um das Beziehungsritual – die Trauung – gehen. Es ist mir jedoch wichtig, immer auch andere Beziehungssituationen im Auge zu behalten, etwa die heiß diskutierte Frage der rituellen Bindung bei homosexuellen Partnerschaften und, darauf werde ich später gesondert eingehen, die Frage nach Scheidungsritualen.

Gerade bei dem Stichwort Partnerschaftsrituale fällt auf, wie stark vorhandene Formen auch die Wirklichkeit zu prägen vermögen. Vorhandene Rituale nehmen wir hin wie gottgegeben, ohne allzusehr das Fehlen anderer zu beklagen. Es ist »natürlich«, daß es ein Trauungsritual gibt. Daß es auch Rituale für homosexuelle Partnerschaften geben könnte (wie es, so munkeln manche Historiker, selbst in der Geschichte der Kirche einmal möglich gewesen sein soll), Krisenrituale vielleicht und Trennungsrituale, daß man neben sexuellen Beziehungen auch Freundschaftsbeziehungen segnen könnte – das liegt für viele außerhalb ihrer Vorstellungskraft.

Doch ist nicht nur das Fremde fremd – auch bei so »sicheren Ritualen« wie der Trauung finden wir manches Mal eine seltsame Unsicherheit. Das betrifft nicht nur die Frage nach der individuellen Gestaltung des Rituals, sondern auch die eigene Motivation und die individuelle Bedeutung des Ereignisses über seine Funktion als mehr oder minder schönes Familienfest hinaus. Ein religiöses Ritual wird dabei nicht mehr zwangsläufig nachgefragt. »Man« heiratet nicht mehr unbedingt kirchlich, ein repräsentativer, feierlicher Rahmen ist auch ohne die Mitwirkung der Institution Kirche gestaltbar. Selbst ein Traditionalist braucht nicht auf das religiöse Ritual zurückzugreifen, lassen sich doch selbst traditionelle Formen wie eine »Bauernhochzeit« ohne kirchliche Trauung ausrichten. Man muß dabei nicht heiraten. Auch werden Ehen ohne Trauschein allgemein akzeptiert.

Warum also formen, was nicht mehr geformt werden muß?

Verlobung

Ne hâtes pas à cet acte tendre,
douceur d'être et de n'être pas,
car j'ai vecu de vous attendre
et mon cœur n'etais que vos pas.
PAUL VALÉRY[72]

Ein Moratorium zur Klärung, zur Vorbereitung für einen und nach außen hin kann vor der »endgültigen« Entscheidung – die natürlich längst nicht mehr so unrevidierbar ist – guttun. Seit alters gibt es dafür Verlobungszeiten.

Sie geben eine letzte, terminale Chance, sich den Schritt zu überlegen, der so große Folgen für das Leben hat auch heute, wo es in vielen Ländern verhältnismäßig leicht geworden ist, eine Ehe zu lösen.

So ist es kaum verwunderlich, daß sich das Ritual bis heute – wenn auch bei einer Minderheit – gehalten hat. Immer wieder beschließen Menschen vor der Ehe, sich zu verloben, sich dichter auch nach außen zu binden mit einem Ring oder mit einem kleinen Essen dazu.

Heute sind die Zeiten des Ausprobierens oft schon überstanden. Es wird selten um die Frage gehen, ob man heiratet oder nicht – diese Entscheidung ist mit der Verlobung gefallen. Andererseits sollte zu einem geplanten Ja immer auch gehören, daß ein Nein möglich ist. Sonst ist ein ja nicht echt. Es kann kein Fehler sein, sich noch einmal grundsätzlich zu überlegen, ob der geplante Schritt der richtige ist.

72 Eigene Zitatensammlung, in etwa: Hetze nicht zu dieser sanften Tat / welch eine Sanftheit zu sein oder nicht zu sein, / da ich doch lebte, um auf Sie zu warten / und mein Herz bestand aus nichts als Ihrem Schritt.

In jedem Fall kann die Verlobungszeit dazu beitragen, bewußt das Fundament der Beziehung zu überprüfen, zu sichern und zu erweitern. Es kann eine Zeit sein, in der sich die Partner intensiv mit den Chancen und Risiken ihrer Verbindung auseinandersetzen. Sie können überlegen, was sie wollen – gemeinsam Visionen entwickeln – Strategien entwickeln, wenn eine Krise kommt – oder einfach träumen.

Natürlich ist eine solche Zeit ein großer Luxus, das Nachdenken und Träumen und die Vorsorge sind so nicht üblich. Eine Beziehung, denke ich, hat es verdient.

Die Inszenierung

Ob offiziell verlobt oder nicht – wesentlicher Bestandteil der Vorbereitung auf das Ritual kann deshalb sein, die persönliche Motivation zu diesem Schritt herauszuarbeiten: Auch heute gibt es Gründe, »sich zu trauen«. Allerdings auch sehr problematische:

Trotz oder vielleicht gerade wegen hoher Scheidungszahlen ist die Trauung hoch mit Stabilisierungserwartungen und -hoffnungen besetzt. Trauung als Beziehungskitt? Ganz ausschließen sollte man solche Beweggründe jedenfalls nicht. Sicher ist es nicht falsch, gerade anläßlich einer bevorstehenden Hochzeit die Frage zu steilen, ob hinter dem Wunsch ein solches Bedürfnis lauert. Die Trauung ist, in diesem Sinn verstanden, gleichzeitig eine große Chance. Man kann sich deshalb auch fragen, ob die Chance auch genutzt wird, daß eine Trauung nicht nur ein Fest sein kann, sondern ebenfalls Prüfstein.

Man kann sich in der Verlobungszeit fragen:

Sehen Sie Schwierigkeiten oder Hindernisse?

Haben Sie, wenn Sie solche »Ehehindernisse« wahrnehmen, auch den Mut, sie zu äußern?

Solche Fragen und Ambivalenzen müssen ausgestanden werden, will das Ritual in irgendeiner Weise echt sein und bleiben: Eine wirkliche Hoch-Zeit, zu einem neuen Beginn.

Trauungen und sonstige Hoch-Zeiten

Die Sinngebung verschiebt sich heute allerdings deutlich von dem Ritual einer irreversiblen, exklusiven Paarbindung zu einem Supporterritual hin, das nicht allein die Paarbindung, sondern auch das übrige soziale Netz, in dem sich das Paar bewegt, bestätigt und stärkt. Denn nicht nur die Beziehung der Partner gewinnt eine neue Qualität – auch die Beziehung zu anderen, Freunden und Verwandten, verändert sich durch diesen Schritt. Die Familien und Freundeskreise rücken näher heran. Man wird mehr – aber die Konkurrenz um Zuneigung, Zuwendung und Zeit wird auch größer[73].

Die Gäste des Rituals sind so nicht nur Zuschauer, sondern auch Adressaten des Rituals, um deren Zustimmung und Unterstützung bei der Entscheidung des Paares und seinem gemeinsamen Leben geworben wird[74]. Auch sie werden in ein neues Leben initiiert, auch sie müssen von Altem Abschied nehmen, auch sie treten eine neue Reise an, deren Ausgang ungewisser denn je ist.

Ein existentielles Ritual wird so erweitert hin zu einer Dokumentation abschnittsweiser Monogamie, in der das Scheitern der gewählten Form durchaus einkalkuliert wird. Enttäuschungen über die Wirkkraft des Rituals bleiben so aus, das Ritual verliert aber auch an zwingender Motivation: Die einst existentielle Bedeutung konkurriert mit dem faden Beigeschmack, es sei vielleicht doch nicht das letzte Mal und mehr sequentiell zu verstehen.

Auch werden wichtige Elemente heutzutage zunehmend von Showelementen verdrängt, befördert dadurch, daß wir unsere Bilder von der »idealen Hochzeit« zunehmend aus Kino und Fernsehen beziehen, teilweise auch noch aus der Literatur. Bevor wir Je selbst auf einer Hochzeit zu Gast waren, oder gar vor den Traual-

73 S. a. Nave-Herz in: Endruweit & Trommsdorff, 1989, 132.
74 S. a. EKB, o. J., 1412, s. a. Zulehner, 1976, 71.

tar treten, haben wir Hunderte von meist amerikanischen Filmhochzeiten kennengelernt, haben wir die Bilder der letzten Prominenten-, der letzten Adelshochzeit längst im Kopf, haben dutzendemal das Jawort und den Hochzeitsmarsch gehört. Solche Bilder stellen heute wesentlich den Erwartungshorizont, den der einzelne von einer Hochzeit hat – viele wünschen sich eine Traumhochzeit wie . . .[75]

Steht die Show jedoch allzu stark im Vordergrund, verliert das Ritual leicht den Charakter einer individuellen Überzeugungshandlung mit Bekenntniswert. Wie bei anderen Schwellenritualen wird hier das Grundproblem sichtbar, daß die Form einerseits den Inhalt transportieren und befördern, manchmal erst sprachfähig machen kann, andererseits Jedoch die dominante Form den fragilen Inhalt ständig bedroht. Man wünscht sich eine Hochzeit wie ..., gleichzeitig soll das normierte Ritual die eigene individuelle Botschaft herausstellen, es soll klar sein, daß es die eigene Hochzeit, die eigene Bindung ist.

Die Inszenierung

In dieser Hinsicht sind »Erlebnishochzeiten«, wie sie von Reiseveranstaltern etwa auf den Bahamas, den Antillen und anderen Südseeparadiesen angeboten werden[76], ausgesprochen zwiespältig, auch wenn die wachsende Nachfrage nach solchen Hochzeiten das Bedürfnis nach Außergewöhnlichen (»pauschal mit Extras«) deutlich dokumentiert. Hier steht der Moment sehr stark im Vordergrund – das Event jedoch ist nie die Hauptsache bei einem guten Ritual. Ein gutes Ritual braucht nicht allein eine Hoch-Zeit, wichtig sind Vor- und Nachbereitung, ohne die die Hochzeit kaum mehr als eine schöne Party ist.

75 S. a. Böhm in Wohlrab-Sahr, 1995, 181.
76 S. a. Bette-Wenngatz, 1998, VII.

Es wird auch, da solche Rituale stets isolierte Rituale sind, vergessen, daß eine Hochzeit nicht nur das Paar, sondern den ganzen Kreis der Freunde und Familienangehörigen, auch die Arbeitskollegen betrifft. »*Hai und Barrakudas als Trauzeugen?*« Sicher ist das zu wenig.

Natürlich: Kleidervorschriften sind rar, die Angebote billig, man spart sich »schluchzende Eltern und sentimentale Verwandtschaft« (Bette-Wenngatz, 1998, VII). Eine Hochzeit ist eine sentimentale Angelegenheit. Ist sie es nicht, hat sie nicht richtig gegriffen. Und: Sie ist mehr als ein schöner Tag oder ein schöner Urlaub, sie ist mehr als das Paar und betrifft mehr Menschen als das Paar und soll auch länger dauern als eine Saison.

Natürlich – gerade die Vielschichtigkeit des »Kommunikationsprozesses Trauung« macht uns Schwierigkeiten. Verkürzen wir dieses Ritual jedoch, berauben wir uns auch, machen wir uns ärmer, als wir eigentlich sind. Gerade angesichts des Facettenreichtums dieser Lebensschwelle erscheint es mir wichtig, bewußt Akzente zu setzen und damit diese Vielgestaltigkeit bewußt zu managen und zu strukturieren.

Leitfragen können hier sein:

Was finden Sie an Ihrer Hochzeit besonders wichtig?
Was macht Ihre Beziehung aus?
Was macht Ihre Partnerschaft einzigartig?
Was verändert sich für die Freunde?
Wie könnte sich Ihre Position innerhalb der Familie
und des Freundeskreises verändern?

Erst individuell gestaltet und interpretiert, kann dann eine Trauung wieder zu einem »öffentlichen Bekenntnis« werden – und ihre Wirksamkeit entfalten.

So setzt die Hochzeit den herausgehobenen Start für ein Experiment, bei dem man ahnt, daß die eigenen Fähigkeiten an Grenzen stoßen werden – es ist der herausgehobene Moment eines Entwicklungsbeginns und Entwicklungsabschlusses. Die Trauung – zu der man sich zunehmend bewußt entscheidet, und nicht aufgrund sozialen Drucks – macht eine »Beziehungsschwelle« bewußt, in der die Qualität der Beziehung anders wird oder doch eine andere Schattierung erhält.

Sorgfalt, finde ich, verdient in diesem Sinn die Wahl der Trauzeugen. Manchmal sind Trauzeugen ja tatsächlich Entwicklungszeugen gewesen – einer sich anbahnenden festen Bindung oder von Problemen in Krisenzeiten. Sie haben vielleicht getröstet, gestützt, Mut zugesprochen. Vielleicht waren sie wichtige Mediatoren. Oder vielleicht erhoffen Sie sich, daß diese Menschen Sie eines Tages stützen können, wenn Ihre eigenen Kräfte erlahmen.

Die äußere Form der Trauung kann so, ist die Probe bestanden, sichtbarer Ausdruck auch der inneren Formung sein, eines Brükkenkopfes, den man gemeinsam mit dem Partner erreicht hat. Die Trauung ist dann Höhepunkt und Ergebnis der Paarbindung, ein echtes Sakrament, das dazu beiträgt, daß das Paar eine klare Konturierung bekommt.

Und neues Leben blüht ... Wiederverheiratung

Die Konturierung einer Beziehung zu einer Ehe wird gerade dann wichtig, wenn schon eine alte Form bestand. Zweite Ehen stehen unter besonderen Spannungsbeziehungen: »Das neue Leben der Eheleute entfaltet sich unter dem kritischen Blick von Kindern, deren Vorstellung von der ehelichen Zweierbeziehung geprägt ist durch ihre Erfahrungen in der ursprünglichen Familiengruppe. [...] Während einerseits für die Entwicklung einer neuen Partnerbeziehung ein langsamer Anpassungsprozeß erforderlich ist, sind die beiden Beteiligten andererseits gezwungen, von Anfang an als Elternteam zu funktionieren. Die Kinder werden ohne ihr Zutun in den neuen Organismus einverleiht. Sie müssen sich von einem Elternteil trennen, sich an den neuen Stiefelternteil gewöhnen und sich mit den plötzlich vorhandenen Geschwistern anfreunden, und das Ganze meist in einer unbekannten Umgebung« (Minuchin, 1988, 72).

Altes muß behutsam in Neues integriert werden, alte Wunden müssen beachtet werden, dürfen aber gleichzeitig nicht zur Tabuzone werden, die Leben erstickt, es ist nicht das erste Mal – einzigartig soll dieser Tag dennoch werden.

Die Inszenierung

Verschweigen Sie nicht, was vorher war. Sie haben diese Illusion nicht nötig. Doch setzen Sie nun bewußt neue Akzente. Nutzen Sie die Chance, ein zweites Mal zu heiraten und der Idee einer idealen Hochzeit – und einer guten, besonders auch guten innerlichen Vorbereitung – ein bißchen näher zu kommen.

Wichtig werden in dieser Hinsicht auch Erzählungen, die dafür sorgen, daß die neue Familie eine neue Geschichte bekommt[77]. Das

77 S. a. Minuchin, 1988, 96.

Davor darf nicht verschwiegen werden, sondern sollte, behutsam und zärtlich, in die neue Geschichte integriert werden. Rituell kann zum alten und neuen Hochzeitstag, zum alten Scheidungstermin oder ähnlichen wichtigen Terminen die Zeit dazu genutzt werden, Geschichten zu erzählen.

So wird aus der Geschichte alten Unglücks und alten Scheiterns, alter Lernerfahrungen und neuer hoffentlich ein neues Happy-End.

Homosexuelle Partnerschaften?! Eine Gretchenfrage

Homosexuelle Partnerschaften geraten gerade angesichts der vielfältigen Ressourcen eines Paarbindungsrituals zusehends als »Ritualbedürftige« oder »Ritualnachfrager« ins Blickfeld. Dies geht nicht nur eine Minderheit an – die Kontroverse ist derart emotionalisiert, daß offensichtlich mit der Frage nach der Segnung homosexueller Partnerschaften nicht nur die gesellschaftliche Wertung der Homosexualität, sondern auch die normative Bedeutung des Beziehungsrituals »Trauung« an sich zur Diskussion steht.

Wird da eine Wirtschaftsgemeinschaft begründet und bestätigt? Oder eine emotionale Bindung? Hat man den generativen Charakter der Beziehung[78] im Blick? Oder richtet man den Fokus auf die sexuelle Exklusivität?

Der Blick auf das Fremde, homosexuelle Partnerschaften, gibt dabei entscheidende Wertmuster für die Bewertung des Vertrauten, heterosexueller Partnerschaften, wie im Negativabzug wieder.

Zentrales Argument der Gegner ist das Normalitätsargument: Mit einem Ritual geehrt werden darf nur, was »normal« oder in irgendeiner Form gottgewollt ist. Andere halten (immer noch) Homosexuelle für defizitär krank, so daß ihrer Meinung nach ihre Beziehungsform aus dem Bereich des Segnungswürdigen herausfällt, oder, noch ein Argument: Nur die Beziehungsform der heterosexuellen Paarbindung ist, da eine Fortpflanzung zumindest möglich ist, würdig, unter den Schutz eines gesetzlichen und/oder religiösen Rituals gestellt zu werden.

Die Befürworter von Homosexuellenhochzeiten unterscheiden sich bezeichnenderweise dadurch von ihren Gegnern – und das macht diese Frage auch für Heterosexuelle ohne großes Interesse am Thema interessant –, daß sie generell den Ehe- und Bezie-

78 Also daß aus der Beziehung Kinder erwachsen können.

hungsbegriff anders fassen. Statt den Aspekt der Generativität hervorzuheben, steht für sie vor allem der Aspekt der »helfenden Gemeinschaft«, ihre soziale Funktion im Vordergrund. Das Helfen und Unterstützen, die Lebens- und Entwicklungsgemeinschaft soll gewürdigt werden, weniger die sexuelle Ausrichtung der »potentiellen Initianden«.

Gerade der große Bewältigungswert, der der Schwellensituation Hochzeit und den damit verbundenen Ritualen zugesprochen wird, spricht deutlich dafür, es möglich zu machen, die Lebensgemeinschaft homosexueller Paare durch ein Ritual zu würdigen[79].

Homosexuelle Partnerschaften würden zudem mit der Würdigung des Staates zugleich leichter Eingang in die »gesellschaftlich akzeptierte« Realität finden. Aus der individuellen »Sonderlebensform« könnte eine unter vielen Lebens- und Beziehungsformen werden, die schützenswert sind. Homosexuelle – traut euch!

79 S. a. epd/dpa, 1996.

Nein. Rituale zu Krise, Trennung und Scheidung

The whole world's broke and it ain't worth fixing.
It's time to start all over make a new beginning. […]
The world is broken into fragments and pieces
that once were joined together in a unified whole
[…]
Start all over
We can break the cycle We can break the chain
We can start all over In the new beginning […]
Change our life and paths
We need to make new symbols
Make new signs
Make a new language
With these we'll redefine the world […]
Start all over.
TRACY CHAPMAN[80]

Wir wissen, was zu tun ist, wenn wir zusammenziehen, eine Ehe schließen und eine Familie gründen. Wir feiern den Beginn, Vereinigung, Geburt, das Wachsende. Wir feiern – schlicht oder bom-

80 Chapman, 1995, 3 bzw. Übersetzung (s. a. Chapman, 1995, 18): Die ganze Welt ist zerbrochen / Und es lohnt sich nicht, sie zu heilen / Es wird Zeit, von vorn zu beginnen und einen neuen Anfang zu machen […] / Die Welt ist in Bruchstücke und Scherben zerbrochen / Die einmal zu einem Ganzen vereinigt waren […] / Zeit, von vorn zu beginnen / Wir können den Kreislauf durchbrechen wir können die Kette sprengen / Wir können von vorn beginnen und einen neuen Anfang machen […] / Unser Leben und unseren Weg ändern / Wir müssen neue Symbole erschaffen / Eine neue Sprache / Damit werden wir die Welt neu erfassen […] / Zeit, von vorn zu beginnen.

bastisch, leise, oft laut – unsere Hoch-Zeiten. Wenn eine Ehe oder Partnerschaft aber scheitert, wenn eine langjährige Freundschaft auseinandergeht, sind wir nach wie vor hilflos. Außer Scherben nichts gewesen? Schnell vertraut / auf Sand gebaut? Das nächste Mal / die beßre Wahl?

Meist offenbar nicht. Die Anzahl gescheiterter Freundschafts- und Liebesbeziehungen ist groß. Und nicht immer sind es wirklich die Sehnsucht nach der großen Freiheit, die Scheu vor Verantwortung, tatsächlich unvereinbare Lebensziele oder reiner Egoismus. In jeder Trennung wird gelitten, für sich allein oder auf den Sofas von Freunden oder auf der Couch des Therapeuten, gleich wie burschikos oder abgehärtet sich da einer auch geben mag, wie schnell auch eine neue Beziehung die alte »ersetzt«.

Trennung, Lösung, Beziehungsdynamik ist längst Teil unseres Soziallebens geworden, die Kompetenz dazu fehlt uns gleichwohl. Viele wissen nicht, wie sie mit der Trauer, mit Versagens- und Schuldgefühlen umgehen sollen den eigenen wie auch denen des anderen. Trauer, Schmerz, Leere – solche Gefühle mögen die Gesichter prägen, die Herzen bedrücken, den Körper und die Seele »kränken«, sind aber kaum sprachfähig. Was nicht sprachfähig ist, ist schlecht bewältigbar. Und was nicht bewältigbar ist, kann wie ein Schatten jahrelang auf der Seele liegen und dort schwerste Schäden anrichten – psychische und körperliche, im näheren und weiteren sozialen Umfeld, in den Kindern, in der Firma, in Vereinen und Gruppen.

Trotz hoher Risiken von Trennung und Scheidung sind die Hilfen im Verhältnis dazu vergleichsweise gering. Zwar gibt es eine Reihe von Paar-, Ehe-, Familien- und auch Trennungsberatungsstellen, es gibt Selbsthilfekreise, Psychologen, Juristen und Seelsorger – doch scheuen sich die meisten, solche Hilfen in Anspruch zu nehmen. Sie sind objektiv vorhanden, werden jedoch subjektiv oft nicht als »annehmbar« wahrgenommen.

Wer diese sucht, findet Kontakte über die Stadtverwaltungen, die Kirchen, Therapiezentren und psychiatrischen Krankenhäuser, auch manche Ärzte und die Telefonseelsorge halten Adressen bereit. Sichern Sie sich auf jeden Fall, wenn Sie betroffen sind, zumindest eine aktuelle Hilfe, an die Sie sich im Notfall wenden können. Es ist keine Schande, in dieser Situation hilflos zu sein. Schade wäre es allerdings, wenn eine schon vorhandene Verletzung tiefer oder schmerzhafter wird, weil man zu stolz oder, wie man in Bayern sagt, zu »gschamig«, zu schamhaft war oder weil man sich ganz einfach selbst überschätzt.

Krisen sind gefährlich. Sie nagen an der Psyche, an dem Sozialnetz, sie gefährden das Privat- und Berufsleben weit über die eigentlich betroffene Stelle hinaus. So wird jede tiefgreifende Krise zur Nagelprobe für die gesamte Existenz eines Menschen.

Rettungsanker sind da, werden aber entweder oft nicht erkannt oder nicht genutzt. Es fehlt an Zeichen, Ausdrucksmöglichkeiten, einer Sprache der Trauer und des Versagens. Doch die brauchen wir, um uns aus alten Bindungen zu lösen, um die Ketten zu sprengen, wie Tracy Chapman auf ihrer CD singt.

Das Fehlen von Krisen- und Trennungsritualen ist von perfider Logik: Dynamik, die unerwünscht ist, soll nicht beachtet, nicht unterstützt, nicht begleitet werden. Gerät unsere Welt ins Trudeln, hört die Festlichkeit auf. Grau trifft auf Grau, inneres Elend begleitet einen elendigen Alltag. Doch gerade in solchen Extremsituationen werden Feiern wichtig. Bruno Bettelheim hat das eindrucksvoll in seinem Buch *Überleben in Extremsituationen* beschrieben. Gerade im KZ, in der tiefsten Dunkelheit, waren die kleinen Zeichen der Schönheit, ein paar Blumen, ein Stück Musik, ein Geschenk, besonders wichtig. Gerade wenn unser Leben in einen Tunnel fährt – gerade dann brauchen wir Hoffnungsschimmer, Wegmarken, gerade diese Zeiten verdienen unsere Aufmerksamkeit und Liebe.

Nehmen Sie Ihr Leben ernst – feiern Sie es!

Crisis? What a crisis?[81] – *Krisenrituale*

Was auch immer geschieht. Dynamik von Krisen

Krisen sind besondere Lebenssituationen mit besonderem Schutzbedarf. Wird eine Krise verdeckt, entwickelt sie vielleicht Jahre später – als schlecht verheilter Bruch ungeahnte Dynamik.

Ein bewußter Umgang mit Krisen ohne wehleidiges Jammern ist dabei wichtig. Achten Sie dabei darauf, daß Sie für alle Fälle vorgesorgt haben:

Schreiben Sie auf einen Zettel wichtige Telefonnummern, und führen Sie sie bei sich. Sollten Sie in einer akuten Krise sein – etwa indem Sie Angst, Selbstmordgedanken oder Depression überschwemmen, werden Sie oft nicht mehr in der Lage sein, Adressen herauszukramen oder sich wichtiger Telefonnummern zu erinnern. Das Blickfeld in einer akuten Krise verengt sich erstaunlich, die Handlungsfähigkeit sinkt auch bei denen, die sonst »mit allem« fertig werden.

Gute Helfer in der Krise können auch Rituale sein. Rituale können anzeigen, daß man sich nun in einer Sondersituation oder, wie es Sozialwissenschaftler nennen, in einem »psychosozialen Moratorium« befindet. Sie erweitern das Bewußtsein vom alltäglichen »Geschäft« auf das, was im Moment im argen liegt, weh tut, entschieden werden muß. Damit schont ein Krisenritual gleichzeitig Kräfte.

Bewußt werden Schlaglichter gesetzt, z. B. auf die berufliche Zukunft oder die Gestaltung einer Partnerschaft, andere Lebensfunktionen werden bewußt niedriger priorisiert. Die Kräfte werden so geschont, das Bewußtsein eines laufenden Entscheidungsprozesses gestärkt, selektive Wahrnehmung in Richtung einer Über-

81 Um auf den unnachahmlichen Plattentitel von Pink Floyd zurückzugreifen.

prüfung oder Veränderung eines Konzeptes bewußt gefördert. »WAHRnehmung« ist eine wesentliche Kompetenz in der Bewältigung von Krisen.

Krisenrituale: Grundlagen der Inszenierung

Nun heißt es aufzuräumen – sich von Unwichtigem und Altlasten zu trennen, sich vielleicht auch überhaupt zu erinneren – z. B. indem Sie alte Orte aufsuchen und horchen, was in Ihnen klingt. Vielleicht verkriechen Sie sich in Ihrer Lieblingsmusik, oder Sie emblematisieren sich mit dem Schal einer Freundin. Regredieren Sie in frühere Zeiten, wenn es Ihnen guttut oder es wichtige Saiten anklingen läßt. Doch achten Sie auf eine kontrollierte Regression, auf einen Kontrollverlust mit Trapez. Das kann zum Beispiel sein, indem Sie sich im Moratorium bewußt Zeiten setzen, in denen Sie an sich arbeiten, sich hängen lassen, trauern, nachdenklich sind. So verhindern Sie einerseits, daß Sie diese Krise verdrängen, andererseits aber auch – und das halte ich für existentiell wichtig –, daß Ihr restliches Leben nicht von der Krise infiziert wird, eine Art Bestandsschutz, wenn Sie so wollen.

Sie können sich z. B. am Morgen und Abend je Zeit nehmen, ein altes Lied hören, vielleicht alte Briefe lesen. Oder Sie bestimmen einen Tag – z. B. Samstag – zum Krisentag, indem Sie die Kinder den Eltern geben und sich mit Ihrem Problem – sei es mit Ihrem Beruf, Ihrer Familie, Ihrem Partner etc. – bewußt auseinandersetzen.

Um Ihre Kräfte zusätzlich so weit wie möglich zu schonen: Seien Sie nett zu sich. Das kann auch ritualisiert geschehen. Krisenzeiten nagen das Immunsystem an – schonen Sie sich, tanken Sie auf! Gehen Sie mit einem Freund spazieren, pflegen Sie sich weiter, achten Sie auf Ihre Ernährung – falsche Ernährung kann eine Krise physiologisch unglücklich verstärken. Ritualisiert, auf einen Tag gelegt, auf eine Tageszeit, fällt das den meisten Menschen jedoch sehr viel leichter – spontane Aktionen sind dazu natürlich nicht ausgeschlossen. Ritualisiertes Wohltun bedeutet so eine Art glückliche Gewohnheit, die Ihnen in der Krise einen Restwert an Schönheit und Lebenswert erhält.

Sie können dieses Moratorium dann mit einem bewußt gestalteten Endritual beenden. Dabei kann es sein, daß mehrere Krisenrituale hintereinander geschaltet werden:

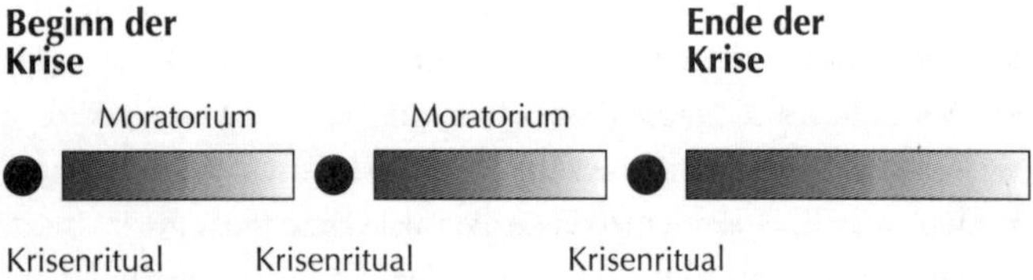

Sie sichern damit, daß von der Krise kein unbewältigter, möglicherweise aber wichtiger Rest bleibt. Gleichzeitig unterwerfen Sie sich nicht starr einem einmal beschlossenen Ritual, sondern gönnen sich Ihre Zeit, schaffen Raum für Ihr Leben. Dies kann schon vorbeugend mit einer Ankündigung geschehen.

Krisen – ankündigen

Es kann erleichtern, eine Krise mit einem sich abzeichnenden Bruch selbst anzukündigen und vielleicht schon hier »vorzubauen« – so müssen Sie nicht jedem, den es interessieren muß oder kann, alles erzählen. Auch sorgen Sie für einen gewissen Schutz Ihrer Intimsphäre. Sie haben Ihre Hochzeit angekündigt, sicher zur Geburt Karten verschickt, zum Trauerfall, auch in dieser Situation können Karten dafür sorgen, daß die relevante Information verbreitet und nicht vergessen wird.

Gute Zeitpunkte dazu können sein:
- der unmittelbare Beginn der Krise
- ersten Freunden wird von der Krise erzählt
- Suche nach/Beginn einer Paarberatung
- die »Trennung auf Probe«
- direkt nach dem gemeinsamen Beschluß der Trennung
- der Auszug

Überlegen Sie dabei:
- Was wollen Sie erzählen und was nicht?
- Was sollen die Angeschriebenen tun?
- Was sollen sie unterlassen?
- Welchen Text wollen Sie vielleicht als Motto stellen?

Es kann dabei sinnvoll sein, zwei Ankündigungen zu planen:

Eine zum unmittelbaren Beginn der Krise oder Trennung,
- mit Adreßänderungen,
- Wünschen, z. B. für die Kinder, Erinnerung an Fairneß,
- Dank für die Unterstützung in der gemeinsamen Zeit,
- wichtigen Regelungen, z. B. Vetorecht bei Kontakt zur Verwandtschaft der Gegenseite.

Und eine zum Trennungs- oder Scheidungstag:
- mit den relevanten Daten, Hochzeit, Geburt von Kindern, Trennung (Auszug), Scheidung, u. U. auch Umzügen, Krankheiten …,
- mit einem Sinnspruch,
- Dank an Freunde, Familie, andere Begleitpersonen wie Therapeuten oder Seelsorger, vielleicht auch:
- Wichtigen Erinnerungen wie gemeinsamen Urlauben,
- wichtigen Dingen, die Sie nach wie vor verbinden,

- was Sie trennt,
- was Sie weiterhin füreinander sein wollen …

Auch hier gilt: Schon das Nachdenken über eine solche Ankündigung kann Ihnen helfen, die bevorstehenden schweren Tage gut zu überstehen.

Trennung: Lösungen

now that you're gone
nothing is wrong
but everything's changed
words in your hand
do I set them in stone
or throw them away
JOE JACKSON[82]

Die Zeiten des Beginns sind längst vorbei – kein Zauber mehr, der uns beschützt und der uns hilft zu leben. Jahrelang haben wir gelebt, ausgeharrt, schließlich ausgehalten beieinander. Da wurden Gräben langsam tiefer, tiefer wurde der Mißmut, das Leiden, der Widerwille, die Verdrossenheit. Wir zogen aus, das Lieben zu lernen. Wir lernten: das Fürchten. Hatte man nicht einst die schöne Formel gehabt: 1 + 1 ist mehr als zwei? Nun ist 1 weniger als 1.

Man trennt sich, zieht aus, zuerst vielleicht nur für kurze Zeit. Noch hofft man – die Hoffnung wird dünner mit der Zeit. Nun schafft man Fakten, trennt, was doch nicht mehr zusammengehört. Getrennt werden auch: Haushaltsgegenstände, Bibliotheken, Fotosammlungen, Menschen, Herzen, Gefühle, Freundeskreise, Familien, Beziehungen: Mein. Dein.

Trennung – man schließt die Augen und wünscht sich zurück. Man bemüht sich – wider bessere Vernunft. Man kämpft und hat doch längst aufgegeben. Man gibt sich auf, verliert sich, bricht. Mancher verliert lieber sich als den geliebten Menschen. Lieber trennt einer sich von seinen Werten als davon, in den Augen des Gegenübers nicht mehr wertvoll zu erscheinen. Doch wagen Sie es, der Situation – mit all ihren Widersprüchen und Brüchen, Unklarheiten und Un-

82 Jackson, 1994, übersetzt etwa: Nun, wo du gegangen bist / ist nichts schlimm / aber alles hat sich verändert / Wörter in deiner Hand / soll ich sie in Stein schlagen / oder soll ich sie wegwerfen?

gelöstheiten – ruhig ins Auge zu schauen. Um so ehrlicher Sie nun zu sich sind, desto besser Ihre Chancen später. Lügen und Selbsttäuschungen sind keine guten Fundamente für eine Zukunft.

Es ist keine Schande, solche Situationen nicht allein auszuhalten. Lassen Sie sich begleiten, wenn alles für Sie alleine zu viel ist – von einem Freund oder einer Freundin, von einer professionellen Beratungsstelle, von einem Mentor, einem Pfarrer vielleicht. Ein neuer Partner dagegen trägt es nicht – ihn zu belasten würde meist heißen, ihn auszubeuten. Leben Sie Ihren Schmerz, aber fügen Sie anderen nicht unnötig Schmerzen zu. Suchen Sie sich Menschen, die diese Schmerzen tragen können – und seien Sie bitte nicht enttäuscht, wenn in dieser Situation mancher Angesprochene ablehnt. Trennung ruft bei vielen schwierige Erinnerungen wach, es ist nur fair, wenn ein Mensch hier eine Grenze zieht, bevor er selbst zusammenbricht.

Trennungsrituale können wichtige »sichtbare Zeichen« einer weitgehend im verborgenen stattfindenden Entwicklung sein. Sie können in dem Sturm der Gefühle wesentlichen Gefühlen Ausdruck verleihen. Schmerz, Unzulänglichkeit, Trauer, Wut, Versagen bekommen Zeichen und Namen, können ausagiert werden.

Trotzdem: Ist es nicht geschmacklos, eine Trennung zu feiern? Wer will schon ein Fest veranstalten, wenn er nach monatelangem Papierkrieg endlich geschieden ist? Trennung, Scheidung – wer will das schon feiern?

Die Inszenierung

Ein Beispiel für die großartige Inszenierung eines Trennungsrituals findet sich bei dem Künstlerpaar Marina Abramovic / Ulay mit der Aktion »The lovers« 1988: Als letzte Performance nach zwölfjähriger Bindung gingen sie sich wochenlang auf der Chinesischen Mauer entgegen. Als sie schließlich aufeinandertrafen, trennten sie sich für immer[83].

Machen Sie das Trennende sichtbar. Das plötzliche Bedürfnis, zwischen mein und dein zu unterscheiden, kann so nicht nur aus einem Bedürfnis entspringen, Pfründe oder auch ganz vital die eigene Existenz zu sichern, sondern auch eine Art ritueller Impuls sein, die Trennung sichtbar zu machen.

Die Feier einer Trennung sollte sich möglichst direkt – ein paar Stunden oder Tage später – an das Ereignis anschließen. Es ist wichtig, daß die Erinnerung noch frisch, die Trauer noch lebendig ist. Wenn die Entscheidung gefällt ist, sich tatsächlich zu trennen, kann die Bindung an Altes bewußt – zeichenhaft – aufgelöst werden, z. B. indem man bestimmte Gegenstände zerschlägt, verbrennt oder in einem Fluß versenkt – ein schönes Symbol, weil es gleichzeitig beinhaltet, daß etwas weiterfließt. Das ist nicht leicht. Wagen Sie es. Ob es Verhütungsmittel, Erinnerungsstücke, Kleider sind, ob Sie sie verbannen oder vernichten, schaffen Sie nun Platz für Neues. Schließen Sie ab mit Sachen, die nicht mehr zählen oder nicht mehr zählen sollen. Räumen Sie »totes Material« wie alte Bilder oder das Stofftier, an dem längst keine zärtlichen Erinnerungen mehr hängen, weg. Die Entscheidung, was wegzuräumen ist oder nicht, kann allein in Ihrem Inneren Raum schaffen, klären.

Ob Sie sich von alten Unterhosen trennen oder nur der ausgeleierten Strickjacke – trennen Sie sich von alten Albträumen. Später, wenn Sie wollen, können Sie wieder in der Erinnerung wühlen, sie wieder aufwärmen, in ihr schwelgen, wenn sie nicht mehr weh tut oder wenn Sie sich – vielleicht vor der Folie neuer Erfahrungen – neu damit auseinandersetzen wollen.

Vielleicht haben Sie nun auch das Bedürfnis nach einer allgemeinen Reinigung bestimmter Kleidungsstücke, Räume, oder auch sich selbst es spricht nichts dagegen, sich etwa zu Beginn eines Trennungsrituals bewußt Altes »abzuwaschen«.

Achten Sie Ihren Schmerz, und nehmen Sie sich Zeit dafür. Das

83 S. a. Jappe, 1992, 140 und 160.

ist ein Luxus, der eine wesentliche Investition für die Zukunft sein kann: »Wenn man den eigenen Schmerz nicht mehr in seiner Bedeutung wahrnehmen kann, dann fehlt auch die Übung im Umgang mit Hilflosigkeit, mit Schwäche, mit Ohnmacht« (Gruen, 1987, 29), warnt Arno Gruen zu Recht. Lachen und weinen, durchleiden und genießen Sie diese Zeit bewußt: Feiern Sie, daß Sie leben, da sind, fühlen können – auch den Schmerz.

Kleiden Sie sich nun auch neu ein, wenn Sie wollen – nicht als kapitalistisches Kompensationsritual, sondern um sich bewußtzumachen, daß nun eine andere Zeit angebrochen ist. Setzen Sie Zeichen – auch nach außen hin.

Viele Frauen verändern in dieser Zeit ihre Frisur, schneiden Haare ab oder färben sie sich oder nehmen andere Veränderungen vor. Von außen betrachtet, ist das vielleicht ein bißchen lächerlich – psychologisch ist es sinnvoll. Es gibt keine Möglichkeit, die Veränderung zu verdrängen – das veränderte Gesicht im Spiegel verhindert alle schönen Lügen. Sie haben bewußt einen Schnitt gesetzt – sich bewußt getrennt. Die Haare können die Richtung vorgeben, in der die Seele sich bewegen muß.

Auch ein Umstellen von Möbeln, ein Streichen von Wänden kann ein solches Zeichen sein. Vielleicht verkauft nun einer sein Auto oder sein Bett, gibt der seit Ewigkeiten kränkelnden Zimmerpflanze den Gnadenstoß – alles natürlich in Absprache mit dem scheidenden Partner. Geben Sie ihm die Briefe, wenn Sie sie nicht mehr wollen, wenn Sie das gemeinsame Bett verkaufen, teilen Sie den Gewinn.

Setzen Sie nun auch neue Perspektiven. Ersetzen Sie die Kette des Freundes durch neuen Schmuck. Schmücken Sie Ihre Wohnung. Sie sind nicht allein – Sie haben sich, vielleicht mehr als früher, vernachlässigen Sie sich nicht. Setzen Sie dazu bewußt Zeichen nach außen. Sie werden Ihnen helfen, nicht mehr in den alten Albträumen zu leben: »*Wohlan denn Herz, nimm Abschied und gesunde!*«

Trennungsrituale zwischen Bedürfnis und Markt. Ein Interview mit Tilmann Moser

Psychoanalytiker, Freiburg

Sie haben in Ihrem Buch Politik und seelischer Untergrund *auch über Trennungsrituale gesprochen – darüber, daß Trennungsrituale zunehmend Bedeutung gewinnen. Woran sehen Sie das, denn andererseits beklagen Sie ja auch den Mangel an Trennungsritualen?*
Nun, immerhin wird ein Drittel aller Ehen geschieden, und auch die nichtehelichen Gemeinschaften gehen oft auseinander. Man beginnt früher mit Liebesbeziehungen – somit nimmt die Zahl der zu bewältigenden Trennungen zu.

Wie kamen Sie da ausgerechnet auf Rituale? Man könnte doch auch eine »klassische« Paartherapie oder etwas in der Art empfehlen.
Beides würde ich als gleichwertig nehmen oder als Ergänzung. Ich denke, Rituale haben einfach den Vorteil, daß sie dem Unausdrückbaren manchmal eine bessere Form geben können, einfach eine adäquatere Form. Und sie können sich tiefer in die Seele senken.

Nun gibt es z. Zt. kaum Rituale auf dem Markt. Wenn es ein Bedürfnis danach gäbe, müßte es doch längst etwas auf dem Markt geben.
Nun, vielleicht haben Sie von Bert Hellinger gehört. Er – und inzwischen Dutzende seiner Schüler – machen solche Sachen mit diesen Familienaufstellungen. Das sind Rituale. Da gibt es 50 bis 100 Standardsätze, in denen die nicht ausgedrückten Gefühle also ... ihre sprachliche Form finden, als Dankbarkeit oder Trauer, Würdigung oder Liebe. Es sind archetypische Bilder, die da geweckt werden. Dabei sind es Begegnungsrituale, die da stattfinden – auch

wenn es sich dabei um die Begegnung mit einem Toten handelt. Es sind Rituale des Ausgleichs, der noch nicht ausgeglichenen Schuld, die dem Protagonisten das Gefühl geben, daß man so zu einem Ausgleich kommt. Das ermöglicht Trennung und Abschied.

Wie schaut die Vorbereitung zu so einem Ritual aus – oder findet das spontan statt?
Nein, es findet nicht spontan statt. Es wird in der Gruppe vorbereitet, Ausgangspunkt ist die Aufstellung der Familie und das Erarbeiten heilsamer Beziehungen, sei es Annäherung oder Abschied.

Können Sie sich vorstellen, daß solche Rituale auch stattfinden könnten, wenn Kinder aus dem Elternhaus gehen – da gibt es doch immer wieder Schwierigkeiten.
Ja, sehr. Der Abschied von den Eltern ist ein wichtiger, sensibler Übergang, der in archaischen Völker ja immer schon gefeiert wurde. Sie haben Rituale geschaffen, um diese Übergangsphasen zu sichern, als lnitiation. Das ist schon erstaunlich, daß es das bei uns kaum gibt. Vielleicht hatte früher die Konfirmation einmal so einen Sinn, als Ritual der Aufnahme in die Gemeinde und, da die Eltern dabei sind, auch als Ritual des Übergangs von einem Status zum anderen. Alle Welt staunt über das Fortbestehen der Jugendweihe. Trennungsrituale finden wir aber in Ansätzen: Wenn die jungen Leute in eine andere Stadt gehen, wird ein Abschied gefeiert.

Welche Institution müßte das machen? Und müßte das unbedingt im therapeutischen Bereich liegen? Es gibt sicher eine gewisse Scheu, sich, etwas gemein gesagt, pathologisieren zu lassen.
Der Therapeut könnte eine Art Coach sein, es könnte ein vorübergehendes Coaching sein – eine Hilfe beim Überschreiten dieser Schwelle, ohne es zu pathologisieren. Natürlich – die Familie müßte erkennen: Hier brauchen wir Hilfe, ohne sich gleich verloren oder krank zu fühlen. Der Gedanke könnte eher sein: Wir ste-

hen vor einem wichtigen Schritt, unsere älteste Tochter geht jetzt weg, da brauchen wir Hilfe. Der Coach wäre eine Art Lebensberater – ein ehemaliger Theologe in Hamburg macht so etwas wohl . . .[84] Auch für Trennungen im Freundeskreis halte ich das möglich, weil Trennung uns immer Schwierigkeiten aufgibt.

Wobei die Frage ist: Wird der Markt vielleicht nicht irgendwann unüberschaubar?
Das ist unvermeidlich, es wird einen absolut unübersichtlichen Markt geben mit Angeboten aller Art – aber das wird sich irgendwann selbst regulieren.

Und wer soll dann die Qualitätssicherung übernehmen?
Vielleicht werden sich irgendwann die Anbieter zusammenschließen und ein Curriculum entwickeln. Aber jeder ist ja absolut frei, solche Dinge wie Übergangsberatung anzubieten. Es muß sich dann eben am Markt bewähren.

Am Markt bewährt sich aber allerhand ... Sachen, von denen man sich auch als Psychologe wünschen würde, daß sie sich nicht unbedingt bewähren. Gibt es für Sie Indikatoren, wo Sie sagen würden, dieses Angebot grenzt an Machtmißbrauch, oder es ist einfach regressiv? Gibt es Merkmale dafür?
Ja, aber wer soll warnen? Ich fürchte, dafür gibt es keine Behörde. Der Leiter von Trennungsritualen sollte eben ein vernünftiges Studium und dann eine Zusatzausbildung möglichst in Familientherapie haben. Ich denke, ein Ritual ist am besten bei der Familienberatung angesiedelt, bei Beratungsstellen – so könnte man Qualität sichern. Aber viele werden auch frei arbeiten.
Herr Moser, vielen Dank für das Gespäch.

84 Tilmann Moser bezieht sich hier auf Klaus Behner vom Interimsinstitut, s. a. Interview *LebensZeit* in diesem Buch.

Hoch-Zeiten – Tief-Punkte: Scheidungsrituale

Die Liebenden

Seht jene Kraniche in großem Bogen!
Die Wolken, welche ihnen beigegeben
Zogen mit ihnen schon, als sie entflogen
Aus einem Leben in ein andres Leben.
[...]
Wohin, ihr? – Nirgend hin. – Von wem davon?
– Von allen.
Ihr fragt, wie lange sind sie schon beisammen?
Seit kurzem. – Und wann werden sie sich trennen?
– Bald.
So scheint die Liebe Liebenden ein Halt.
Bertolt Brecht[85]

Scheidungsrituale: Geschichte eines Vakkums

Man beschließt, sich scheiden zu lassen. Das geht, je nach Land, frühestens ein Jahr nach der Trennung von Tisch und Bett, kurze Versöhnungsperioden mit eingeschlossen. Ein Jahr – ein Trauerjahr lang mindestens – lebt man im Niemandsland zwischen einer Lebensphase und der anderen. Ein Jahr lang verhindert der Gesetzgeber die Illusion eines bruchlosen Neubeginns mit einem anderen Partner – ein Jahr Papiere, Formulare, Auseinandersetzungen.

Das Risiko dieser Lebensphase ist hoch: Gerade Frauen geraten in dieser Zeit in Gefahr, finanziell zu verelenden. Gerade Männer sind in Gefahr, sozial zu verelenden. Zusätzlich zu den eigenen Gefühlen tragen Kinder so oft genug schwer an der Last ihrer plötzlich schwach gewordenen Eltern. Auch wenn die Gefühle der Eltern nicht plötzlich zu einem Rosenkrieg mutieren: Familien, Karrieren, Bezogenheiten, Netze werden plötzlich verletzlich, werden brüchig und angreifbarer.

85 Brecht, ohne Datierung, 149.

Schließlich ist es mit der Trennung nicht getan, vielfältigste Verstrickungen auf vielen Ebenen müssen gelöst werden, bis die Wunden verheilen, gerade weil, wie Moser so richtig beobachtet, »das verbindende Substrat präverbale Qualitäten hat« (Moser, 1993, 186). Dies ist wichtig gerade wieder für Rituale, die oft Situationen zum Sprechen bringen, wo andere Kodizes versagen.

Scheidungen gehören dabei längst zu der Lebenswirklichkeit vieler Menschen und sind insofern fast zu einem Standard, zumindest zu einer möglichen Variable im Lebenslauf geworden – trotz aller Hoffnungen und Träume, die einen vielleicht anfangs in die Ehe trugen. Kein Einzelschicksal ist dies also, sondern unser ganz alltäglicher Wahnsinn – langjährige »Ehen ohne Trauschein«, die, oft auch mit Kindern, zerbrechen, nicht mit eingerechnet. Doch nicht nur das – mit der Trennung ist oft genug der Neuanfang gefährdet. Zweite Ehen sind deutlich scheidungsanfälliger als erste.

Doch gerade bei diesem hochriskanten Lebensereignis werden die Betroffenen weitgehend allein gelassen. Nicht nur ihnen bleibt die Sprache weg – auch die Umgebung ist mit dem Ereignis überfordert. So häufig dieses Lebensereignis inzwischen ist, so wenig wissen wir, was nun »zu tun ist«. Scheidung bleibt, obwohl es inzwischen zum biographischen Standard geworden ist, ein Ereignis mit hohen psychischen und sozialen Risiken, in der die tiefen Verletzungen in einer Langsamkeit ausheilen, die unserer modernen Geschwindigkeit hohnlacht. Wie wichtig ist es gerade da, neue Zeiten zu gestatten, in der Wunden verheilen können!

In einem Buch von 1911[86], das sich ansonsten keineswegs revolutionär gibt, fand ich folgende Analyse: »Augenblicklich sind Menschen, die in unerträglicher Ehe leben, ganz auf sich allein angewiesen, diese Ketten zu zerreißen. [...] Ist die Ehe ein Boden der Wahrheit, so muß die Wahrhaftigkeit auch zu ihrem Rechte kommen, wo Ehen gelöst werden müssen.«

86 Lhotzky, 1911, 12.

Scheidungsrituale fehlen trotz hoher Scheidungsraten. Im christlichen Kontext sind sie nicht vorgesehen. Rechtlich sind Scheidungen »aus Herzensgründen« erst seit Anfang dieses Jahrhunderts in Europa möglich, teilweise, wie in Irland, nur unter extremen Bedingungen: Was der Staat zusammengefügt hat, soll der Mensch nicht trennen. Friß Vogel – oder stirb. Scheidungsrituale stehen und standen jedoch trotz aller Vorbehalte auch in den Kirchen immer wieder zur Diskussion. Nachdem Ehen zunehmend verletzlicher werden, spätestens seit der Aufhebung des Schuldprinzips bei Scheidungen in den siebziger Jahren, steht nicht nur die Realisierbarkeit einer guten Ehe zur Diskussion, sondern gleichzeitig die Möglichkeit einer guten Scheidung, die Ehepartner und vor allem deren Kinder so wenig wie möglich zusätzlich belastet. Doch wer will eine Trennung oder Scheidung schon feiern? Die Antwort ist: Offenbar mehr als man denkt – mit steigender Tendenz. Ein paar Stimmen von Betroffenen:

Stimmen von Betroffenen[87]

»Ja, ganz besonders wichtig. Normalerweise ist das ja'ne Tragödie, man ist völlig fertig mit den Nerven nachher. [...] Aber wenn das so vorgesehen ist, *daß 'ne Scheidung ganz o. k. ist*, und man ein Ritual macht – dann ist so was von vorneherein o. k. – und selbst wenn es bei Gericht ganz fürchterlich ist, dann kann so ein Ritual das wunderbar wieder abmildern, vor allem, wenn beide dabei sind« (Erika, 58).

»Ich meine, es gibt Dinge, die man vergessen kann und auch soll, das Nicht-Besondere soll man nicht beachten, das ist ja kein direktes Vergessen, dieses Nichtachten, aber es ist kein Aufbauschen, das hätte etwas von der ungesunden Art, etwas bewußt zu machen, behaupte ich. Und, ja, ich mein', im Gegenteil, da muß

87 Erhebung im Rahmen der Dissertation.

man sehen, wo man den Baum beschneidet, daß er nicht wuchert, daß man da nicht in eine *Vielfalt des Be-achtens* kommt. Viele Dinge erledigen sich von selbst, und unter dieser Rubrik solle man manches auch tun, was man sonst *unnötig aufbauscht*« (Ottmar, 80).

»Würde zur gescheiterten Beziehung dazugehören, also auch ein *Beenden in Frieden und Dankbarkeit*« (Birgit, 52).

»Ich sag's mal so: Gefeiert werden sollte es nicht, aber man sollte schon dafür sorgen, daß es vielleicht *nicht unter dem Tisch fällt*. Es liegt, viele Dinge liegen ja immer in der Person selber. Ich denke mir, wenn du eine Person bist, die das gern hat und sich gern mitteilt, dann ist es gut, aber ... du mußt auch die *Möglichkeit haben, es nicht zu wollen*, eigentlich – es ist eine eigene Entscheidung« (Ingrid, 57),

Ja, auf jeden Fall...Moralapostel werden es jetzt nicht gerne hören, aber ich denke, es ist ein Lebenseinschnitt, und es ist, glaub' ich, selten der Fall, daß so was in Güte auseinandergeht, sondern es ist in der Regel ja mit Schmerz verbunden, mit Verletzung, mit Trauer, mit Wut, mit allem möglichen ... so daß auch dieses *Scheitern einfach mal einen Platz haben muß* und sein Recht, ja? Eine *Form von Trauerarbeit*, ja? ...« (Bernhard, 40).

»Für mich ist das ein *abstruser Gedanke*, weil meine Scheidung sehr mit Schmerzen verbunden war – ich hab' sehr gelitten, und so kann ich mir überhaupt kein Ritual vorstellen. Also was feiern ... ich konnte mich eventuell ausbeulen, weil ich so verwundet war! Verwundet war ich! Und dann mußte ich wie ein Tier irgendwie in einem Loch leiden! Also irgendwie bin ich so ein Mensch, der sich so ein Loch sucht und dann leidet – und dann kann er weitermachen! – Aber ein Ritual dazu kann ich mir gar nicht vorstellen!« (Ruth, 53).

»Ja, ich denke, in der Regel lassen sich Menschen nur dann scheiden, wenn die Ehe total gescheitert ist. Das heißt, wenn sie diesen Partner los sind, von dem sie meinten, daß es inzwischen unmöglich gewesen wäre, mit dem zusammenzuleben, ist es *schon ein Grund zum Feiern*. Nur da ich weiß, wie die Kirche überhaupt steht zur Scheidung, daß die das eigentlich eher duldet als fördert, kann ich mir das in so einem Rahmen ganz schlecht vorstellen, das muß eher jeder selber sehen, was er da machen will und wie er das empfindet. Natürlich, wenn die *Scheidung verbunden ist mit einer Neubindung*, dann ergibt sich das automatisch häufig« (Jorgos, 36).

»Na ja, ich habe ja eine Scheidung hinter mir, und ich muß sagen, es war für mich eine sehr schlechte Form, die nur vorm Amtsgericht stattgefunden hat. Heut' würd' ich sagen, wenn es wieder mal dorthin käme, daß sich 'ne Beziehung auflöst, daß man sich dann wirklich auch *in allen Ehren gegenseitig verabschiedet*. Das ist auch von der systemischen Konstellation her sehr wichtig, daß man voneinander scheidet und sagt: Die Zeit war gut zusammen, und wir achten uns gegenseitig, und wir werden auch in Zukunft uns mit Achtung begegnen – daß das *noch mal besiegelt wird*. Das ist auch notwendig, um mich von dieser Phase zu lösen und in die nächste hineinzugehen. Wenn ich das nicht mache, hänge ich immer noch dran. Und das hindert mich dann, meine weiteren Schritte zu tun. Gerade was auf der systemischen Ebene geleistet werden muß, das finde ich schon sehr wichtig: Verabschieden und Verbindlichkeit herstellen und *Schuld abtragen*, Verbindungen herstellen – das ist alles ganz wichtig« (Reiner, 52).

Erste Versuche

Therapeuten sind hier Vorreiter – sie entwickeln inzwischen zunehmend Rituale, die zusätzlich zu der finanziellen, juristischen und alltagspraktischen Bewältigung helfen sollen, das Ereignis existentiell und emotional zu verarbeiten. Doch werden diese nur von einer kleinen Schicht in Anspruch genommen. Man scheut vielleicht die Kosten, fürchtet Peinlichkeit oder daß es in dem sowieso schon belastenden Ereignis eine zusätzliche Last sein könne. Doch Argumente geradezu für eine Notwendigkeit eines Rituals gibt es genug:

Die Trennung, die man feiert, wird als Ereignis stärker beachtet und nicht so schnell verdrängt, das Ereignis und damit ein Stück des eigenen Lebens wird nicht über- sondern begangen. Die Menschen um einen herum werden über das Ereignis klar informiert und damit mobilisiert, Hilfe zu geben, jeder weiß nun, was geschehen ist. Damit steigt die Chance, daß man die richtigen Menschen findet, die einem helfen, zu tragen.

Deshalb: Spielen Sie mit dem Gedanken. Machen Sie sich Gedanken. Und probieren Sie aus.

Die Inszenierung in der Vorbereitungszeit

Schon in der Vorbereitungszeit kann man sich auf das Ereignis bewußt einstellen und damit besser verarbeiten: Man schaut dem eigenen Scheitern ins Auge – eine gute Voraussetzung dafür, daß man aus den eigenen Fehlern lernt.

Nutzen Sie das Trennungsjahr bewußt dazu. Es wird Ihnen guttun – und schafft den Grund für neues Glück, neue Liebesfähigkeit: »Die psychoanalytische Erfahrung hat uns gelehrt, daß Liebesfähigkeit in hohem Maß davon abhängt, was innerpsychisch mit früheren Liebesobjekten geschieht« (Bergmann, 1994, 371)

Gefühle bekommen Namen, können ausagiert werden, ohne daß die Kontrolle über sie vollständig verlorengeht von den ehemaligen Partnern selbst, aber auch von der Umgebung: den hilflosen Kindern, den enttäuschten Eltern und verwirrten Freunden.

Ersetzen Sie den Ehering durch einen Ring, den Sie sich selbst gekauft haben. Gehen Sie mit einer Freundin einen »Ersatzring« kaufen. War früher der Partner für Sie verantwortlich – seien Sie sich nun der Verantwortung für sich selbst bewußt. Tragen Sie den Ring in Zeiten, in denen Ihre Seele ächzt.

Schreiben Sie Tagebuch, wenn es Sie entlastet. Schreiben Sie denen Briefe, mit denen Sie in Streit oder Zerwürfnis leben. Klären Sie, was Ihnen unklar ist. Vielleicht haben Sie Glück, und Ihr ehemaliger Partner entpuppt sich als geduldiger, fairer Sparringspartner. Möglicherweise werden Sie sich die Frage nach dem Warum lange stellen. Egal, was das Ergebnis ist – Sie werden damit wachsen.

Vielleicht werden Sie wie unter Zwang die alten Geschichten immer wieder erzählen. Mit jedem Erzählen aber verändert sich die Geschichte ein bißchen, wird abgelegt, zur Ruhe gebracht, verliert ihre Krallen – aus alten Geschichten wird so Ihre Geschichte, Teil Ihres Lebens, auf dem Sie neue Geschichten aufbauen können. Jedes Erzählen läßt die Gedanken und Gefühle weiter reifen. Ansprechpartner kann der Partner sein, von dem man sich verabschiedet, es können geduldige Freunde oder auch eine Selbsthilfegruppe sein, in der man sich organisiert.

Eine bewußte Lösung von dem Partner in einem Ritual schafft Klarheit und hilft bei einem Neuanfang.

Das Trennungs- oder Scheidungsfest weist auch die weitere Umgebung unmißverständlich darauf hin, was geschehen ist – und hilft ihr, sich nach dem Wechsel wieder neu zu orientieren. Eine Scheidungsfeier hilft so dem zerissenen sozialen Netz, sich neu zu finden und zu stabilisieren.

Der Scheidungstag

Nicht jeder kann wie das Künstlerpaar Abramovic und Ulay das Ende der Beziehung mit einem Gang auf der Chinesischen Mauer beschließen. Nicht jeder möchte auch, daß ein Therapeut oder Mediator für einen ein Ritual inszeniert. Im folgenden finden Sie deshalb Hinweise, wenn Sie selbst ein Scheidungs- bzw. Trennungsritual veranstalten wollen:

Wichtig ist, gleich wo und wie man das Ereignis feiert: jeder Schritt, der in den (ehemaligen) gemeinsamen Bereich eingreift, muß abgesprochen sein. Sprechen Sie Verwandte und Freunde ihres ehemaligen Partners an, fragen Sie ihn vorher oder verständigen ihn zumindest davon. Versuchen Sie, eine gemeinsame Form zu finden, die beide etwa zu gleichen Teilen berücksichtigt.

Eine gemeinsame Feier und gemeinsame Lösung ist immer einer getrennten vorzuziehen. Erscheint es Ihnen unmöglich, fürchten Sie, der Situation nicht gewachsen zu sein, überlegen Sie: Zwar scheint eine gemeinsame Feier von außen oft schmerzhafter als eine getrennte Aktion – tatsächlich wird es Ihnen aber helfen, den Tatsachen ins Auge zu sehen und den Schmerz langfristig besser zu bewältigen.

Möglicherweise wollen Sie auch nicht nur einen Tag der Trennung oder Scheidung, vielleicht wollen Sie mehrere Tage festlich begehen. Scheuen Sie sich nicht, wenn Sie danach das Bedürfnis haben. Schon diese Tage planen heißt, ihnen etwas von ihrem Schrecken zu nehmen. Sie wissen nicht, wie es Ihnen an diesem Tag gehen wird – Sie wissen aber zumindest teilweise, was Sie dann tun werden.

Tage, die man planen kann, sind z. B.:

- die erste Nacht allein,
- der Tag/die Tage, an dem wichtige Möbel/Gegenstände getrennt werden,
- der Tag, an dem der Partner eine andere Wohnung bekommt,
- der Tag, an dem Sie zum Anwalt gehen,
- der Tag, an dem Sie die Scheidung einreichen,
- der Scheidungstag.

Raum & Zeit

Der Raum, in dem Sie das Ereignis feiern bzw. in dem Sie sich danach wesentlich aufhalten, sollte ein »Schutzraum« im weitesten Sinn sein, ein Raum also, der Geborgenheit und Schutz vermittelt, ohne Sie zu sehr zu beengen. Dafür empfiehlt sich bei der Scheidung selten die eigene Wohnung.

Es sollte, wenn Sie es gemeinsam begehen, immer ein neutraler Raum sein, der nicht hauptsächlich einer Partei »gehört« – also keine Verwandtenwohnung, nicht die Stammkneipe des einen, nicht die Gemeinde einer Seite. Eher eignet sich ein neutraler Saal, der Raum eines Therapeuten oder auch ein Restaurant, wenn es ausreichend Intimität gewährleistet. Je nach Witterung kann es in der Natur sein, vielleicht an einem früheren gemeinsamen Ausflugsziel. Suchen Sie sich einen Raum, in dem Sie sich wohl fühlen, der Ihnen Vertrauen vermittelt, der aber trotzdem etwas von Ihrem jetzigen eigenen Leben abgekoppelt ist.

Vielleicht wollen Sie nur eine kurze Begegnung, vielleicht wollen Sie einen oder sogar mehrere Tage feiern – es gibt dafür keine allgemeingültigen Regeln. Je nachdem, wieviel Kraft Sie haben, wie lange Ihre Feste sonst dauerten, wieviel Sie gestalten wollen, wieviel Zeit Sie und die Ihnen wichtigen Menschen haben und auch natürlich, wieviel Geld Sie ausgeben wollen. Finden Sie heraus, wozu Ihnen zumute ist, und entwickeln Sie dann gegebenenfalls einen Kompromiß mit Ihrem Partner.

Kürzere Scheidungsrituale

- schonen die Kraft,
- verlangen geringe Strukturierung,
- sind aber vielleicht mehr Fest als tiefere Auseinandersetzung.

Längere Feste

- verlangen mehr Kraft,
- geben mehr Raum auch für spontane Bedürfnisse und
- machen eine ausführlichere Auseinandersetzung möglich.

Die Menschen

Teilnehmen können daran an sich alle, die daran in irgendeiner Weise beteiligt sind: Kinder, Großeltern, Freunde, Kollegen, aber auch berufliche Bezugspersonen können mit einbezogen werden. Wer dazu kommt, entscheidet am besten das ehemalige Paar und seine Kinder.

Überlegen Sie, mit wem Sie sich vielleicht nach der Trennung arrangieren müssen. Wenn einer oder beide neue Partner haben, kann es sinnvoll sein, sie auch hinzuzuziehen – je nachdem, wieviel Kontakt Sie zu ihnen wollen oder haben müssen.

Überlegen Sie, ob Sie Menschen ausschließen wollen, die ihre Gefühle (noch) nicht unter Kontrolle haben und damit die Feier möglicherweise in einer Eskalation platzen lassen. Gerade für solche Menschen ist diese Feier andererseits gut geeignet, mit der Gegenseite wieder ins reine zu kommen. Sprechen Sie mit solchen Gästen besonders ausführlich über den Sinn und Zweck dessen, was Sie vorhaben. Sprechen Sie Ihre Bedenken aus, und überlegen Sie gemeinsam, was Sie tun können, wenn es zu einer Eskalation kommt. Sie können solchen Gästen auch eine Begleitperson zuweisen, die sie während der Feier unterstützt.

Schön ist es, wenn Sie selbst jemanden, idealerweise zwei Menschen, finden, die Sie während der Feier unterstützen – eine Art Paten der Trennung. Das kann sein:

- ein guter, möglichst um Neutralität bemühter Bekannter, Freund oder Verwandter,
- ein Seelsorger,
- ein Therapeut.

Die Aufgaben dieses Paten sollten sein:

- die Leute zu empfangen,
- Sie emotional und praktisch zu unterstützen,
- Eskalationen zwischen den Gruppen zu verhindern, das Fest

zu strukturieren, zu überwachen und gegebenenfalls abzubrechen.

Familienmitglieder eignen sich kaum dazu, auch sollten Sie es sich gut überlegen, ob bzw. welche Freunde Sie hinzuziehen – möglicherweise überfordern Sie sie mit der Situation.

Fragen Sie sich und vergewissern Sie sich gegebenfalls im Gespräch:
- Wem vertrauen Sie?
- Wer hat sich bei Konflikten in der Vergangenheit bewährt?
- Vor wem können Sie sich schwach zeigen?
- Wer wird von beiden Seiten respektiert?
- Wer kann gut vermitteln?

Die Inszenierung: ein Beispiel

In den Wochen davor	Sie haben sich vor einem Jahr getrennt. Nun erfahren Sie den Scheidungstermin. Er ist in vier Wochen. Die Ankündigung der Scheidung haben Sie schon vorbereitet. Sie setzen den Scheidungstermin ein und schicken die Ankündigung los. Sie haben Glück gehabt – Ihr Partner war zu einer gemeinsamen Aktion bereit. Gemeinsam haben Sie den Brief gestaltet und unterschrieben. Es hat geholfen, noch einmal vieles zwischen Ihnen zu klären. Intensiv haben Sie sich noch einmal mit Ihrer Liebe und dem Scheitern dieser Liebe auseinandergesetzt. Es fiel Ihnen nicht leicht – aber Sie sind froh, daß Sie sich dazu überwunden haben.
Die Nacht davor	In der Nacht davor übernachtet Ihre beste

Freundin, Ihre ehemalige Trauzeugin, bei Ihnen. Sie gehen die alten Fotoalben gemeinsam durch und erinnern sich.

Ihr Freund übernachtet heute auswärts – diese Nacht wollen Sie nicht an seiner Seite schlafen. Sie wollen nicht vor ihm die Fassung wahren müssen, wollen sich noch einen Abend ungestört erinnern dürfen. In dieser Situation wollen Sie nicht von ihm getröstet werden.

10.00 Uhr Am Morgen treffen Sie sich zu viert – auch Ihr ehemaliger Partner hat seinen Trauzeugen mitgebracht. Sie gehen gemeinsam frühstücken. Zwar bleibt Ihnen heute mancher Bissen im Hals stekken, aber es ist doch nicht so schlimm, wie Sie dachten. Sie sind stolz auf Ihren Mut. Wieder erinnern Sie sich: Sie erzählen sich Geschichten, etwas beklommen, aber auch dankbar. Sie wundern sich, wieviel der andere noch weiß. Noch einmal ergänzen sich Ihre Erinnerungen – die Erinnerungen, immerhin, werden Ihnen bleiben, und Sie sind froh darum.

12.00 Uhr Nach dem Frühstück fahren Sie gemeinsam zum Gericht. Vor der Tür lassen Sie Ihre Trauzeugen zurück – diese Situation wollen Sie allein durchstehen. Als Sie kurze Zeit später den Gerichtsraum verlassen, warten schon Freunde und Familienmitglieder auf Sie.

13.00 Uhr Sie gehen gemeinsam essen – es ist ein Lokal, in dem Sie oft in den glücklichen

Zeiten Ihrer Ehe waren. Bevor das Essen beginnt, halten Sie beide eine kleine Rede. Sie erzählen, was Sie am anderen mögen und was Ihnen bleiben wird. Wenn Sie mit Ihrer Rede fertig sind, schenken Sie Ihrem früheren Partner etwas, damit er sich an den Tag erinnert. Es fällt Ihnen nicht leicht – Sie sind froh, daß Ihre Freundin neben Ihnen sitzt und Ihnen ab und zu die Hand hält.

Dann danken Sie den Gästen – einige haben Ihnen besonders in der letzten Zeit geholfen, so wird ihr Einsatz geehrt.

15.00 Uhr

Nach dem Essen gehen Sie zu einem Fluß und werfen gemeinsam den Brautstrauß Blume für Blume hinein und sagen dabei, von was Sie sich lösen wollen.

Sie danken einander erneut, sprechen aus, was Sie sich und dem anderen zum weiteren Leben wünschen und gehen dann in unterschiedlichen Richtungen davon.

Das Goldene Kalb: Rituale im Rahmen beruflicher und finanzieller Entscheidungen

Mobilität: Aus den Augen, aus dem Sinn?!

Herausforderung Mobilität

Gerade die hohe geographische und soziale Mobilität gehört heute zu einem Standard in vielen Lebensläufen. Aufgewachsen in B., geht man zum Praktikum nach T., studiert bis zur Zwischenprüfung in G., reist während dieser Zeit aber oft nach U., weil dort der Partner lebt, wechselt dann nach F., beginnt in C. bei F. zu arbeiten, zieht dann jedoch nach M. mit dem Partner zusammen, lebt mit ihm einige Jahre im Ausland in W., kehrt nach B. zurück, zieht nach der Berentung aber endgültig nach H., weil dort die Luft sauberer und die Häuser billiger sind.

Trotz dieses »alltäglichen Wahnsinns« ist Mobilität kein Low-risk-event, im Gegenteil: Mobilität gefährdet Sozialisationsergebnisse, sie gefährdet auch die Kontinuität und die Stabilität von bestehenden Gruppen und damit das umgebende schützende soziale Netz[88]. Wo Orte gewechselt werden, werden Wurzeln aus- und oft abgerissen. Gleich wie cool und geübt Sie sind – mit kleineren oder größeren »Wurzeldepressionen« müssen Sie rechnen. Wenige Menschen verkraften häufige Wechsel wirklich gut – zwischen einem Bahnhof und dem nächsten, der Abfahrt und Ankunft, bekommt die Seele leicht Schnupfen.

Das betrifft alle wichtigen Formen heutiger Mobilität, etwa …

- Vorübergehender oder dauerhafter Polyzentrismus von Bezugs-

88 S. a. Bilden, in: Bilden und Keupp, 1989, 22.

orten durch z. B. Pendeln zwischen Wohnungs- und Arbeitsstelle oder Arbeitsstelle und Beziehung.
Risiken: Wurzeln lockern sich am alten Ort – das Einwurzeln an anderen Orten fällt oft schwer. Die geographische Identität ist lose und unterstützt nicht – wie sonst – die Bereiche durch einen rahmenden, kontinuierlichen Alltag. Beziehungen an der Arbeitsstelle und im Privatbereich und die in den unterschiedlichen Privatbereichen können gegeneinander in ein unglückliches Konkurrenzverhältnis geraten.

- Mehrmonatige befristet gedachte Abwesenheit, z. B. im Rahmen eines Urlaubs, zu Ausbildung und Studium und jahrelang befristet gedachter Wechsel, z. B. zu Ausbildung und Studium.
  Risiken: Hier werden Beziehungen desaktualisiert – man verliert den Anschluß an das Leben des anderen, besondere Kontaktkompetenzen wie Briefwechsel/E-mails werden stärker gefordert, das Vertrauen in die auch subjektive Erreichbarkeit von Vertrauenspersonen wird u. U. beidseitig stark erschüttert.
- Gedacht unbefristeter Wechsel in eine andere Stadt, versuchsweiser Umzug in ein anderes Land zu gedacht unbefristetem Aufenthalt und gedacht unbefristetem Wechsel ins Ausland.
  Risiken: Alte Beziehungen geraten in Konkurrenz zu neuen – alte Beziehungen können neue Beziehungen blockieren, neue Beziehungen können alte unnötig schwächen. Alte Beziehungen müssen wesentlich umstrukturiert und umorganisiert werden.

Viele scheuen sich davor, Abschied, Wechsel, Neubeginn bewußt zu gestalten. Unglück, Schmerz, Schwierigkeiten lassen sich damit wohl dennoch nicht vermeiden. Ein bewußtes Durchleben solcher Situationen hilft, eine gewisse Behutsamkeit sich und dem sozialen Netz gegenüber zu entwickeln. Rituale können hier zusätzlich stützen. Sie helfen, die Orientierung und das Vertrauen der alten Bezugspersonen zu sichern, indem sie bewußt Spots setzen. Gerade Abschiede sind jedoch auch so stark subjektiv konnotierte Ereignisse, reichen so tief in unsere frühsten Erfahrungen von losgelassen und freigelassen, ausgeliefert sein, allein gelassen werden hinein, daß hier kaum allgemeine Regeln aufgestellt werden können außer die, die Sinne offenzuhalten als Scheidender, als Bleibender.

Ob bei kleinen oder großen Wechseln – die Aufgaben sind ähnlich: Es geht stets darum, Beziehungen im Übergang zu gestalten – und die Unerbittlichkeit von Trennungen so zu gestalten, daß sie ertragbar werden, etwas begreiflich zu machen, was oft seltsam unbegreiflich bleibt: Der Zug fährt ab, Gesichter schwinden, war gerade eben noch einer nah, fühlte man seine Hand, roch seinen Geruch, bleibt zwischen Glas und Glas ein trauriges oder lächerliches Gefühl – auch wenn der andere vielleicht in ein paar Tagen wiederkommt. Unbegreiflich ist uns Kopfmenschen, wenn einer so sichtbar aus dem eigenen Gesichtskreis verschwindet.

Durch Abschiedsrituale können solche Situationen sogar eine besondere Schönheit gewinnen, weist der Schmerz doch darauf hin, wie kostbar einem derjenige ist, der nun geht oder den man nun verläßt. Wenn einer eine Reise tut, ist es deshalb gut, es in Formen zu fassen, die auch dem Herzen verständlich sind. Und nicht nur dem Abschied dadurch zu entgehen, indem man ihn übergeht.

Vakui: einige Inszenierungstips

Kleine Rituale bei Abschieden täten gut. Da es kaum etwas gibt und in jeder Beziehung zu Menschen und zu Orten um andere Bereiche geht, sind der Phantasie kaum Grenzen gesetzt.

Wichtig ist in jedem Fall für einen guten Übergang, daß Sie nach Anschlußstellen suchen und diese pflegen. Achten Sie darauf, daß es Ihnen gutgeht. Das muß nicht mit vielen Worten geschehen. Für das Vakkum zwischen den Bereichen sorgen Sie für Puffer, Entzerrer, psychische Stabilisatoren – achten Sie darauf, daß Sie gut fahren und gut wieder ankommen.

Oft reicht es aus, wenn Sie sich jeweils am Bahnhof abholen lassen. So gelingt es vielen schon oft leichter, von einem Lebensbereich in den nächsten zu wechseln. Sie können auch symbolisch Gegenstände zwischen beiden Bereichen hin- und herpendeln lassen – den alten Teddybären oder sonst eines dieser kleinen sinnlosen, schönen Dinge.

Pendeln Sie regelmäßig zwischen zwei Bereichen, machen Sie beide Lebensbereiche miteinander vertraut. Bemühen Sie sich, gerade die Anschlußstellen als Stellen erhöhter Belastung jeweils besonders schön zu gestalten üben Sie, probieren Sie aus. Verstekken Sie Ihre Sensibilität nicht – und wenn Ihnen ein Abschied leichtfällt – um so besser.

Wechseln Sie für längere Zeit den Ort, verabschieden Sie sich bewußt und klar von denen, die Ihnen bisher wesentlich waren. Überlegen Sie – und sprechen Sie aus –, was Sie weiterhin einander sein wollen. Entwickeln Sie Ideen, wie Sie die Beziehung gestalten wollen. Installieren Sie vielleicht Sicherungen – das könnte etwa ein jährliches Treffen mit Ihren alten Freunden sein, das können Geburtstagsfeste oder andere Punkte sein, die trotz der Distanz eine gewisse gemeinsame Beheimatung sichern.

Vielleicht begleitet auch ein alter Freund die Passage in Ihr neues Leben wie ein Fährmann. Es geht keineswegs darum, daß dieser Freund Möbel schleppt, es kann jedoch wichtig sein, daß jemand Ihre ersten Schritte in ein neues Leben begleitet und damit eine gewisse Kontinuität zwischen gestern und morgen sichert.

Ich erinnere mich in dieser Hinsicht sehr gern, wie eine Freundin mich in meine neue Studienstadt begleitete und wir dort die ersten Tage miteinander verbrachten. So trugen wir unsere alten, vertrauenschaffenden gemeinsamen Ticks und Liebhabereien in ein Stück meines neuen Lebens, ertrugen gemeinsam meine Ängste und Unsicherheiten. Ich bin ihr heute noch dankbar dafür.

So hören Beziehungen zu Menschen, Wurzeln zu Orten nicht auf zu existieren, wenn sich das Leben verändert. Und der alte, Geborgenheit schaffende Satz St-Exupérys bei dem Abschied des kleinen Prinzen von dem Fuchs gilt und wirkt immer noch:

»Du bist zeitlebens für das verantwortlich, was du dir vertraut gemacht hat« (St-Exupéry, 1946/1997, 72).

Hold on: Rituale zu Beförderung, Stellenwechsel, Arbeitslosigkeit

Beförderung

Beförderung ist einerseits zweifelsohne ein freudiges Ereignis. Andererseits entstehen in der Arbeit oft wesentliche Rollenverschiebungen und mit der neuen Aufgabe auch neue Grenzen.

Kollegen werden sich vielleicht nicht mehr so leicht öffnen, man verkehrt in anderen Lebensräumen, die tatsächlich viel weiter auseinanderliegen, als es die Nähe von Büros suggerieren mag – manche Schwellen sind jetzt deutlich höher geworden. Einige Kollegen verschließen sich nun, andere öffnen sich.

Auch in der Familie und im Freundeskreis kann es zu Veränderungen kommen. Viele können sich nicht herausnehmen aus sozialen Vergleichen, Spannungen und Unverträglichkeiten, und auch überraschend dynamische, unrationale Gefühle des »Nun bin ich sicher nicht mehr gut genug« oder des »Jetzt hat er sicher überhaupt keine Zeit mehr« können Beziehungen trüben.

Mit der Beförderung verändern sich – mehr oder minder drastisch – Lebensgewohnheiten, durch andere Arbeitszeiten, andere Belastungen, andere Selbstbestätigungen.

Nehmen Sie im Vorfeld von Ihren alten Kollegen bewußt Abschied. Das muß nicht mit vielen gefühligen Worten geschehen. Besprechen Sie die Veränderungen, die diese Neupositionierung auch in ihrem Kommunikationsgeflecht hat. Sprechen Sie Wünsche, Notwendigkeiten, Ziele ab. Gehen Sie gemeinsam Grenzen ab. Nützen Sie in der Folgezeit Gelegenheiten, um diese neue

Grenzziehung zu überprüfen – in der Kantine, auf Fortbildungen, im Personalgespräch.

Überlegen Sie für sich, unterstützt von Ihrem Partner und Ihren Kindern, welche Chancen und Risiken die neue Situation für Sie hat. Bringen Sie neue Bereiche in Einklang mit alten. Welche neuen Belastungen kommen nun auf Sie zu? Welche Unterstützung erhoffen Sie sich von wem? Welche Chancen bietet die neue Situation vielleicht auch für Ihr Umfeld?

Gibt es ein Motto, einen Spruch, der Sie durch die erste Zeit begleiten und damit Brücken schlagen kann? Vielleicht ist es nun an der Zeit, von alten Parolen Abschied zu nehmen und Ihr Welt- und Wertebild neu zu Justieren.

Möglicherweise hilft Ihnen dabei ein alter Tutor, ein alter Förderer. Suchen Sie solche Gespräche im Vorfeld, pflegen Sie – nicht unbedingt quantitativ, sondern qualitativ – Nachdenklichkeit. Sie können den neuen Schritt mit ihm feiern – vielleicht an einem Ort, der schon früher wichtige Gespräche bedeutete – ein Kaminzimmer, eine andere Stadt, vielleicht eine Wanderung, ein Weg, auf dem Sie früher schon wichtige Gespräche führten.

Dann – im Bewußtsein der Risiken und Nebenwirkungen – können Sie neue Räume unbelastet genießen:

»Und jedem Anfang wohnt ein Zauber inne,
Der uns beschützt und der uns hilft zu leben.«

Stellenwechsel und andere Berufskrisen

Vom Kündigungswunsch oder von dem langsamen Erkennen der Notwendigkeit einer vielleicht sich jahrelang aufbauenden Unzufriedenheit bis zum Wechsel ist ein langer Weg. Der unübersichtliche Arbeitsmarkt hindert viele daran, überhaupt an eine Neuorientierung zu denken, Entwicklungen, Warnzeichen werden oft verschlafen aus Angst vor den Konsequenzen, aus Trägheit vielleicht oder weil man sich – obwohl man über seine Situation klagt – gar zu »traulich eingewohnt« hat. Oft verschleppt man Orientierungsphasen und verschläft Chancen, und sei es die, aus einer vielleicht maroden Firma oder Branche rechtzeitig aus- und umzusteigen.

Andere brechen zu früh – zu abrupt, wechseln eine Stelle, gehen zur nächsten, denken nicht nach, ruhen nicht, lassen nicht reifen, bewähren, greifen Chancen nicht auf, lassen der Zeit und dem neuen Umfeld keine Chance.

Die Inszenierung

Ein schützender Puffer kann hier ein bewußt gesetztes Moratorium sein. Wenn Sie in der Situation sind, nehmen Sie den Ernst der Lage, Ihre Probleme mit Arbeitsbedingungen und Arbeitsinhalt, Ihr vielleicht sehr vages Unbehagen, Ihre chronische Montagsdepression bewußt wahr.

Setzen Sie sich dann eine Frist, in der Sie Gedanken reifen lassen und sich neu orientieren, eine Zeit bewußter Unentschlossenheit. Machen Sie eine vorsichtige, behutsame Informationspolitik. Nicht jeder muß zu jeder Zeit informiert werden. Vielleicht sind die Stürme ja nur in Ihnen. Tragen Sie Ihre Unschlüssigkeiten zu früh nach außen, verursachen Sie möglicherweise schädliche Turbulenzen. Arbeiten Sie behutsam und hartnäckig an einer neuen Vision, einem neuen Berufsbild, das wie das

Bild eines Malers lange Zeit im verborgenen entstehen muß:

»Es führt zu jedem Bild ein eigener, unsichtbarer Weg. [...] Den muß ein Maler finden. Und er darf das Bild nicht zu früh zeigen, weil er sonst diesen Weg wieder verlieren könnte« (Buchholz, 1997, o. S.). Sie können sich regelmäßig Zeit nehmen, um an diesem Bild zu arbeiten – den Samstagvormittag etwa, in Ihrem Arbeitszimmer oder in Ihrem Lieblingscafé.

Am Ende des definierten Moratoriums etwa eines Jahres, eines halben Jahres oder auch nur von einigen Tagen kann es sein, daß Sie noch ein paar Tage »verschärfter Klausur« brauchen – vielleicht gehen Sie mit einem guten Vertrauten wandern, vielleicht setzen Sie sich wieder an den elterlichen Tisch oder besuchen Ihre alte Schule. Überlegen Sie, wohin Sie wollen, was Sie wünschen. Schreiben Sie es auf, und beschäftigen Sie sich immer wieder damit. Denken Sie sich kleine Verbesserungen für Ihre Situation aus – etwa indem Sie eine Fortbildung besuchen –, und beobachten Sie, was sich dadurch bewegt. Sie werden merken, wie die Entscheidung fast von ganz allein in Ihnen reift. Die Entscheidung, die Sie dann treffen, wird wirklich authentisch sein.

Arbeitslosigkeit

Ideen gegen das schwarze Loch

Arbeitslosigkeit ist ein häufiges Hochrisiko-Ereignis in unserer Kultur. Gestützt durch meine jahrelange Erfahrung in der Erwachsenenbildung schätze ich, daß spätestens nach einem halben Jahr die Gefahr einer psychischen Erkrankung extrem hoch ist. Hilfestellung braucht ein Arbeitsloser also nicht nur im Umgang mit Ämtern, für richtiges Bewerbungstraining oder die finanzielle Situation, sondern vor allem bei der sozialen und psychischen Neuorientierung. Auch gesunde Menschen mit an sich günstiger psychischer Struktur sind der Situation nicht immer gewachsen. Sie verlangt Kompetenzen, die man im Arbeitsalltag oft nicht braucht, und konfrontiert mit einem Vakkum, das extrem schwer zu managen ist – so beschreibt etwa die Wissenschaftlerin Helga Nowotny sehr nachvollziehbar, wie das Zeitgefühl und damit das ganze Leben stockt und oft in einer Art Niemandsland trudelt[89].

Vor diesem sozialen Absturz zu schützen kann die Aufgabe nicht nur des Betroffenen mit seinem mit betroffenen familiären Umfeld sein – auch Arbeitslosenverbände und Arbeitsämter könnten sich hier engagieren. Dies geschieht heute bekanntlich nur unzureichend. Um die brisante Situation zu entschärfen, brauchen wir jedoch dringend neue Ideen und den Mut zu Utopien, den Mut zu Experimenten – auf den hier schon oft diskutierten Grundlagen der Freiwilligkeit, der Machtkontrolle und Transparenz und der Evaluation der Ergebnisse, um der Verschwendung öffentlicher Gelder und privater Ressourcen vorzubeugen.

89 S. a. Nowotny, 1993, 105 ff.

Die Infrastruktur der Inszenierung

Die sinnvollste Möglichkeit erscheint mir ein Leitsystem mittels Patenschaften zu sein. Potentielle Paten könnten aus dem Arbeitsamt selbst stammen, aus den Berufsverbänden (den Industrie- und Handelskammern, den lokalen Gruppen berufsständischer Vereinigungen von Ärzten, Akademikerinnen, Sekretärinnen etc.) oder aus karitativen Institutionen, der Caritas und der Diakonie, oder zumindest mittels dieser Institutionen als Kontaktstelle fungieren zwischen potentiellen Paten und Arbeitslosen. Potentielle Paten ließen sich auch über die Presse oder Kontaktakquisition finden.

Die Patenbeziehung gälte dabei projektbezogen – ist der Arbeitslose wieder in Arbeit, hört sie auf. Natürlich könnte sie vorher aufgelöst werden, käme es zu Unverträglichkeiten, hier wären die Institutionen wieder als Mediatoren gefragt.

In einer laufenden Patenbeziehung wäre die Aufgabe der Paten, den Arbeitslosen regelmäßig – nicht mehr als ein Mal pro Woche – zu kontakten. Innerhalb dieses kurzen Gesprächs kann er sich nach dem Stand der Bewerbungen erkundigen und Trost und Tips geben. Der Arbeitslose behielte seine Selbständigkeit und gleichzeitig einen gewissen Draht in die Arbeitswelt.

Die Initiierung dieser Patenbindung wäre für mich wesentlicher Bestandteil der Initiation in die Arbeitslosigkeit. Bei einem Termin – möglicherweise einem monatlichen Gruppentermin ähnlich oder anläßlich der Job-Research-Messen einiger Arbeitsämter – könnten Paten und Paten»kinder« sich finden und die Beziehung beginnen. Der Arbeitslose käme sich nicht ganz so hilflos vor, die Versuchung, die ganze Situation monatelang zu verdrängen und zu verschleppen, wäre geringer, die Eigenverantwortung würde gestärkt, gleichzeitig die Verantwortung der Berufstätigen für die Arbeitslosen neu gestiftet.

Im konkreten Ablauf könnte eine solche in die Arbeitslosigkeit« etwa so aussehen:

Die Inszenierung: ein Beispiel

9.00	Offizielle Begrüßung einer Gruppe neuer Arbeitsloser durch ein Mitglied des Arbeitsamtes Vorstellen der Hilfen (Arbeitslosengruppen, Bewerbungstrainings ...) Erläuterung des Patensystems
10.00	Paten stellen sich vor – je nach Größe der Veranstaltung durch einen Sprecher der Paten oder individuell.
11.00	Arbeitslose wählen Paten und Paten Arbeitslose, wobei sie je drei Prioritäten haben.
12.00	Jedem Paten werden nun Arbeitslose zugewiesen. In Kleingruppen werden nähere Vereinbarungen, Telefontermine, Zielvorstellungen etc. besprochen.

Berentung

Veränderungen in der Arbeit und in der Familien stehen nun an. Sie verlangen umfangreiche Umbauarbeiten im Leben. Und auch wenn man sich vielleicht lange darauf freute – es liegt doch, wie in jeder Lebenswende, oft eine gewisse ambivalente Spannung über dem Ereignis. Viele haben Angst vor diesem Horror vacui – vor den Abschieden, vor der Leere, vor dem Ende – und bereiten sich auf die Anfänge nach dem Ende kaum oder nur sehr unzureichend vor. Wichtig ist dabei eben nicht nur eine praktische Vorbereitung, sondern eine geistige Vorbereitung, die dem Herz Zeit läßt, in diese Richtung zu wachsen und das neue Leben anzunehmen. Man unterschätzt oft auch den psychosozialen Bonus der Arbeit, solange man sie noch hat.

Die Trennung fällt gerade für die oft nicht leicht, die sich ja eigentlich nicht trennen müßten: die Selbständigen. Hier heißt es, die Trennung von der Arbeit besonders behutsam vorzubereiten – um so mehr, wenn die Arbeitsstelle beim oder sogar im Haus ist.

Die Inszenierung

Auch bei dieser Lebenswende können Moratorien wesentliche Bestandteile der rituellen Inszenierung sein. Das Moratorium zur Berentung wird dabei in der Regel vor der Berentung stattfinden – in der Arbeit. Vorsichtig und behutsam können Sie in dieser Zeit gedanklich und gefühlsmäßig in Ihre neue Welt hineinwachsen.

Lösen Sie sich, wenn der Entschluß gereift ist, bewußt aus dieser Lebensphase:

Verschenken oder vernichten Sie Ihre Tasche.
Trennen Sie sich von Ihrer alten Busineßkleidung.
Verschenken oder verkaufen Sie alte Werkzeuge.

Richten Sie Ihr Arbeitszimmer neu ein, oder wandeln Sie es gleich für andere Zwecke um.

Nichts, was tot, vorbei, vergangen ist, soll Sie hemmen. Legen Sie ab, und leben Sie auf.

Rituale im Rahmen von finanziellen Entscheidungen

Ritueller Leerraum ist auch bisher immer noch das weite Gebiet wirtschaftlichen Agierens. Gerade dieser Bereich, der so eng mit unserem Erfolg oder Scheitern versponnen ist, oft sogar als Meßlatte des gesamten Lebenserfolgs, der erfolgreichen Sozialisation genommen wird, ist, zumindest was offizielle Rituale anbelangt, weitgehend Neuland.

Im finanziellen Bereich schaut es, was Rituale angeht, mager aus. Zumindest nach außen hin. Wir finden am ehesten noch zirkulare Rituale: Die Maiparaden im öffentlichen Bereich oder Erfolgsbeteiligungsfeiern im wirtschaftlichen Bereich. Tatsächlich gibt es jedoch gerade im Bereich der Wirtschaft viele Settings, die rituellen Charakter haben. Viele Handlungen im wirtschaftlichen Bereich erscheinen primär plausibel, auch wenn sie tatsächlich – manchmal als zusätzliche Konnotation – rituelle Züge tragen.

Steuer

Ein schönes Beispiel ist hier die jährliche Steuererklärung, die, sieht man näher hin, deutlich rituelle Züge trägt. Zwar ist sie natürlich wirtschaftlich nötig – die Menge der Emotionalität, die dabei freigesetzt wird, spricht aber für ihre Bedeutung über ein rein praktisches Ereignis hinaus. So trägt dieses Ereignis oft den Charakter von Exerzitien, einer schmerzhaften jährlichen Reinitiation ins Erwachsenenleben. Ergebnisse von Sozialisation ins Erwachsenenleben werden angezweifelt, teilweise die Sozialisation ins Erwachsenenleben trotzig verweigert, indem die Abgabe immer wieder verschoben wird und Familie und Freundeskreis wochenlang in Atem gehalten werden.

Gerade in diesem Bereich tut sich für den rituell Experimentierfreudigen ein weites Spielfeld auf:

Die Inszenierung

So kann man die rituelle Erstinitiation durch einen Kurs begleiten lassen, man kann Unterlagen feierlich mit einer Flasche Sekt öffnen, kann eine Selbsthilfegruppe gründen, die sich jährlich zu diesem Zweck zusammenschließt, kann alte Unterlagen oder Steuerbücher dramatisch verbrennen. Man kann sich wie ein Ritter zum Kampf mit dem Amtsschimmel rüsten, mit einem Band um das Handgelenk die Initiation bewußtmachen, die Freiheit danach bewußt genießen, indem man deutlich, klar, ein bißchen schadenfroh fast, die Unterlagen in den Keller oder Speicher räumt.

Solche Aktionen sind dabei mehr als Spielerei: Einmal gewinnt durch einen schönen Rahmen dieses Ereignis eine positivere Konnotation – andererseits werden so auch intellektuelle und emotionale Blockaden entschärft, die Wahrscheinlichkeit steigt, daß man wirklich denken kann, alle seine intellektuellen Ressourcen nutzt und damit diese »Krise« gut und rasch bewältigt.

Credits[90]: Aufnahme eines Kredits

Ernste Spiele

Können Rituale rund um die Steuererklärung noch ein Spiel sein, weil nicht viel dabei schiefgehen kann und der, der Steuern zahlt, zwangsläufig sowieso schon über einen gewissen Hintergrund verfügt, hört das Spiel für mich bei Ritualen zu Krediten auf.

Wir rahmen eine Hochzeit. Wir feiern einen Toten. Wir verabschieden uns würdig von denen, die gehen, von dem Mitarbeiter, der in Rente geht, begrüßen Kinder, feiern Prüfungen. Existentielle Handlungen wie Kredite fallen aus unserem rituellen System der Würdigung und Be-Achtung weitgehend hinaus. Gerade hier aber wären Spots wichtig, die uns klar und deutlich daran mahnen, hinzuschauen auf das, was wir tun, Folgen zu bedenken, nicht darüber hinwegzuleben.

Hier ist schließlich oft wirklich existentielle Gefahr vorhanden, verbunden mit einer gewissen Verführbarkeit, die der Sog des »Alles ist möglich« ausmacht. In dieser Lage ist es deshalb existentiell wichtig, das Risiko bewußt wahrzunehmen – gerade da eine Verzerrung in beide Richtungen problematisch sein kann.

Gehen manche Menschen überhaupt kein Risiko ein oder zermartern sich völlig unnötig den Kopf, z. T. sicher aus unzureichender Kenntnis und Vertrautheit mit dieser Welt, die eine realistische Risikoabschätzung tatsächlich schwer macht, legen manche eine geradezu rührende Naivität an den Tag, wenn sie Kredite aufnehmen.

Umgäbe man jeden Kredit mit einem rituell-feierlichen Rahmen, würde einigen das finanzielle Risiko vielleicht eher bewußt. Gute Veranstalter wären meiner Meinung nach karitative, gemein-

90 Ein sehr schönes englisches Wort, meint es doch gleichzeitig »Glauben«, »Kredit« wie auch »Ehre«.

nützige Vereine wie der Verbraucherschutz, es können aber auch berufsständische Vereinigungen, sogar Banken und natürlich die Initianden selbst sein (wobei das wohl zu viel verlangt wäre). Auch Schuldnerberatungen in Kooperation mit den Banken kämen in Frage.

Im Vorfeld kann eine Gruppe – bestehend z. B. aus Schuldnerberatung, Kreditgeber, Kreditnehmer – in Vorgesprächen bewußt Risiken und Chancen herausarbeiten, Verpflichtungen und Rechte fixieren und auch Modelle und Strategien gemeinsam erarbeiten.

In einem Frage-Antwort-Wechsel wird dem Initianden dann seine Entscheidung, seine Verpflichtung und sein Risiko bewußt vor Augen geführt. Zeugen begleiten und stützen dieses Ereignis. Etwa derartig:

Ein Beispiel

Schuldnerberatung:	Frau Schmidt, Sie wollen einen Kredit von DM 100 000 zur Einrichtung einer allgemeinärztlichen Praxis aufnehmen?
Kreditnehmerin:	Ja, ich will.
Schuldnerberatung:	Sie wollen Ihren Lebensstandard entsprechend anpassen, sich um die Gewinnung und Bindung der Patienten bemühen und insgesamt dafür Sorge tragen, daß Sie den Ihnen gewährten Kredit von DM 100 000 fristgerecht bis zum … in je … Raten zurückzahlen?
Kreditnehmerin:	Ja, ich will.
Schuldnerberatung:	Bank X, Sie wollen Frau Schmidt einen Kredit von DM 100 000 zur Eröffnung einer allgemeinärztlichen Praxis gewähren?
Vertreter der Bank:	Ja, das wollen wir.

Schuldnerberatung: Sie werden diese Summe unter einer jährlichen Verzinsung von ... % bis zum ... unter ... Bedingungen Frau Schmidt zur Verfügung stellen?

Vertreter der Bank: Ja, das wollen wir.

Schuldnerberatung: Dann frage ich Sie, Herrn Müller: Wollen Sie Ihre Dienste als Steuerberater Frau Schmidt unter dem vereinbarten Honorar von ... % zur Verfügung stellen?

Steuerberater: Ja, ich will.

Schuldnerberatung: Sie wollen Frau Schmidt in allen Fragen der Finanzierung, der Abzahlung und der steuerlichen Handhabung des Kredits nach besten Kräften und nach bestem Wissen beraten und sie rechtzeitig auf finanzielle Risiken hinweisen?

Steuerberater: Ja, ich will.

Schuldnerberatung: Dann frage ich auch Sie, Frau Baume: Wollen Sie Frau Schmidt nach besten Kräften und nach bestem Wissen bei der Eröffnung ihrer Praxis beraten, sie regelmäßig befragen, mit ihr regelmäßig den Erfolg prüfen und ihr bei Schwierigkeiten beistehen?

Patin: Ja, ich will.

Schuldnerberatung: Dann beglückwünsche ich Sie zu dem Kredit und wünsche Ihnen viel Erfolg mit Ihrer Praxis!

(allgemeines Händeschütteln)

Abschied? Neubeginn! Rituale in der Lebensmitte und am Lebensende

Paradox Drive: Vergänglichkeit zwischen Voyeurismus und Verdrängung

Gesundheit, Krankheit, Tod: Vergänglichkeit[91]

Über Krankheit und Heilung ist viel geschrieben worden. Das Themenfeld ist vielfältig und von oft verwirrender Komplexität, kreist aber im wesentlichen doch um ein zentrales Thema: Vergänglichkeit.

Mit diesem Thema geraten wir gleichzeitig in einen Irrgarten ambivalenter Gefühle und oft reichlich paradoxen Verhaltens – wir meiden diese Themen und suchen sie zugleich. Vielleicht scheuen wir uns, die krebskranke Freundin zu besuchen, und sehen gleichzeitig gierig Melodramen um Krankheit und Heilung an. Wir sammeln Bücher, Berichte und Geschichten zu Krankheiten. Gebannt lesen wir die Krankheitsgeschichten der Berühmheiten. Steht eine ausgemergelte Gestalt vor uns an der Kasse des Supermarktes, weichen wir zurück. Wir gehen ungern zur Beerdigung der Nachbarin. Wir scheuen die lange Anfahrt zur Beerdigung des fernen Onkels. Was hatte sein Tod noch mit uns zu tun? Gebannt, wenn auch vielleicht etwas verschämt, sehen wir stundenlang der Beerdigung einer fremden Prinzessin zu, ohne je über Sentimentalitäten oder Längen zu Jammern. Die Leiche des Großvaters wollten wir vielleicht nicht sehen – fast cool ertragen

91 Wesentliche Lehrerin der Vergänglichkeit war mir gerade durch ihr praktisches Beispiel Dörthe Mahraun, Jg. 1926, die selbst angesichts einer lebensbedrohlichen Krankheit täglich Worte für die Schönheit des Lebens fand. Ich hielte sonst wohl einiges Lob der Vergänglichkeit nur für zynische oder verlogene Utopie.

wir täglich die Bilder simulierter oder realer Leichen im Fernsehen.

Angesichts eines öffentlichen Ereignisses scheint uns oft leichter, Gefühle zu entwickeln und zu zeigen – findet das Ereignis in unserem eigenen Lebenskreis statt, dicht an unserem Herzen, verbergen wir uns.

Dem Tod von Kriegsopfern, regionalen und internationalen Berühmtheiten erweisen wir Ehre, ihren Krankheiten bringen wir Interesse und Anteilnahme entgegen, stirbt der Nachbar, wird weggeschaut.

In der Belletristik und in den Medien, in Spielfilmen wie dem populären Film *Vier Hochzeiten und ein Todesfall* werden oft schöne Rituale um den Themenkomplex Sterben – Tod – Beerdigung beschrieben oder, ambivalenter ausgedrückt, zumindest gut mythisiert. Vergänglichkeit ist uns medial hervorragend vertraut – und praktisch ferner als je. Möglicherweise erleben wir erst – oder sogar nur – im Fernsehen den Verlustschmerz, den wir uns gegenüber der sterbenden Freundin, dem todkranken Vater kaum eingestehen. Sorgfältig sind wir bemüht, in unserer Welt unsere Gefühle zu kontrollieren, Kontrolle zu bewahren, aus welchen rationalen Gründen auch immer.

Wie fühlt sich ein Sterbender an? Wie riecht ein Toter? Wie sieht es aus, wenn jemand stirbt? Wie hört sich die Stille um einen Toten an? Unser Unwissen treibt uns als Gaffer an Unglücksstellen und zu Unfällen, als tägliche Voyeure holen wir uns unsere tägliche Portion Tod mit Zeitungen, durch Spielfilme und Berichte, in Büchern und Geschichten ins Haus. So fliehen und gieren wir gleichzeitig das wohl bedrohlichste und anziehendste Thema der Welt: Vergänglichkeit. Greift Vergänglichkeit in unser Leben ein, gerät es oft schnell in Unordnung: Krankheit und Tod halten sich an keinen Terminkalender, keine Absprachen, keine Versicherungsverträge.

Was geschieht, wenn wir krank werden, wenn ein Mensch

stirbt, der dicht an unserem Herzen war? Wer schafft dann in uns Ordnung?

Selbst die Medizin, der Fortschritt in Diagnostik, Therapie und Prävention haben das Leiden und seine letzte Folge, den Tod, nur bedingt zähmen können. »Lehre uns bedenken, daß wir sterben müssen, auf daß wir klug werden«, so steht es im neunzigsten Psalm (90, 12). Der Fortschritt hat dieser existentiellen Herausforderung kaum ihre Schärfe genommen.

Herausforderung Vergänglichkeit

Die Herausforderungen zwischen Krankheit, Gesundung und Tod sind vielfältig:

Bei einer Krankheit:
- Umgang mit Schwäche und Hilflosigkeit
- Umgang mit Schmerz
- Umgang mit Lebensgefahr
- Akzeptanz der Umwelt
- Orientierung bei Therapiemethoden
- Krankheiten verstehen
- In der Krankheit einen Sinn finden
- Krankheit als (möglicher) Wendepunkt
- Veränderung des Menschenbildes

In der Heilungsphase:
- Prävention einer Neuerkrankung
- Unterstützung finden und richtig dosieren
- Motivation zu komplizierten Behandlungen (Patensystem)
- Arzt-Patienten-Kooperation (Commitment)
- Unterstützende (Partner, Freunde, Kinder) stützen
- neue Grenzen definieren: Grenzen überwinden oder akzeptieren
- reicher/schwächer werden
- das »2. Leben« nach einer Erkrankung beginnen

Im Sterben:
- Ordnen der alten Bindungen, Klärung, Dank
- Lösung/Verabschiedung des Sterbenden
- Verantwortung abgeben
- Einstimmung der Hinterbliebenen auf den neuen Status
- Beginn der Trauerphase (»antrauern« sozusagen)

Zur Beerdigung:
- Zuspruch des neuen Status für den Verstorbenen und Hinterbliebene
- kontrolliert geschütztes Zulassen von Trauer und Schmerz
- Beginn der Neuordnung des Sozialgefüges

Nach der Beerdigung:
- Erschließung neuer Lebensmöglichkeiten
- Reintegration in die Gruppe in neuer Rolle
- Ablösung der Trauernden vom Verstorbenen
- Durchleben und Beenden der akuten Trauerphase (»abtrauern« sozusagen)

Übergreifend:
- kontrolliertes, geschütztes Abreagieren von Emotionen (»kontrollierter Kontrollverlust«)
- Reduzierung der Angst

Vielleicht ist es vor einer Operation das letzte Mal, daß man gemeinsam ißt? Vielleicht gibt es tatsächlich einiges auch psychisch – zu regeln, bevor ein Partner für Wochen in die Rehabilitation geht? Sicher verändert sich mit einem Schlaganfall die Welt des Patienten – nicht nur im körperlichen Sinn. Wie erträgt man diese Veränderung? Wie paßt man sie in sein Leben ein?

Herausforderung Ritual

Entsprechend der Vielzahl an Aufgaben gibt eine große Zahl – denkbarer! – Funktionen von Ritualen rund um den Themenkomplex Vergänglichkeit:

Rituale haben als Ordnungssysteme in diesem engen Geflecht eine große Bedeutung. Sie helfen uns, dem Unbegreiflichen gegenüberzutreten, es einzuordnen, es begreiflich zu machen, uns mit Leiden und Krankheit, Tod und Vergänglichkeit, die so sehr unserem Leben zu widersprechen scheinen und gleichzeitig so dazugehören, zu versöhnen. Rituale dazu sind jedoch gerade rar geworden. Krankheit, Schwäche, Tod – so bedrohlich sie sind erinnern uns gleichzeitig an die ganze Kraft, an die ganze wunderbare verletzliche Schönheit des Lebens. Dennoch: Wir feiern nicht – weder die Krankheit noch die Gesundheit.

Wir müssen uns vorbereiten und gleichzeitig uns die Freiheit lassen, instinktiv in der Situation unsere Pläne über Bord zu werfen. Wir werden Zeit brauchen, vermutlich viel mehr, als wir dachten. Vielleicht stellt sich statt der erwarteten Trauer Haß ein, vielleicht schweigt die Trauer wochenlang, um dann heftig auszubrechen.

Dazu brauchen wir eine Sprache: Dabei könnten gerade Rituale uns helfen, wieder einen Ausdruck zu finden für das, was geschehen ist, sie könnten uns helfen, angesichts dieses schmerzlichen Mysteriums mutig weiterzuleben und auch, auf den neuen Plätzen, die wir durch den Tod des Menschen bekommen haben, uns neu einzurichten.

Vielleicht sollten wir in der Hinsicht wieder den alten Rat beherzigen, so zu werden wie die Kinder, um damit eine Kompetenz wiederzuerlangen, die in diesem Bereich so wichtig ist: mit Machtlosigkeit umzugehen. Das Traurigste und Schlimmste mutig beim Namen zu nennen. Und: zu spielen, zu feiern, sich zu schmücken – selbst angesichts von Krankheit und Tod.

Ich mach' dich gesund, sagte der Bär: Rituale rund um Krankheit und Gesundheit

Inszenierung: Grundlagen

Stärken Sie sich in dieser Zeit. Versäumen Sie nichts, was Ihnen Kraft geben kann. Bereiten Sie sich sorgfältig auf den Tag X vor – ob es eine Operation, eine Kur, der Tag der Genesung oder auch der Tod ist. Diese Vorbereitung kann nur subjektiv richtig sein: Ist es für den einen ein ausgedehnter Stadtbummel, ist es für den anderen eine kleine Reise mit der Jugendfreundin oder auch nur ein letzter Milchkaffee im Lieblingslokal.

Wollen Sie durch diese Lebensphase nicht allein gehen (was auch passieren kann und dann auch subjektiv richtig ist!), nehmen Sie sich einen Paten, der Sie durch die Krankheit leitet – ein Arzt oder ein Verwandter, ein Mensch, der die Krankheit selbst kennt, oder einer, der stabil genug ist, Ihre Schwachheit zu ertragen.

Nehmen Sie das Moratorium, den Moment bewußt wahr – und feiern Sie! Verleihen Sie auch diesen Phasen das tiefgründige Funkeln[92], das existentielle Momente zu wirklichen Sternstunden werden lassen kann – auch im Schmerz und Abschied.

Jedes Mittel, so spielerisch, bunt oder streng Sie wollen, ist erlaubt. Manche »Launen« in der Krankheit entpuppen sich hinterher als kräftige Bilder. Da räumt jemand auf oder erfüllt sich – vielleicht das letzte Mal wichtige Wünsche. Trauen Sie sich, gerade jetzt, so zu leben, wie Sie es wollen. Verschieben Sie es nicht auf morgen. Wer weiß, wie lange es noch geht.

92 Im Englischen gibt es dazu den schönen Ausdruck der »sparkling moments«.

Rituale zum Beginn von Erkrankungen

Beginn

Jede Krankheit – das ist inzwischen fast ein etwas abgenutzter Slogan – ist Chance und damit auch Anlaß zu einem Fest. Keine Krankheit ist zu unwichtig, um sie mit einem Fest zu würdigen. Schließlich bedeutet sie ein – vielleicht sogar endgültiges – Moratorium des Alltags, in dem sich der Rhythmus des Lebens manchmal irreversibel verändert.

Zahnersatz – nur ein banaler Eingriff? Keineswegs. Einige tragen es keinesfalls mit Fassung – das Alter droht schließlich, selten tritt einem die eigene Vergänglichkeit so brutal vor Augen wie im Blick in die eigene Mundhöhle. Wenn Sie deshalb eine Form des Abschieds finden: Tun Sie es!

Ob die Krankheit eine Operation mit sich bringt, eine chronische Erkrankung mit lebensverändernder Wirkung, wie Diabetes es ist und bzw. oder Lebensgefahr bedeutet wie Aids – die Nachricht, eine Krankheit zu haben, kann ein brutaler Einschnitt in das Leben eines Menschen und seine Umwelt sein, auch wenn sie vielleicht nicht direkt lebensbedrohlich ist.

Oft will man sich in unserer Gesellschaft der »less« oder eben »very important persons« keine Schwäche zeigen. Vielleicht muß man nun lernen, sich selbst anzunehmen, auch wenn die Produktivkraft nicht oder nur teilweise vorhanden ist. Keine Krankheit ist ein Grund, sich zu verstecken, weder vor sich, noch anderen. Und jede Krankheit braucht Zu-Wendung, um nicht außerhalb zu bleiben, sondern die Passung zum Leben zu vergrößern – sie handhabbarer, lebbarer zu machen. Der »Hokuspokus« von Ritualen, der so oft angesichts von Krankheit in den Ruch der Scharlatanerie gerät – und ja auch kräftig von Scharlatanen mißbraucht wird –, kann hier, aufgeklärt und reflektiert und nicht als alleinseligmachende Strategie verwendet, durchaus unterstützen.

Tatsächlich existieren auch bei uns subkutan eine Menge Rituale – das Ritual der Vorsorgeuntersuchung, das Ritual des Absetzens und Einnehmens bestimmter Medikamente, Hygienerituale, Trennungs- und Grenzrituale, Fürsorgerituale wie das strenge Beachten der Bettruhe oder bestimmter Zeiten. In der Regel gehen sie vom Arzt oder von ärztlichen Institutionen aus. Sie sorgen für die nötige Passung zwischen Arzt und Patient, wachen über das Einhalten der Vorschriften, den Genesungsfortschritt. Nicht immer sind sie medizinisch streng zu rechtfertigen – aber sie vermitteln doch Inhalte: Fürsorge, Hoffnung, Motivation, Schutzbedürftigkeit.

Ich würde mir allerdings wünschen, diese Rituale mit der Verantwortung für die Gesundheit stärker dem Patienten in die Hand zu geben und sie damit stärker zu demokratisieren. Wir brauchen die Erfindungsgabe, die Geschicklichkeit und die Intuition des Patienten genauso wie die des Arztes oder Therapeuten.

Lassen Sie also, um auf einer meiner Lieblingsausdrücke von Odo Marquard zurückzugreifen, ab von der Anstrengung, dumm zu bleiben – nehmen Sie Ihre Krankheit und die damit verbundenen seltsamen Rituale, das Einordnen, das Bewältigen, das Orientieren, selbst in die Hand! Oder, um es mit dem großartigen Franz Xaver Baier zu sagen: »Wer sich in einer Wirklichkeit ansich oder der ›Schöpfung‹ einrichtet, macht es sich nur bequem in Räumen, die andere eröffnet haben. Er ist nur zu faul, seinen eigenen Weltraum zu bauen« (Baier, 1996, 10).

Die Ankündigung: Inszenierungstips

Widerwärtiger und doch oft erleichternder Augenblick – der Moment, in dem man erfährt, daß man krank ist. Widerwärtiger oft noch, Angehörige und Freunde zu informieren. Mit jedem Erzählen wird die Krankheit bedrohlicher, prasseln Ratschläge, Therapietips, Ängste und Besorgnisse auf einen herein, die Orientierung fällt oft schwer, das Wechselbad der Gefühle wird zusätzlich verstärkt.

Verschweigen ist dennoch keine langfristige Alternative. Eines Tages muß man die Erkrankung bekanntmachen es verändert sich etwas, man selbst verändert sich mit. Man braucht die anderen möglicherweise, psychisch oder praktisch. Man will sie nicht anlügen und mit ihnen Sorgen und Ängste teilen – und hat doch oft Angst, daß deren Sorgen und Ängste eine zusätzliche Last der Krankheit bedeuten könnten.

Eine Ankündigung einer Krankheit braucht es natürlich nicht bei jeder Grippe. Aber bei allen Erkrankungen, die Lebenswenden bedeuten, Wenden der Lebensqualität, der Beweglichkeit, der Lebensart, z. B. bevorstehende Behandlungen oder eine nötige Veränderung des Lebensstils, ist eine formelle Ankündigung durchaus sinnvoll. Sie kann den Druck von außen auffangen und abschwächen – und trotzdem die Menschen, die einen lieben, informieren und damit ihnen auch die Chance lassen, sich auf das Kommende einzustimmen.

Mitteilen sollten Sie es natürlich erst, wenn Sie es selbst wollen – und vielleicht ein paar Stunden, vielleicht Tage oder Wochen Zeit hatten, sich etwas zu ordnen.

Eine einfache Methode ist ein kleines Essen oder ein Treffen zum Kaffee. Klären Sie Ihr Umfeld auf. Nehmen Sie ihnen ihre Scheu oder Angst. Eine Krankheit ist eine Übergangszeit besonders labiler Chancen und Risiken. Vielleicht ist es sinnvoll, dazu den Arzt hinzuzubitten, damit er Ihren Angehörigen im weiteren Sinn (also auch Freunden) erklärt, was zu tun ist, was die Krankheit bedeutet, welche Folgen es hat. Vielleicht haben Sie auch Kontakt zu einem Menschen, der diese Krankheit schon überstanden hat, und können ihn dazu bitten.

Überlegen Sie:

Was ändert sich für Sie in nächster Zeit (besondere Therapien, längerer Krankenhausaufenthalt, Einschränkungen, Vorschriften, Nebenwirkungen von Medikamenten, gerade psychische ...)?
Was weiß man von der Krankheit?
Welche Unwägbarkeiten gibt es (eventuelle Pflegebedürftigkeit, Lebensgefahr)?
Was können Ihre Angehörigen für Sie tun (offen über den Tod reden, Besuche, Urlaubsbegleitung)?
Was sollen sie nicht tun (ständig Über die Krankheit reden, vielleicht auch offen Über den Tod reden – das wollen Sie vielleicht lieber mit sich ausmachen ...) ?
Wer ist so eng betroffen, daß er vielleicht selbst Unterstützung braucht (z. B. Partner, Kinder)?

Ein Essen hilft, miteinander darüber ins Gespräch zu kommen, solchen Fragen ins Auge zu sehen, Unterstützung zu mobilisieren, Veränderungen einzuleiten und bereits vorgenommene Veränderungen weiter zu stabilisieren.

Jetzt kann es auch an der Zeit sein, schwelende Konflikte endlich auszuräumen, sich zu ordnen, Entscheidungen zu fällen, Ballast abzuwerfen. Vielleicht möchten Sie, daß die Kinder jetzt schon ausziehen, vielleicht sich stärker auf die Freizeit konzentrieren, vielleicht eine Reise machen oder endlich das Haus verkaufen.

Was immer es ist – eine Krankheit kann die Zeit neuer und klarer Wünsche bedeuten und damit auch – statt Sie in den Abgrund zu reißen – Flügel verleihen.

Die Inszenierung: ein Beispiel

15.00	Gäste versammeln sich im Haus des Erkrankten, anwesend sind zusätzlich zu Freunden und Familienmitgliedern ein Arzt und/oder ein ehemaliger Patient oder auch ein Angehöriger, der die Erkrankung aus nächster Nähe kennt.
15.30	Der Erkrankte erzählt, als sich alle gesetzt haben, warum er sie gerufen hat – auch wenn manche schon von der Krankheit wissen. Danach erläutert der Arzt oder der ehemalige Patient die Erkrankung, ihren Verlauf und ihre Folgen.
16.30	Der Patient erläutert seine Wünsche, seine Befürchtungen, auch seine Strategie gegenüber der Erkrankung vielleicht – dies verstärkt auch die Bindung zwischen ihm und seinem Arzt.
17.00	Alle Gäste schreiben auf eine Tafel, was sie dem Kranken wünschen – diese Tafel kann dann den Kranken in der Krankheit, im Krankenhaus und während der Genesung begleiten.

Rituale zu Behandlungen oder Kuren

Rituelle Inszenierungen des Aufbruchs

Auch der Beginn einer Kur kann mit einem Ritual eine höhere Ordnung erhalten. So kann die Schlüsselübergabe, der Abschied am Bahnhof oder die Begleitung zur Kur die Bedeutsamkeit erhalten, die man sonst vielleicht gerne verdrängen würde.

Ein kleines Fest kann helfen, neue Ziele zu setzen, und damit beitragen, daß der Aufbruch ins Neue auch als solches erkannt wird. Es kann helfen, nach chaotischen Zeiten in der Wahl der Behandlung wieder »die Perspektive neu zu erfinden« – zumindest für das eigene Leben.

Sind Sie sich in der Wahl der Behandlung unsicher, können Sie mit dem Stichtag auch ein Moratorium für eine bestimmte Behandlung ins Auge fassen – und sich gleichzeitig zumindest in groben Zügen Strategien überlegen, was Sie tun, wenn die Behandlung nicht greifen sollte.

Sie können sich dem neuen Lebensabschnitt öffnen und gleichzeitig Ihre Kräfte fokussieren.

Rituelle Inszenierungen rund um Operationen

Viele versuchen vor einer Operation möglichst nicht an das Bevorstehende zu denken und einfach weiterzuleben wie bisher, bemüht, das Belastende zu »vergessen«. Meist gelingt es nicht so recht – und gleichzeitig gelingt es nicht, eine angemessene Sprache zu finden für die Angst, die Trauer, die Furcht und die Hoffnung.

Suchen Sie nach einer Sprache. Versuchen Sie, dem Unbekannten mutig ins Auge zu sehen und es sich – so gut es eben geht – vertraut zu machen. Gestalten Sie den Tag vor einer Operation bewußt. Vielleicht finden Sie jemanden, der die Operation kennt, er kann Sie in den letzten Stunden begleiten.

Überlegen Sie sich:

Wollen Sie Leben um sich herum oder lieber mehr Zeit für sich?
Wen wollen Sie um sich haben?
Was wollen Sie davor vielleicht noch klären?
Was wollen Sie (noch) wissen?
Wollen Sie jemanden haben, der Sie in die Betäubung begleitet?
Soll jemand – wer? – um Sie sein, wenn Sie erwachen?

Eine besondere Bewältigungssituation bei Operationen bedeuten dabei sicher Transplantationen. Nicht nur der Körper nimmt das neue Organ oft nicht an – auch der Patient selbst kann Schwierigkeiten haben, das neue Organ anzunehmen – als Geschenk eines, der tot ist.

Dies verlangt oft mehr als eine rein verbale Auseinandersetzung. Rituale täten hier gut, die Mächte zu bezwingen. Die Dankbarkeit gegenüber dem Toten auszudrücken könnte gleichzeitig helfen, die empfundene Schuld bewußt aufzufangen. Nicht umsonst feiern manche der ehemaligen Patienten den Tag der Operation als »zweiten Geburtstag«. Dies hilft vermutlich bei der Bewältigung.

Eine weitere besondere Bewältigung verlangen sicher Operationen mit erheblicher Lebensgefahr, nach der der Patient später vielleicht erst mühselig ins Leben finden muß.

Setzen Sie Zeichen. Schließen Sie ab – gehen Sie bewußt in die Operation hinein. Spüren Sie bewußt die Grenzsituation, wie wichtig und kostbar Ihnen Ihr Leben ist. Vielleicht überlegen Sie, was Sie verändern wollen. Was Sie lieben. Was Sie ablegen wollen. Und was Sie danach – so banal es vielleicht klingt – besser machen wollen.

So kann auch mit dem Körper die Seele weiterwachsen.

Genesung: über den Sog des sekundären Krankheitsgewinns

Lassen Sie sich Zeit, das Leben wieder kennenzulernen. Machen Sie es langsam wieder vertraut: Gerade bei Krankheiten ist die Wiedereingliederungsphase wichtig – des Körpers, aber auch, um es mit einem schönen altmodischen Wort zu sagen, der Seele, das beschreibt etwa Kaufmann-Huber gut[93]. Eine Therapie ohne das Bewußtsein des Übergangs zu beenden heißt unter Umständen, sie frühzeitig abzubrechen – gleich wie lange man eigentlich schon »reif« dazu war.

Will man keine »amerikanischen Zustände«, in der der Therapeut oder Arzt zumindest im Klischee zum dauerhaften Lebensberater wird, brauchen wir Formen der Lösung, der Entfernung, um diese Sondersituation »in Tapferkeit und ohne Trauern« zu beenden.

Dies muß nicht nur eine psychotherapeutische und analytische Intervention meinen – auch zwischen Arzt und Patient stellen sich immer wieder Vertrauensbeziehungen her, deren Lösung teilweise nicht leicht ist – trotz der Freude über die Genesung. Schon in seinem Roman *Der Zauberberg* beschrieb Thomas Mann, wie sich Patienten am Kurort derart akklimatisieren und derart dem Sog dieses regressiven Settings verfallen, daß sie sich nicht oder nur schwer daraus lösen – etwa in der exemplarischen Kurzgeschichte jener Patientin, die sogar ihre Gesundheit absichtlich gefährdete, bloß um bleiben[94] zu dürfen. Dem Sog einer Therapie, der Umsorgtheit in einem Krankenhaus oder einem Kurheim zu verfallen ist dabei nicht pure Belletristik – nicht umsonst kursiert der Begriff vom »sekundären Krankheitsgewinn«, der es dem Patienten aufgrund eben jenes sekundären Gewinns an Aufmerksamkeit oder Schutz vor Forderungen so schwermacht, wieder gesund zu werden.

93 S. a. Kaufmann-Huber, 1995, 141 ff.
94 S. a. Mann, 1924/1960, 124 f.

Das Leben beginnt – gerade jetzt. Feiern Sie es! Das Ende – und der Neubeginn – kann nicht allein abstrakt geschehen – feiern Sie es!

Eine Genesung kann auch meinen: eine Witwenschaft, eine Scheidung oder ein sonstiger harter Umbruch, Zeiten, nach denen es wieder gilt, Boden unter den Füßen zu gewinnen und die alte und neue Welt neu zu entdecken und miteinander zu versöhnen:

Unterstützen Sie, wo Sie Lust haben, diesen Prozeß mit einem Ritual.

Anlässe können etwa sein ...

- der letzte Tag im Krankenhaus
- die letzte Serie der Vorsorgeuntersuchungen
- der letzte Tag der Arbeitsunfähigkeit
- der letzte Tag der Einnahme eines bestimmten Medikamentes.

Die Inszenierung: ein Beispiel

8.00	Einnahme der letzten Tablette, ausgiebiges Waschen, sorgfältiges Ankleiden mit einem neuen Bekleidungsstück.
10.00	Frühstück in Ihrem Lieblingscafé oder auch der Cafeteria des Krankenhauses. Anwesend sind einige alte Freunde und der behandelnde Arzt.
10.30	Der Arzt memoriert, was bisher gewesen ist, er bedankt sich für die Kooperation, reflektiert die Schwierigkeiten, die es gab und wie sie gelöst wurden.
11.00	Sie danken dem Arzt, fügen seinen Reflexionen Ihre hinzu, danken den Angehörigen und erzählen, was Sieweiter machen wollen – vielleicht auch in Form eines Plakates.

12.00 Mit einem Spaziergang durch Ihr Wohnviertel gehen Sie nun bewußt in Ihr Leben wieder hinein.

Carpe diem:
Rituale rund um die letzte Zeit

Ich finde mich nicht ab, liebende Herzen in
harten Grund gesperrt.
So ist es, so wird es sein, denn so war es,
Zeit bricht den Stab:
Ins Dunkel gehn sie, die Weisen, die Lieben,
hinuntergezerrt
Unter Lilien und Lorbeer; ich aber finde mich
nicht ab.

Liebende, Denker, in den Boden mit euch.
Seid eins mit dem wahllosen Staub, der kein Wort
Fühlt oder weiß von den Euren, seid ihm gleich. Ein
Satz bleibt, eine Formel. Das Beste ist fort.

Die Antworten schnell und kühn, das Lachen,
die Liebe, der Blicke Licht
Vergangen. Sie nähren die Rosen. Anmutig, wie
sie gefällt,
Ist die Blüte. Voll Duft ist die Blüte. Ich weiß es.
Ich billige nicht.
Kostbarer war in deinen Augen das Leuchten als
alle Rosen der Welt.

Tief, tiefer als tief in das Dunkel der Gruft,
Sanft gehn sie, die Schönen, die Zarten, die
Guten, ins Grab;
Die Klugen, die Heitern, die Starken gehn still,
wenn es ruft.
Ich weiß es. Ich billige nicht. Und ich finde mich
nicht ab.

EDNA ST. VINCENT MILLAY[95]

95 MacLachlan, 1993, 87 f.

Alten: Heim?

Der Umzug in ein Altenheim – gleich wie »schön« der Name auch sein mag – ist in der Regel keine schöne Lebenswende. In den meisten Fällen wird es der letzte Umzug sein, und auch wenn die Kinder vielleicht froh sind, eine lang diskutierte Entscheidung endlich gefällt zu haben, zu oft riecht der Umzug nach Verrat, nach Exil, nach Abschiebung.

Man verabschiedet sich von alten Sachen, der alten Umwelt, der alten Wohnung, Erinnerungen und auch, zumindest meistens: einem Teil der eigenen Selbständigkeit – ins Ungewisse meist. Ist die physische Versorgung fortan vielleicht besser gesichert, fehlt das psychische Korsett einer lückenlos vertrauten Wohnung, voller Erinnerungen und vertrauter Möbel und Gegenstände. Es fehlen vertraute Nachbarschaftskontakte, vielleicht der wöchentliche Kontakt zu einer Gemeinde, alltägliche, unscheinbare Sicherungen.

Die Entscheidung: Inszenierungstips

Gerade bei diesem weitreichenden Schritt wäre ein reflektorisches Moratorium, in dem verschiedene Möglichkeiten des Wohnens durchdacht würden, sinnvoll. An beiden Enden dieses Moratoriums könnte der alte Mensch mit dem Familienrat zusammen über die Zukunft des alten Menschen beraten – wenn dieser es so wünscht.

Ist es entschieden, beginnt der Abschied. Alte Sachen werden weggegeben, bekommen eine neue Geschichte. Mit den alten Sachen steigen alte Erinnerungen hoch. Gleichzeitig kann es sein, daß es nun Zeit wird, das Erbe vorzeitig abzugeben, um den Kindern die Möglichkeit zu lassen, es zu nützen.

Wichtig ist hier, den Vertreibungsduktus zu vermeiden. Alles muß Zeit haben – um abzuschließen, sich neu zu sammeln, Altes tatsächlich und in sich zu ordnen.

Die Entscheidung: Inszenierungstips

Im Altenheim dann beginnt der schwierige Prozeß der Neuverwurzelung. Neue Kontakte müssen geschlossen werden, es heißt, sich in neuer Umgebung neu zu engagieren und sich, zumindest flach, zu verwurzeln. Hierbei ist es nötig, die Waage zwischen Abgrenzung und Nähe zu bestimmen.

Es gilt, sich die neue Umgebung zum Heim zu machen, auf keinen Fall darf sie als Exil verstanden werden. Auch bei diesem Prozeß können Tutoren wieder gute Dienste leisten. Sie können Mut machen, die Umgebung zu erkunden, sie sich vertraut zu machen, Schüchtern- und Schamhaftigkeiten zu überwinden: hinzuschauen.

Auch jetzt gilt es, Mut zu Visionen zu haben, zum Neuanfang, zum Aufbruch, zur Reise – auch wenn es zuerst vielleicht nur wie ein Verlust aussieht: Fallen Sie nicht auf das Klischee herein, daß jetzt »alles vorbei« sei – jetzt, spätestens, sollte alles wieder beginnen:

So manchem zaghaften alten Menschen wünschte ich hier den Mut der »unwürdigen Greisin« Brechts[96], die nacheinander zwei Leben lebte – das erste als Hausfrau und Mutter, »das zweite einfach als Frau B., eine alleinstehende Person ohne Verpflichtungen [...]«. Als sie starb, »hatte [sie] die langen Jahre der Knechtschaft und die kurzen Jahre der Freiheit ausgekostet und das Brot des Lebens aufgezehrt bis auf den letzten Brotsamen«.

96 Brecht, 92 f.

Sterben

O Herr, gib jedem seinen eignen Tod.
Das Sterben, das aus jenem Leben geht,
darin er Liebe hatte, Sinn und Not.«
RAINER MARIA RILKE[97]

Sterben und Beerdigung haben deutlich unterscheidbare Perspektiven. Zu feiern ist deshalb möglichst beides. Doch wann beginnt das Sterben? Wann ist jemand wirklich tot? Ist nicht ein Toter oft lebendiger und wirkt mehr als mancher Lebendige?

Zeiten – hohe und tiefe Zeit: langsamer Hauch – Vergänglichkeit. Erste Tode im Grauen oder Erstaunen über die eigene Sterblichkeit, die Begrenztheit der eigenen Zeit und die der anderen. Spekulationen über die eigene Lebenserwartung, die plötzlich zum Kampf mit der Stochastik wird in einer lebensbedrohlichen Erkrankung. Sterben: Abschiede, die unwiderruflich sind, auch wenn der andere weiterlebt. Sterben im Beginn, im plötzlichen Schrecken über die eigene Verwundbarkeit: »Lehre uns bedenken, daß wir sterben müssen, auf daß wir klug werden.«[98]

Sterben-. Was für eine große Chance, wenn das Leben knapper und kostbarer, verletzlicher und schützenswerter wird. Und je früher wir es lernen, desto besser. Immer kann es Zeit sein, Lasten abzuwerfen, sich von Überflüssigem zu trennen, die Beziehungen zu klären, Ungesagtes auszusprechen, bevor es zu spät ist. Sterbende, der Umgang mit dem Tod können so großartige Erfahrungen zum Leben hin sein.

Das »richtige Sterben«, dieses Moratorium zum Tode, der Abschied, das Klammern, beginnt bei manchen mit einem Telefonanruf, mit einer Mitteilung des Arztes, mit der plötzlichen

97 Rilke, R. M., 1966, 31.
98 Psalm 90, 12.

Wahrnehmung der Schwäche und Hinfälligkeit. Es beginnt die Zeit, in der der Tod oft genug verdrängt wird, in der man aber oft genug seinen Hauch spürt – und sich mit diesem Gefühl verzweifelt weigert, ihn wahrzunehmen: Sag, daß es nicht wahr ist. Sag, daß die alten Fotografien noch gültig sind. Sag, daß du bleibst, daß du gesund wirst, daß du unverzagt in unserem Kreis bleibst. Halt dich fest. Bleib, der du bist. Verändere dich nicht.

Die Inszenierung

Machen Sie nicht mit bei dieser Maskerade. Erleben Sie die letzte Zeit bewußt mit dem, der von Ihnen geht. Belügen Sie sich nicht.

Aus dieser Auseinandersetzung heraus werden sich Formen entwickeln, die Ihnen und dem Sterbenden guttun das zeigen alle Berichte und alle Erfahrungen rund um die Betreuung Sterbender.

Sterben ändert nicht nur das Leben des Scheidenden – es ändert auch die Lebensperspektive der Angehörigen und bedarf einer neuen Positionsbestimmung von allen Seiten.

Es wird wichtig, Privaträume zu sichern, sich Zeit zu nehmen, Angst zu überwinden – nicht nur der Sterbende, auch seine Begleiter müssen nun Grenzen überschreiten. Wer flüchtet, verliert.

Mancher wird weinen, mancher lieber nur schauen und schweigen. Mancher wird Lieder singen, mancher etwas erzählen, auch wenn der Sterbende kaum mehr bei Bewußtsein ist. Manche werden sich erinnern. Mancher wird vielleicht noch etwas klären, sich bedanken, etwas aussprechen wollen. Der, der bleibt, wird vielleicht erzählen, wie es weitergeht. Gerade angesichts des Todes seine Zukunft neu definieren wollen – auch das ist legitim. Ist der Tod der Schatten des Lebens, so erkennt mancher den spezifischen Wert seines Lebens möglicherweise besser angesichts der Erfahrung eines Todes – kann hier doch eine Klugheit gewonnen werden, die im Alltag schwer zu finden ist: »Lehre uns bedenken, daß wir sterben müssen, auf daß wir klug werden.«

Manch ein Sterbender will dabei vielleicht allein sein – auch das ist zu respektieren.

Wie schön Sterben dann sein kann, beschrieb mir einmal ein Laie:

> »Wir waren in ihrem Krankenzimmer – wir haben für sie Lieder gesungen, wir haben noch mal für sie gebetet, jeder von uns hat aufgeschrieben bzw. ihr erzählt, was das Wichtigste war in der ganzen Zeit, wo wir Maria gekannt haben ... Sie hat dann, weil sie Zeit hatte, vorher aufgeschrieben, was also ihr am wichtigsten war und am schönsten war oder wofür sie am dankbarsten war aus der gemeinsamen Zeit des Miteinander-Lebens. Da waren dann zwei dabei, da war sie nicht vorbereitet darauf, da hat sie dann spontan so zwei, drei Sätze aufgeschrieben – wie gesagt, sie konnte kaum noch sprechen, es war zu anstrengend für sie. Wir haben sie auch gesegnet und haben ihr auch ein Abschiedslied gesungen.«[99]

99 Erhebung im Rahmen der Dissertation 1996, ebenda gekürzt veröffentlicht, für diese Ausgabe leicht redaktionell geglättet.

Vom Umgang mit der Leiche: Rituale rund um den Tod

Funeral Blues

Stop all the clocks, cut off the telephone,
Prevent the dog from barking with a juicy bone,
Silence the pianos and with muffled drum
Bring out the coffin, let the mourners come.

Let aeoroplanes circle moaning overhead
Scibbling on the sky the message He Is Dead,
Put crêpe bows round the white necks of the
public doves,
Let the traffic policemen wear black cotton
gloves.

He was my north, my south, my east and west,
My working week and my sunday rest,
My noon, my midnight, my talk, my song;
I thought that love would last for ever:
I was wrong.

The stars are not wanted now: put out every
one;
Pack up the moon and dismantle the sun;
Pour away the ovean and sweep up the wood;
For nothing now can ever come to any good.
WYSTAN HUGH AUDEN[100]

Nach dem Tod beginnt der schwierige Weg im *Umgang mit der Leiche*, wie ein großartiges Buch von Stefan heißt. Die Mementos der Fachleute in Sachen Tod sind zahlreich. Es war klar, daß es

100 Auden, 1976, 50. Eine schöne Übersetzung findet sich in dem Taschenbuch *Sag mir die Wahrheit über die Liebe* (1994 bei Goldmann).

nicht so weitergehen kann mit Jugendwahn und Jugendfetischismus, daß wir zu einem anderen Umgang mit dem Tod kommen müssen, gerade wenn unser Leben nicht vergiftet werden soll von den vielen unbewältigten Toten, den hinuntergewürgten Tränen, der angestauten Trauer, der Angst, gerade wenn wir wieder leben lernen wollen: »Lehre uns bedenken, daß wir sterben müssen, auf daß wir klug werden.«

Inzwischen hat die Konfrontation mit den vielen jungen Aidstoten und der durch sie belebten Hospizbewegung, die sich seit langem um ein würdiges Sterben einsetzt, auch eine neue Kultur des Todes angestoßen, auf den Jugendwahn folgt als wichtige Gegenbewegung eine neue Übung, ein neues Lernen im Umgang mit dem Tod.

In Hospizen und innovativen Palliativstationen, in Krebskrankenhäusern und Beerdigungsinstituten kommen neue Formen auf, individuelle Aufbahrungen, phantasievollere Beerdigungen, Trauertage, Trauerrituale wie die Quiltbewegung der Hinterbliebenen von Aidsopfern, bei denen von den Trauernden große Wandbehänge gestaltet werden.

Gerade in dieser Gruppe bemüht man sich wieder stärker um einen würdigen, individuellen, sprechenden Rahmen für die geliebten Toten – Aufbahrungen und Totenwachen, Trauermärsche, Trauerfeiern, die mehr sind als der verschämte und hastige Leichenschmaus am Rande eines Großfriedhofs. Aids hat hier wichtige Innovationen mit angestoßen – die Mahnung des alten Psalms hat sich hier in teilweise großartigen Formen realisiert.

Und es zeigt, wie groß unser Lernbedarf ist: »Lehre uns bedenken, daß wir sterben müssen, auf daß wir klug werden.«

Die Aufbahrung

Rituale wie Totenwachen sind heute nicht mehr üblich, es ist jedoch bekannt, daß gerade solche Grenzerfahrungen wichtige

Schritte auf dem Weg zu einer gesunden Trauer sein können, die sich nicht im Trauernden verkeilt, sondern wachsen und eines Tages auch wieder auswachsen kann.

Stirbt ein Mensch zu Hause, sollte man ihn nicht wegschaffen wie einen Kadaver. Eine Hausaufbahrung – auch die Hilfe von Beerdigungsinstituten kann man dazu natürlich in Anspruch nehmen – kann bei einem langsamen, vorsichtigen Abschied helfen. Es kann guttun, noch eine Nacht an der Seite eines geliebten Toten zu wachen.

Es kann zusätzlich auch helfen, die Wohnung – nur nach innen oder auch nach außen hin – zu kennzeichnen. Durch verhangene Spiegel. Durch ausgeschaltete Uhren. Durch einen ausgeschalteten Anrufbeantworter oder einen anderen Spruch. Durch Kränze und Schleifen. Indem man am Platz des Toten eine Weile nicht ißt. Oder indem man, auch diese Sitte findet man, auf dem Platz des Toten ein Gedeck hinstellt. Manchem genügt es auch schon, eine Kerze anzuzünden. Dazubleiben – nicht wegzulaufen: Zeichen setzen, gerade im Tod, wie es Auden für seinen geliebten Toten reklamierte, dem schreienden Nein! Platz und Raum zu lassen, damit es sich, Wochen, Monate, Jahre später, in ein ja umwandeln kann – und sei es erst im eigenen Tod.

Aufbahrungen sind auch in manchen Krankenhäusern möglich, Hospize bieten sie als Zentren des bewußten Sterbens ebenfalls an. Jedem, der seine Toten aufbahren will, muß aber auch bewußt sein, daß sein Wunsch je nach Krankenhaus, Heim oder Beerdigungsinstitut auf Widerstände stoßen kann. Dieses Selbstbewußtsein sollte einem jedoch ein geliebter Toter wert sein.

Die Beerdigung

Seit es Menschen gibt, gibt es neben hygienischen auch unterschiedlichste Vorstellungen und Regeln, Traditionen und Gebräuche für eine gute Bestattung, die dem Verstorbenen, der Angst und der Liebe zu ihm, der Angst vor dem Tod oder der Versöhnung mit ihm Rechnung tragen.

Da werden Särge gezimmert, Kränze gewunden, verbrannt oder in die Erde gesenkt, Steine auf Grabplätze gerollt, Gedenksteine aufgestellt, wird gesungen, geschrien, werden Haare gerauft, Kleider zerrissen, Opfer gebracht.

Besonders brisant werden Beerdigungsrituale heute angesichts der Diversifizierung unserer Lebensformen: »Wir haben keine Überlieferung oder Richtlinien für Familien, in kollektiver Trauer zu verschmelzen Vielleicht werden wir in einer nicht zu fernen Zukunft ›Verschmelzungszeremonien‹ entwickeln, um Beziehungen gegenseitiger Unterstützung zwischen Familiensegmenten mit gemeinsamen Mitgliedern zu fördern. Das wäre doch einen Versuch wert« (Minuchin, 1988, 101).

Besonders wichtig wird auch hier, der Individualität des Toten Rechnung zu tragen, damit seine Samen weiter wachsen können. Und die eigene Identität nicht zu vergessen – die Beerdigung, ich glaube, das sieht Klaus Behner[101] ganz richtig, ist dort schon ureigenstes Revier der Hinterbliebenen. Es ist ihr Leben, ihre Trauer, ihr Verlust. Zu genaue Anweisungen des Sterbenden sind da sicher eher kontraproduktiv. Sind jedoch Anweisungen vorhanden, sollte man sich daran halten. Auch wenn es einem selbst unpassend erscheint.

Wichtige Leitfiguren durch eine Beerdigung können dabei Geschichten sein.

Lebenszeichen: Der Inszenierungsrahmen

Mit dem Tod, so sagte ja auch Klaus Behner im Interview »Lebenszeit«, beginnt eine neue Geschichte. Nun müssen Erben ordnen. Nicht nur Kapitalwerte müssen gesichert werden – auch die alten

101 S. a. Interview.

Geschichten, die Anekdoten, das Individuelle: Erinnerungen, die Blei oder Flügel bedeuten können. Kleine Geschichten, wichtige Unwichtigkeiten, die eben so oft »das Individuelle« ausmachen – Geschichten über Spleens und Liebhabereien, Leidenschaften und Empfindlichkeiten.

Sie können leitend sein bei der Wahl des Ortes für die Trauerfeier, können helfen, Speisen und Dekorationen auszuwählen. Sie können leitend sein bei den Reden, Bindungen schaffen zwischen Menschen, die sonst vielleicht keine Verbindung mehr haben.

Eine wichtige rituelle Form sind deshalb gerade die Geschichten, die Worte, die Brücken bauen zwischen einer längst nicht mehr recht faßbaren Vergangenheit und der Gegenwart, die die Erinnerung an einen Verstorbenen einwickeln in Geschichten für zukünftige Erlebnisse, mit denen man sie vergleichen wird, Teil der Familiengeschichte, an der sich vielleicht einmal Ur- und Ururenkel orientieren werden.

Erzählungen braucht es dringend, um der Trauer Raum zu geben, um Geschichten immer wieder bearbeiten zu können, um Brücken zu schlagen zwischen den alten und den neuen Geschichten, der Zukunft und der Vergangenheit.

Überlegen Sie, was Sie an ihm mochten. Was er für Sie war – was Sie für ihn waren. Was mochte er? Was fürchtete er? Was machte ihn für Sie individuell? Was wissen Sie nicht von ihm? Was war er? Welche Krisen durchlitt er? Was waren seine besten Jahre? Welche Träume hatte er? Was wollte er noch machen? Und wie starb er ruhig? Oder war er aufgeregt? Hatte er zu leiden? Wußte er von seinem baldigen Tod?

Was war er für Sie? Wie erlebten Sie seine letzte Zeit? Wußten Sie von seinem Sterben? Wie erfuhren Sie die Nachricht, und was wollen Sie nun tun? Wozu lohnt es sich nun weiterzuleben?

Eine alte, weise Freundin von mir, selbst mehrfach auf den Tod krank, würde jetzt sicher lächelnd sagen: Allein, um traurig zu sein.

Trauerzeit

Es gibt schöne moderne Beispiele für Trauer auch in unserer Kultur.

Sinnlos ist dabei prinzipiell nichts – das zeigt auch der alte Ethnologenwitz: »Es gibt da die Geschichte vom Soldaten, der im fremden Land das Grab eines einstigen Kameraden besuchte, um es mit Blumen zu schmücken. Auf seinem Weg traf er einen Eingeborenen, der eine Schale Reis zu dem Grab seiner Vorfahren bringen wollte. Der Soldat hielt ihn an und versuchte, ihm das Absurde seines Tuns klarzumachen: ›Wann, glaubst du‹, fragte er, ›werden deine Ahnen aus dem Grab steigen, um das zu essen?‹ ›Zur gleichen Zeit, wenn dein Freund herauskommt, um an den Blumen zu riechen‹« (Brasch, 1968, 73).

Blumen, Nahrung, Steine, Trauerkleidung – schon immer fanden Menschen Wege, zu trauern und damit auch sich die Chance zu geben »abzutrauern« – den Schmerz leben, um ihm nicht ausgeliefert zu sein.

Zwei Tage bekommt ein deutscher Arbeitnehmer frei, wenn seine Eltern sterben – die Trauer hält sich nicht daran. Sie hat ihre eigene Dynamik, folgt ihrem eigenen Rhythmus, hat ihre eigene Zeit. Auch wenn es uns als Hinterbliebene vielleicht beschämt.

Zeichen sind da dringend nötig.

Trennen Sie sich ruhig schon bald von einem Teil der Gegenstände. Nehmen Sie ein paar Sachen an sich, die Sie über die Trauerzeit begleiten können – die Ihnen zeigen, daß er fehlt. Trauen Sie sich, traurig zu sein.

Lassen Sie den Platz des Verstorbenen eine Welle leer oder die Bilder verhüllt. Tragen Sie Schwarz oder seine Lieblingsfarben oder -kleider. Ein weiteres schönes Trauerritual besteht darin, zu Weihnachten jede Kerze im Namen eines Verstorbenen oder Abwesenden anzuzünden. Sie können eine der Beerdigungskerzen mitnehmen und sie jedesmal, wenn Sie trauern, anzünden.

Auch bei Gesten, deren Sinn sich nicht unmittelbar erschließt, findet man oft einen erstaunlichen Hintersinn. Erlaubt ist deshalb, was Sinn macht.

Ich erinnere mich in dieser Hinsicht an ein Ritual, das bis vor kurzem jährlich bei Freunden stattfand – das sogenannte »Hoffmann-Gedenkfest«. Hoffmann war der Mitbewohner gewesen, der eines Tages tot im Zimmer lag seine Alkoholsucht war ihm zum Verhängnis geworden, im Schrank lagen stapelweise Flaschen seines Lieblingsweines und -likörs, dazu der Notvorrat an Hanutas, seiner Lieblingsspeise. Der Freund mochte ihn nicht besonders. In gewisser Weise war er erleichtert – endlich konnte er die Wohnung alleine nutzen. Dennoch installierte er nun am Todestag von Hoffmann das gleichnamige Gedenkfest, das im wesentlichen daraus bestand, dessen Lieblingswein und -likör zu trinken und dazu eben Hanutas zu essen. So blieb der arme Mann dem ganzen Freundeskreis tatsächlich in guter Erinnerung.

Es war im wahrsten Sinne des Wortes ein geschmackvolles Ritual – auch wenn es manche vielleicht abgeschmackt finden mögen. Geschmack, angesichts des Todes, ist individuell. Trauer ist individuell. Trauen Sie sich, ihr Ausdruck zu geben, tage-, wochen-, unter Umständen jahrelang. Mit bestimmten Kleidern, Speisen oder Gedenkzeiten, in denen Sie sich zurückziehen, mit Musikstücken oder dem Besuch einer Kirche oder eines Theaters. Veranstalten Sie Feste oder Gastmähler, suchen Sie regelmäßig oder je nach Bedürfnis bestimmte Orte auf, die Sie an den Toten erinnern.

Feiern Sie den Tod, geben Sie so dem Leben einen Teil seiner Würde zurück: »Lehre uns bedenken, daß wir sterben müssen, auf daß wir klug werden.«

Genug ist nie genug

Mister, es gibt vieles, was kein Mensch auf Erden kaufen kann […]
Er lachte.
Was denn, was denn?
Die Zeit, eine Windböe lang das Glück zu genießen.
Rafik Schami[102]

102 Schami, 1994, 164.

Kairos

Der große Augenblick: das Glück, der funkelnde Moment im Sonnenlicht, das Wehen eines Kleides, eine Windböe lang. Prächtige Szenerien voller reichen Lebens.

Der Augenblick eines die Vernunft sprengenden Schmerzes, in dem wir wie gelähmt verharren und dann langsam, wie von unsichtbaren Fäden gezogen, stolpernd und zerzaust wieder ins Leben treten.

Der unauffällige Moment: das Schweigen auf einer Bank, das das Leben verändert.

Bedeutsamkeiten, die – manchmal unauffällig, manchmal voller auch nach außen sichtbarer Kraft, manchmal monatelang vorbereitet, manchmal Geburt eines Augenblicks – unserem Leben Sinn und Sinnlichkeit verleihen, die darauf hinweisen, daß wir mehr sind als eine Addition unserer Zellen: Rituale, Zeichen, Zeremonien.

Rituale sensibilisieren für die wichtigen Momente in unserem Leben, die Sternstunden, die Kairoi, in denen das Leben noch einmal – wieder – auf der Kippe steht, kritische Augenblick voller Hoffnungen und Ängste. Rituale erfüllen damit vielfältige Funktionen auch außerhalb religiöser Heilsvorstellungen. Sie bauen Brücken von einem Lebensabschnitt zum nächsten. Sie verleihen Flügel, wo Abgründe uns zu verschlingen drohen.

Dennoch ist unsere Beziehung zu Ritualen oft voller Ambivalenz: Wir können unsere Reflexivität, unsere Unsicherheit und unseren kritischen Blick auf überkommene Rituale nicht verdrängen – zum Glück: Gerade die biographieleitenden Schwellenrituale befinden sich immer im Spannungsfeld der Gesellschaft, die sich ihrer bedient; sie feiert damit nicht nur den Menschen – sie kontrolliert, unterdrückt, reglementiert auch mit Ritualen. Es ist deshalb wichtig, kritisch zu sein, sich immer wieder zu alten und neuen Ritualen in Distanz zu setzen, wo man sich »einfach nur« hineinfallen lassen möchte – den Gegenstand des Vertrauens zu hinterfragen, bevor man vertraut.

Nur so können wir lernen, mit den Ritualen, neuen und alten, fremden, vertrauten, selbstgebauten, besser, produktiver umzugehen – und aus den prächtigen Formen nicht Käfige zu machen, luftdichte, geschlossene Formen, unter denen das Leben erstickt. Gerade unsere Distanz zu alten Formen kann eine Herausforderung sein, alte Formen besser zu verwenden oder neue zu entwickeln, die besser zu uns passen:

Rituale – Feste für das Leben.

Dank

»Bücher […] sind dickere Briefe an Freunde.«
PETER SLOTERDIJK[103]

Freunde, Familie, auch viele Unbekannte – Reisebekanntschaften, Zufallsbegegnungen in der U-Bahn oder auf einem Fest trugen zu diesem Buch bei. Während der Arbeit daran war ich oft überrascht, auf wie viele Geschichten, Erlebnisse und Ereignisse ich zurükkgreifen konnte, wie reich ich war und aus wie vielen Quellen ich schöpfen konnte. Vielen Dank besonders …

Stephanie Hierl: Sie lehrte mich, meine Vielfalt zu achten, anstatt sie zu verneinen. Und sie half mir immer wieder, Abgründe nicht zu vermeiden, sondern Brücken über sie zu bauen hin zu neuen Lebensmöglichkeiten.

Dörthe Mahraun: Trotz ihrer langen und schweren Erkrankung hat sie viele Texte zuerst gelesen und mich mit ihrer wunderbaren, poetischen und philosophischen Art immer wieder dazu ermuntert, weiterzufliegen;

meinem Bruder **Axel Siebert:** Als Veranstalter großartiger Feste habe ich oft beim Schreiben an ihn gedacht. Er ist ein beharrlicher, oft strenger Fluglehrer gewesen, der mir in seiner kritischen Distanz manches Mal half, Gefahren rechtzeitig zu erkennen;

103 Sloterdijk, 1994, 53.

meinem Onkel **Günter Siebert,** der mich so viel über Schenken und Gedenken lehrte und dem ich erste Erfahrungen wunderschöner, rituell genüßlicher Mahlzeiten verdanke. Sein Humor hat mir manche Brücken zu Menschen gebaut, die ich nie für erreichbar hielt;

und anderen inoffiziellen oder offizielleren Mentoren und Paten, die mein Leben begleitet haben oder begleiten: Familie Baume, Ilona Fischer, Elena Grachova, Eduard und Marie-Theres von Habsburg, Tillmann Haberer, Gudrun Hackenberg, Prof. Dr. Eberhard Hausschildt, Dirk Heseding, Renate von Hodenberg, Carla Hoffmann, Prof.Dr. Heiner Keupp, Britta Köhler, Volker Machmeier, Hannah Marks, Dr. Renate Müller, Thomas Schmeckenbecher, Johannes Schmidt, Frank Siebert †, Dr. Gerhard Siebert, Lieselotte Toepffer …

schließlich auch denen, die sich von offizieller Seite für das Projekt stark gemacht haben: Sibylle Duelli vom Walter Verlag und Thomas Schmitz vom Patmos Verlag.

Literatur

Neben fachlichen Anregungen gab es auch beim Schreiben dieses Buches immer wieder Texte, die mein Leben und Denken lange Zeit begleiteten – darunter großartige wissenschaftliche Entwürfe und Analysen wie die des Architekten Franz Xaver Baier oder des Soziologen Hans-Georg Soeffner, des Theologen Henning Luther oder der Wissenschaftswissenschaftlerin Nowotny (um wirklich nur einige zu nennen).

Wichtig waren mir aber auch immer wieder die Dichtungen einiger Musiker – wie die schneidend-analytischen Texte David Byrnes, die versöhnlichen, mutigen Songs Tracy Chapmans oder die expressiven Texte Joe Jacksons. Manche mußte ich selbst übersetzen, da es keine Vorlagen gab, andere, wie die Tracy Chapmans, übersetzte ich, weil mir die Vorlagen nicht gefielen.

Ich komme dabei immer wieder auf den Sigmund Freud zugeschriebenen Ausspruch zurück: »Die Wahrheit wissen nur die Dichter.« Einer solcher dichterischen Texte hat bei dem Titel dieses Buches Pate gestanden und stellte die Initial- und Grundinspiration zu diesem Buch: die kleine Geschichte *Brücken* aus dem Band von Erich Domay.

Zur besseren Benutzung habe im folgenden Fachliteratur und Belletristik getrennt gelistet:

Schöne Literatur

Atwood, M., (1987), *Die eßbare Frau*, Frankfurt/Main: Fischer.
Auden, W. H., (1976), *Selected Poems*, New York: Alfred A. Knopf.
Brecht, B., (ohne Datierung) *Gedichte und Lieder*, Reinbek bei Hamburg: Rowohlt.
Brecht, B., (1953), *Kalendergeschichten*, Reinbek bei Hamburg: Rowohlt.
Buchholz, Q., (1997), *Der Sammler der Augenblicke*, München: Hanser.
Byrne, D., (1994), *david byrne*, Warner Music.
Carroll, L., (1863/1985), *Alice im Wunderland*, München: Boer.
Chapman, T., (1995), *New beginning*, Elektra Entertainment Group.
Domay, E., (Hg.) (1994), *Vorlesebuch Symbole. Geschichten zu biblischen Bildwörtern*, Lahr: Kaufmann und Düsseldorf: Patmos.
Emi Music France (Hg.) (1997), *On connait la chanson*, Frankreich: Emi Music.
Ende, M., (1973), *Momo*, Stuttgart: Thienemann.
Green, H., (1993), *Olympia Blues und andere Erzählungen*, Zürich: Diogenes.
Hesse, H., (1970), *Stufen. Ausgewählte Gedichte*, Frankfurt/Main: Suhrkamp.
Jackson, J., (1994), *Night Music*, Elektra Entertainment Group.
Kafka, F., (1963), »Ein Hungerkünstler«, in: *Erzählungen*, Frankfurt/Main: Fischer.
MacLachlan, P., (1993), *Schere, Stein, Papier*, München: Hanser.
Mann, T., (1924/1960), *Der Zauberberg*, Frankfurt/Main: Fischer.
Noteboom, C., (1993), *Rituale*, Frankfurt/Main: Suhrkamp.
Novalis (1981), *Werke in einem Band*, München: Hanser.
Schami, R., (1994), *Erzähler der Nacht*, München: dtv.
Silone, I., (195 5/1984), *Wein und Brot*, Köln: Kiepenheuer und Witsch.
St-Exupéry, A., (1946/1997), *Der kleine Prinz*, Düsseldorf: Karl Rauch.
Whitman, W., (1973), *Selected Poems*, London: Penguin.

Sachliteratur

Baier, F. X., (1996), *Der Raum. Prolegomena zu einer Architektur des gelebten Raums*, Köln: Walther König.

Baudrillard, J., (1996), *Das perfekte Verbrechen*, München: Matthes & Seitz.

Bauer, W., Dümotz, I., Golowin, S., (1992), *Lexikon der Symbole*, Dreieich: Meco.

Bender, J., Wellbery, D.E., (Hg.) (1991), *Chronotypes. The Construction of Time*, Stanford: Stanford University Press.

Berger, P., Luckmann, T., (1970), *Die gesellschaftliche Konstruktion der Wirklichkeit. Eine Theorie der Wissenssoziologie*, Frankfurt/Main: Fischer.

Bergmann, M. S., (1994), *Eine Geschichte der Liebe*, Frankfurt/Main: Fischer.

Bettelheim, B., (1980), *Erziehung zum Überleben. Zur Psychologie der Extremsituation*, München: dtv.

Bette-Wenngatz, C., (1998), *Hai und Barrakudas als Trauzeugen*, Süddeutsche Zeitung, Nr. 119.

Bilden, H., Keupp, H., (Hg.) (1989), *Verunsicherungen. Das Subjekt im gesellschaftlichen Wandel*, Hogrefe: Göttingen.

Boff, L., (1976), *Kleine Sakramentenlehre*, Düsseldorf: Patmos.

Brasch, R., (1968), *Dreimal Schwarzer Kater. Aberglaube, Sitten, Gewohnheiten und ihre merkwürdigen Ursprünge*, Löwit: Wiesbaden.

Boulad, H., (1997), *Mystische Erfahrung und soziales Engagement*, Salzburg: Otto Müller.

Bruhn, H., Oerter, R., Rösing, H., (Hg.) (1993), *Musikpsychologie. Ein Handbuch*, Reinbek bei Hamburg: Rowohlt.

Buckland, S., (1995), »Ritual, Körper und kulturelles Gedächtnis«, in: *Concilium*, 6/95, Heft 3, 215–220.

Csikszentmihalyi, M., (1993), *Flow. Das Geheimnis des Glücks*, Stuttgart: Klett-Cotta.

Douglas, M., (1974), *Ritual, Tabu und Körpersymbolik*, Frankfurt/Main: Fischer.

Eco, U., (1973), *Zeichen. Einführung in den Begriff*, Frankfurt/Main: Suhrkamp.

Faix, W, Buchwald, C., Wetzler, CW, (1991), *Skill-Management: Qualifikationsplanung für Unternehmen und Mitarbeiter*, Wiesbaden: Gabler.

Freud, S., (1974), *Studienausgabe, Bd. IX: Fragen der Gesellschaft / Ursprünge der Religion, Sakramente*, Frankfurt/Main: Fischer, dort besonders:
»Das Unbehagen in der Kultur« (1930), 191–270,
»Die Zukunft einer Illusion« (1927), 135–189,
»Massenpsychologie und Ich-Analyse« (1921), 61–134

Gadamer, H.-G., »Die Kunst des Feierns«, in: Schultz, H.-J., (Hg.) (1977), *Was der Mensch braucht*, München: dtv.

Geertz, C., (1995), *Dichte Beschreibung. Beiträge zum Verstehen kultureller Systeme*, Frankfurt/Main: Suhrkamp.

Van Gennep, A., (1908/1960), *The Rites Of Passage. A Classic Study Of Cultural Celebrations*, Chicago: Chicago Press.

Hauschildt, E., (1993), »Was ist ein Ritual?«, in: *Wege zum Menschen*, 45.Jg., 24–35.

Hegger, M., Pohl, W, Reiß-Schmidt, S., (1988), *Vitale Architektur, Traditionen – Projekte – Tendenzen. Eine Kultur des gewöhnlichen Bauens*, Braunschweig: Vieweg.

Jappe, E., (1993), *Performance Ritual Prozeß. Handbuch der Aktionskunst in Europa*, München: Prestel.

Jenkins, E., (1996), *The Book of American Traditions*, New York: Crown.

Jung, C. G., (Hg.) (1968), *Der Mensch und seine Symbole*, Olten: Walter.

Kaufmann-Huber, G., (1995), *Kinder brauchen Rituale. Ein Leitfaden für Erzieher*, Freiburg: Herder.

Kiss, K., (1999), *Abschied und Neubeginn*, Pfaffenweiler: Centaurus.

Lhotzky, H., (1911), *Das Buch der Ehe*, Düsseldorf und Leipzig: Karl Robert Langewiesche.

Luhmann, N., (1983), *Liebe als Passion. Zur Codierung von Intimität*, Frankfurt/Main: Suhrkamp.

Luhmann, N., (1990), *Funktion der Religion*, Frankfurt/Main: Suhrkamp.

Luther, H., (1992), *Religion und Alltag*, Stuttgart: Radius.

Marquard, O., (1994), *Skepsis und Zustimmung*, Stuttgart: Reclam.

Marquard, O., (1995), *Glück im Unglück. Philosophische Überlegungen*, München: Wilhelm Fink.

Minuchin, S., (1988), *Familienszenen. Problemmuster und Therapien*, Reinbek: Rowohlt.

Mitchell, N., (1995), »Das Entstehen von neuen Ritualen in der Kultur der Gegenwart«, in: *Concilium*, 6, 95, Heft 3, 265–272.

Moser,T., (1993), *Politik und seelischer Untergrund*, Frankfurt/Main: Suhrkamp.

Naumann & Göbel, (Hg.) (1986), *Fröhliche Frühlings- und Sommerzeit*, Köln: Naumann & Göbel.

Nowotny, H., (1993), *Eigenzeit*, Frankfurt/Main: Suhrkamp.

Oerter, R., (1993), *Psychologie des Spiels. Ein handlungstheoretischer Ansatz*, München: Quintessenz.

Paul, I., (1990), *Rituelle Kommunikation*, Tübingen: Gunter Narr.

Schellenbaum, P., (1992), *Nimm deine Couch und geh! Heilung mit Spontanritualen*, München: Kösel.

Schulze, G., (1995), *Die Erlebnisgesellschaft*, Frankfurt/Main: Campus.

Sloterdijk, P., (1993), *Weltfremdheit*, Frankfurt am Main: Suhrkamp.

Sloterdijk P., (1994), *Medien-Zeit. Drei gegenwartsdiagnostische Versuche*, Stuttgart: Cantz.

Soeffner, H.-G., (1989), *Auslegung des Alltags – Der Alltag der Auslegung*, Frankfurt/Main: Suhrkamp.

Soeffner, H.-G., (1992), *Die Ordnung der Rituale – Die Auslegung des Alltags 2*, Frankfurt/Main: Suhrkamp.

Szasz, T., (1974), *Das Ritual der Drogen*, Wien: Europa.

Turner, V., (1969/1989), *Das Ritual. Struktur und Antistruktur*, Frankfurt/Main: Campus.

von Uslar, M., (1998), »Jeder weiß doch, daß die Holzpreise im letzten Jahr beschissen waren«, in: *Süddeutsche Zeitung*, Nr. 144, 16.

Willis, P., (1981), *»Profane Culture«. Rocker, Hippies: Subversive Stile der Jugendkultur*, Frankfurt/Main: Syndikat.

Wohlrab-Sahr, M., (1995), *Biographie und Religion. Zwischen Ritual und Selbstsuche*, Frankfurt/Main: Campus.

Zischka, U., (Hg.) (1993), *Die anständige Lust. Von Eßkultur und Tafelsitten*, München: Edition Spangenberg.

Zulehner, P. M., (1976), *Heirat. Geburt. Tod. Eine Pastoral zu den Lebenswenden*, Freiburg: Herder.

Checkliste

Was und wann feiere ich?
- einen Schritt
- eine Lösung
- eine Bindung
- einen Abschied
- einen Erfolg
- einen Mißerfolg

Was ändert sich?
- meine Rolle in…
- meine Beziehung zu …

In welchem Rahmen feiere ich?
- mit wem?
- will ich schriftlich einladen?
- in welchen Räumen?
- wie lange?
- wer wird das Ereignis dokumentieren?

Wie feiere ich?
- was gibt es zu essen?
- wer besorgt/zahlt was?
- welche Dekoration habe ich vorgesehen?

Wo feiere ich?

Wie inszeniere ich?
- wie sieht das Programm aus?
- wer redet?
- wer singt/trägt etwas vor?
- soll getanzt werden? Ab wann?

Wie binde ich die Gruppe?
- über ein Spiel
- durch Emblematisierung
- durch ein Patensystem
- durch eine Sitzordnung …